中國學術思想

研究輯刊

四　編

林　慶　彰　主編

第 18 冊

從「華夷」到「中西」：
清代《春秋》學華夷觀研究（上）

蕭　敏　如　著

花木蘭文化出版社

國家圖書館出版品預行編目資料

從「華夷」到「中西」：清代《春秋》學華夷觀研究（上）／
蕭敏如 著 — 初版 — 台北縣永和市：花木蘭文化出版社，
2009〔民98〕

目 6+218 面；19×26 公分
（中國學術思想研究輯刊 四編：第18冊）
ISBN：978-986-6449-17-8（精裝）
1. 春秋（經書） 2. 民族意識 3. 研究考訂 4. 清代
621.7   98001920

ISBN - 978-986-6449-17-8

中國學術思想研究輯刊
四 編 第十八冊   ISBN：978-986-6449-17-8

從「華夷」到「中西」：清代《春秋》學華夷觀研究（上）

作　　者　蕭敏如
主　　編　林慶彰
總 編 輯　杜潔祥
出　　版　花木蘭文化出版社
發 行 所　花木蘭文化出版社
發 行 人　高小娟
聯絡地址　台北縣永和市中正路五九五號七樓之三
　　　　　電話：02-2923-1455／傳眞：02-2923-1452
網　　址　http://www.huamulan.tw 信箱 sut81518@ms59.hinet.net
印　　刷　普羅文化出版廣告事業
封面設計　劉開工作室
初　　版　2009 年 3 月
定　　價　四編 28 冊（精裝）新台幣 46,000 元

從「華夷」到「中西」：
清代《春秋》學華夷觀研究（上）

蕭敏如　著

作者簡介

蕭敏如，1977 年生，台灣台中人。國立政治大學中國文學系畢，國立台灣大學中國文學研究所碩士、博士，專攻明清學術史與清代《春秋》學。著有〈由「尊王」向「攘夷」的轉化——清初遺民士人《春秋》學中的民族意識〉等學術期刊數篇，現為暨南大學中國語文學系專任助理教授。

提　　要

　　民族意識與「民族國家」蔚為風潮，是近代最重要的文化現象之一。中國近代民族主義的興起，與清代民族意識或者說華夷心態的變化息息相關。整個清王朝，是一個文化衝突與融合不斷進行的時代。清王朝從努爾哈齊建國至溥儀遜位，漫長的兩百餘年之間，中國始終都處於一個文化與異文化之間不斷對話的社會情境之中。開國之際的滿漢文化衝突，直至道、咸、同、光時期中華與西洋之間的文化拉扯，在長期漢文化與異文化之間密切不斷地衝突與對話的過程中，構成了「民族」意識蔚為風潮的要件。

　　在十九世紀中葉清代「天朝」體系與「天下」世界觀崩潰之前，中國比較缺乏一個在意義上與近代「民族」概念的影響力與重要性能準確對應的詞彙。清代前中期民族意識的演變，反映在清代的「華夷」論爭上。但，中國傳統的「華夷」概念並不完全等同於「民族」。在傳統的「華夷」詮釋裡，「華夷」有時會被解讀為一種「知禮」與否的文化差異，如韓愈在原道中所說的「諸侯用夷禮則夷之，進於中國則中國之」；有時，「華夷」又被解讀為血緣、種族等較近似「民族」的概念，如王夫之〈讀通鑑論〉「狄之於我非類也」之論點。為了避免陷入以「後設」觀點來想像前代的問題，因此本文選擇以清代「華夷」概念在《春秋》學詮釋中的演變與發展為主題，探討清代民族意識的演變過程。

　　近代中國華夷意識的發展，可以說是從「滿漢」過渡到「中西」的過程。然而這樣的變化又與清英鴉片戰後中國天朝體系的崩潰、「天下」世界觀的崩解有極為密切的關係。「天朝」是結合文明中心與政治中心的概念，既是政治外交上的「天朝」，也是文化上的「上國」。因此天朝體系的崩潰，不僅意味著中國天朝地位的失落，也意味著中國傳統世界觀的改變，這使得原本附著在天朝體系下的華夷觀面臨空前的挑戰。咸豐十一年「總理各國事務衙門」成立，在外交舞台上正式宣告傳統「天朝」時代的結束，外交地位平等的「萬國」時代由此展開，這也直接導致「民族國家」意識的興起與傳統華夷觀的沒落。因此本文選擇以咸豐十一年作為本篇論文研究時代上的斷限，探討清初至咸豐十一年華夷問題由滿漢過渡到中西的演變脈絡。

　　本文從以下幾個角度，以清代《春秋》學華夷詮釋為中心，對清代官方與士人華夷觀進行探討：一、從時代的斷限來看，大致上可以分為清初（順、康、雍三朝）、乾嘉、道咸三個時期；二、以詮釋者的身分及其觀點來看，大致可以分為官方觀點與士人觀點的不同；三、華夷論述指涉、隱喻的對象來看，大致上可以分為清初的「滿漢」、與道咸以降的「中西」；四、從華夷論述的基本態度來看，由清初的「用夏變夷」，到道咸年間鴉片戰後開始發展出「師夷長技」、「中體西用」等，華夷之間「文明」地位的變化。希望能透過對清代《春秋》學中華夷詮釋觀點的變化，尋繹出清代民族概念與華夷意識發展的過程。

目

次

第一章　導　論

　　民族意識與「民族國家」的蔚爲風潮，是近現代最重要的文化現象之一。傳統經學中，對於與「民族」概念性質相近的《春秋》學「華夷」概念的詮釋，卻始終帶著詮釋上的曖昧性。「華夷」這個概念的性質，既是文化的，卻又不只是文化的；它類似於「民族」，卻又有別於「民族」。「華夷」概念的本身，往往會隨著詮釋者不同時代、不同身分、不同立場，而演繹出不同的詮釋角度。

　　本文的問題意識，是以「清代華夷觀」這個概念爲中心，並以清代《春秋》學的夷夏論詮釋爲主要分析文本而展開。但，正因「華夷」這個概念本身在詮釋上有其曖昧性，因此在探討本文的研究取徑之前，我們有必要先對「華夷」這一個概念稍作檢視，才能對這個問題有比較確切的掌握與認識。

　　大體而言，「華夷」這個概念，在清代的《春秋》學中，大致上有「文化」與「民族」這兩個詮釋方向。另外，清代經學中的「華夷」詮釋表面上看起來是僅是對經義的延伸探討，然而事實上卻是建立在特定的指涉對象上的論述，並直接反映了當時的社會文化問題。清初《春秋》學中的華夷論述往往直接對應著社會上的「滿／漢」民族與文化衝突問題；清中葉以降，華夷論述又漸漸轉移到「中／西」問題上。因此，本文在緒論的部分，將先釐清「華夷」這個概念，以及由「華夷」而輻射出的相關問題，以探討「華夷」概念在清代的演變與發展，進一步分析清代社會華夷觀的變化如何體現在經學詮釋中，並論述由此而所延伸出的社會意涵。

第一節　從「華夷」到「中西」──問題意識的形成

一、「華夷」與「民族」之間：文化的或不只是文化的──概念的探討

　　民族，是人類社會發展到一定歷史階段的文化現象，是社會組織由氏族、部落、部族至民族的社會組織意識的發展過程。〔註1〕儘管類似於「民族」的概念很早就已出現，但，嚴格說起來，「民族意識」之蔚為風潮、特別是「中華民族」意識的形成，其實是一種近代現象。在近代以前，傳統中國並沒有一個與「民族」概念可以準確對應的詞彙或概念。「民族」這個詞彙開始被大量使用並被廣泛認識，事實上，是十九世紀中葉「天朝」體系崩潰、「萬國」取代傳統「天下」觀之後，才逐漸形成。

　　既然「民族意識」的盛行是一種近代的文化現象，在十九世紀中期以前，中國也似乎較為缺乏一個能夠與「民族」概念準確對應的詞彙。因此當我們用「民族」這個詞彙來「觀看」清代民族意識的發展時，往往會陷入以現代的、後設的觀點來理解前代的問題。然而，清代（特別是前、中期）雖然缺乏在語義上與近代民族意義相同的詞彙，卻有與「民族」論述近似的「華／夷」論述，並以「華／夷」論述而作為區隔漢文化與異文化之間差異性的語彙。「民族」一詞取代傳統的「華／夷」論述，而作為區隔漢文化與異文化之間的語彙，既是在十九世紀中期天朝體系崩潰之後才逐漸展開的現象，換句話說，傳統《春秋》學中的華夷論述可以說是近代中國「民族」意識型態的前身。

　　另一方面，中國近代民族主義的興起，與清代民族意識或者說華夷心態的變化息息相關。整個清王朝，是一個在文化上衝突與融合不斷進行的時代。不過，在十九世紀中期以前，「華／夷」是漢文化與異文化間凝聚「自我」、異化「他者」的思想型態，但從清代中期道、咸開始，傳統「華／夷」觀的內容開始發生變化，並慢慢過渡到晚清及二十世紀的「中華」民族主義思潮。從傳統的「華／夷」觀過渡到「民族」意識型態，這當然不只是一個詞彙上的轉變，其實也意味著概念意涵與思想的挪移。在「華／夷」過渡到「民族」的演變歷程裡，也反映出對民族想像上的細微變化。因此在釐清什麼是「華／夷」之前，我們必須先釐清什麼是民族？而華夷論述和民族論述之間，又

〔註1〕徐迅《民族主義》（北京：中國社會科學出版社，2005 年），〈上篇：民族主義：從歷史到概念〉，頁 38。

存在著什麼樣的差異？

　　傳統的「華／夷」論述與「民族」概念內涵的相同之處，在於二者都指涉著一種集體的身分認同，而這種集體的身分認同，事實上出於一種塑造集體記憶的文化現象。無論在中國或是西方，「民族 nation」都是十九世紀近代國家民族一體思想成型後才蔚為風潮的現象。「民族」事實上也包涵數個類似的外緣概念。根據 Gil Delannoi 對「民族」語源的探討，就曾針對「nation（民族／國族）」、「race（種族／人種）」、「ethnos（民族／族群）」等概念分析其間的差異，並指出「民族 nation」一詞的意義，是一種建立在土地、血緣、共同語言與習俗上的身分認同，這種認同暗含著某種隱喻，亦即代代相傳難以定義的東西。〔註2〕

　　雖然「民族」概念的性質，如同 Benedict R. Anderson 在《想像的共同體：民族主義的起源與散布 Imagined Communities: Reflections on the Origin and Spread of Nationalism》裡所說，「民族的屬性 nationness」與「民族主義 nationalism」既是一種特殊類型的「文化人造物 cultural artifacts」，也是一種想像的政治共同體。〔註3〕然而，即使「民族」概念的本質是一種集體的文化想像，但這種想像卻是以土地、血緣、與共同語言和習俗為對象的集體文化想像。也就是說，「民族 nation」概念雖是一種集體想像，卻是圍繞在對血緣、土地與文化行為上而展開。

　　因此一般說來，「民族」概念是以血緣、土地、文化行為（包含文化傳統、歷史和命運）為核心。但，民族意識的建構，並不僅僅是由一個民族內在的文化事物所定義。它之所以能被建立與維持，在於該文化與周邊文化之間被強調出來的的某些「差異性」，在我們與異文化交涉、將異文化「他者化」的同時，我們不但凝視著「異己」，也同時對照出觀照異己的自我，以自省的姿態，形塑出我們民族概念的自身。〔註4〕清初順、康、雍時期，社會上瀰漫著漢人與滿洲在政治與文化上對立的氛圍，這樣的社會氛圍符合了上述民族意識形成的社

〔註2〕Gil Delannoi 著，鄭文彬、洪暉譯《民族與民族主義 Sociologie de la Nation》（北京：三聯書店，2005 年），第一部分〈基準點〉，頁3～14。

〔註3〕Benedict R. Anderson 著，吳叡人譯《想像的共同體：民族主義的起源與散布 Imagined Communities: Reflections on the Origin and Spread of Nationalism》（臺北：時報，1999），第一章〈導論〉，頁9～10。

〔註4〕這種文化區分的觀點，參考王志弘、余佳玲、方淑惠譯，Mike Crang《文化地理學 Cultural Geography》（臺北：巨流圖書公司，2003 年 3 月，初版）第十章〈國族、家鄉與雜種世界裡的歸屬〉。

會條件；清中葉以後，逐漸衰落的清廷又必須面對西洋文化的衝擊，這使得整個清代，都瀰漫在漢文化與異文化對話的情境之中。漢文化與異文化之間長期且大量的文化交涉情境，構成強化民族意識的土壤，也導致民族問題（或者更精確的說是「華夷」問題）成為貫徹整個清代最重要的社會問題。而在這一時期，「華／夷」論述便成為承載社會上文化衝突與民族意識的載體，也使得對「華／夷」的思考成為清代統治者與士人不得不面對的重要課題。

　　儘管在概念意涵上，「民族」與「華／夷」之間有重疊的部分，但「華／夷」論述和民族論述畢竟仍有所區別。雖然歷來對於「民族」一詞有著多種詮釋觀點，不過，即使從最傾近於文化表現意涵的「民族」定義——Benedict R. Anderson 對「民族」的定義來看，「民族」雖然是想像的共同體（Imagined Communities），但這樣的想像共同體卻仍然必須建構在以血緣、土地、文化行為（包含文化傳統、歷史和命運）為其「想像」的範圍之上。也就是說，除了在文化表現之外，「民族」同樣也強調血緣、土地疆域（即使按照 Benedict R. Anderson 的說法，這種血緣、疆域的區分標準出自於「想像」，但它畢竟是對「血緣」與「地域」的想像，而不只是對「文化行為」的想像）。無論「民族」概念的定義如何演變，它並不能視為一個從純粹文化行為來界定的概念。但，「華／夷」論述則不然。「華／夷」概念的內涵，顯然比「民族」寬廣得多。在清代《春秋》學中，就華夷論述的性質而論，大致上可以分為以下兩種情況：

1. 「華／夷」論述作為一種文化論述

　　「華／夷」論述可以是一個純粹的文化行為論述，「華」與「夷」之間的界限，可以只限定於指涉文化表現上，而無涉於血緣、疆域等概念。如唐代韓愈在〈原道〉中所說：

> 孔子之作《春秋》也，諸侯用夷禮則夷之，進於中國則中國之。

又如宋代胡安國在《胡氏春秋傳》中對隱公二年秋八月，「公及戎狄盟于唐」的詮釋：

> 韓愈氏言《春秋》謹嚴，君子以為深得其旨。所謂謹嚴者，何謹乎？莫謹于華夷之辨矣。中國而夷狄則夷之，夷狄猾夏則膺之。此《春秋》之旨也。〔註5〕

從上述兩種「華／夷」論述看來，「華／夷」概念的本質，是一種對文化行為

〔註5〕胡安國《春秋胡氏傳》卷一，「隱公二年秋八月條」，頁5上。

的價值判斷與文化身分認同。它是一種純粹的文化行為論述,並沒有涉及「民族」意涵的成分。「華／夷」之間的區隔標準在於「禮」,而非血緣與地域,因此,「華／夷」之間的身分認同結構並非不可更易的,「華」與「夷」之間存在著透過文化行為、文化認同的轉變而更動其「華／夷」身分的可能性,也因而導致了「中國而夷狄則夷之」的可能。

這種以華夷論述為文化論述而非民族論述的觀點,在清代官方《春秋》學中,表現得十分鮮明。清初官方敕修的《日講春秋解義》,對僖二十一年冬「公伐邾」條的解釋:「邾曰蠻夷,蓋近諸戎,雜用夷禮,故極言之。」〔註6〕與劉逢祿《春秋公羊何氏釋例》中的〈秦楚吳進黜表〉〔註7〕等,都反映出以政治與文化表現來界定「華／夷」,而非以血緣、地域界定「華／夷」的論點。

事實上,這一類的論述與民族論述較不相關。然而,由於這種「華／夷」文化論述觀點的形成,除了與清代政治與外交背景有著密切的關聯之外,同時也涉及清初滿漢間政治對立與民族關係的變化發展,因此「華／夷」文化論述觀點的形成與流傳,也是本文有必要探討的對象。

2.「華／夷」論述作為一種民族論述

從上述第一種華夷觀來看,「華／夷」論述的性質,事實上只是純粹的文

〔註6〕《日講春秋解義》,卷十九,頁255。

〔註7〕劉逢祿《春秋公羊何氏釋例》(收於《皇清經解春秋類彙編》,臺北:藝文印書館,1986年),卷一千二百八十六,《皇清經解》,頁1802,〈秦、楚、吳進黜表第十九〉:「余覽《春秋》進黜吳、楚之末,未嘗不歎聖人馭外之意至深且密也。昔聖人序東周之《書》,唯存〈文侯之命〉及〈秦誓〉,著其盛衰大旨。其於刪《詩》,則列秦於《風》。序〈蒹葭〉曰:『未能用周禮。』序〈終南〉:『能取周地。』然則代周而改周法者,斷自秦始,何其辭之博深切明也!秦始小國辟遠,諸夏擯之,比之戎狄。然其地為周之舊,有文武貞信之教,無放僻驕侈之志,亦無淫佚驕懶之風,故於〈詩〉為夏。其在《春秋》無僭王猾夏之行,亦無君臣篡弒之,故《春秋》以小國治之,內之也。吳通上國最後,而其強也最驟,故亡亦忽焉。……聖人以中外狎主而承天之運,而反之於禮義,所以財成輔相天地之道,而不過乎物。故于楚莊、秦穆之賢而予之,卒以為中國無桓文則文歸之矣。何待定、哀之末而後京師楚哉!于吳光之敗陳、許,幾以中國聽之,慨然深思其故,曰:中國亦新夷狄也。……故觀於詩書,知代周者秦,而周法之壞,雖聖人不可復也。觀於《春秋》知天之以吳楚狎主中國,而進黜之義,雖百世不可易也。張三國以治百世,聖人憂患之心,亦有樂乎此也。」以「秦」因其「教」與文化習慣而崛起,其「進黜吳楚」與視「中國」為「新夷狄」的標準,完全在於政治與文化表現,這顯然是將「華／夷」論述定位為文化論述。詳見本文第五章。

化論述，「華／夷」論述與近代的「民族」概念之間並沒有太密切的關聯性。但將「華／夷」論述的性質詮釋爲文化論述，並非清代「華／夷」論述的唯一詮釋觀點。清代固然有以「華／夷」爲文化論述的詮釋角度，卻也有將「華／夷」之間的區別定位在血緣、地理疆域與文化行爲和文化傳統上的詮釋觀點。如清初的王夫之便以此判分華夷：

> 天下之大防二：中國、夷狄也，君子、小人也。非本末有別，而先王強爲之防也。夷狄之與華夏，所生異地，其地異，其氣異矣：氣異而習異，習異而所知所行蔑不異焉。乃於其中亦自有其貴賤焉，特地界分、天氣殊，而不可亂，亂則人極毀，華夏之生民亦受其吞噬而憔悴，防之於早，所以定人極而保人之生，因乎天也。〔註8〕

王夫之將「華夏／夷狄」之間的區別指向「其地異，其氣異」，亦即以地理界域作爲華／夷判分的標準。同時，王夫之又指出：「狄之於我非類也。」〔註9〕將「華／夷」之別視爲氏族、血緣上的區別。這一類以「華／夷」之別爲血緣、地域之別的論述，集中於清初的遺民士人中。順、康、雍時期，遺民士人此種華夷論述甚多，又如雍正年間的曾靜《知新錄》：

> 如何以人類中君臣之義移向人與夷狄大分上用，管仲忘君事仇，孔子何故恕之，反許以仁？蓋以華夷之分，大於君臣之倫。華之與夷，乃人與物之分界，爲域中第一義，所以聖人許管仲之功。〔註10〕

無論王夫之或曾靜，他們都將華／夷之別建立在氏族血緣、地理疆域及文化行爲上。顯然，就部分遺民士人而言，他們不再將「華／夷」論述的性質視爲文化論述，而是將「華／夷」詮釋爲雜糅血緣、地域與文化行爲的概念。這一類的「華／夷」論述，事實上已與近代的「民族」意義十分近似。清代華夷觀的發展，很可能成爲十九世紀後中國近代「民族」意識興起時的思想基礎。因此，釐清清代華夷觀發展的脈絡，是本文所要探討的主要問題之一。

　　另一方面，無論是將華夷視爲文化論述，或者將華夷視爲民族論述，這

〔註8〕 王夫之《讀通鑑論》（臺北：里仁書局，1985年），卷十四，〈晉哀帝〉，頁431。

〔註9〕 王夫之《春秋家說》（收於《船山全書》第五冊，長沙：嶽麓書社，1993年），卷上，頁189～190，〈僖公〉：「衛人侵狄，因以盟狄，于是乎終春秋之世而衛無狄患，盟不地於狄也。于狄，而衛恥免矣，我以知《春秋》之許衛也。乘人之亂，師臨其境，脅以與講，譎謀也：譎謀而許之，狄之於我非類也，而又被其毒以幾亡，若此者而弗譎之，是宋襄公之於楚矣。」

〔註10〕《大義覺迷錄》（四部禁燬書叢刊本，史部第二十二冊，據清雍正朝內府刻本景印，北京：北京出版社，2000年），卷二，頁302，引曾靜《知新錄》。

種語義上的曖昧性，事實上也是清代華夷論述的特色之一。正因傳統華夷概念的曖昧性，也使得人們在論述華夷問題時，得以從自己的政治立場上解讀華／夷。因此導致原本屬於純粹學術領域的經學問題——清代《春秋》學中的「華夷」詮釋問題，沾染了相當鮮明的社會色彩，而與整個清代的社會、政治、外交情勢息息相關。

二、「華夷」：從「滿漢」到「中西」——問題意識的形成

誠如前述，「民族」是一個相對的概念。「我族」意識存在的前提，是在「外族」、「他族」的對照之下而形成的。「華／夷」論述，也緣於這種相對的社會背景。「華／夷」概念的產生，並不只是漢文化內部的文化活動，當我們意識到我們是「漢」、「華夏」、「中國」的同時，事實上我們也同時意識到了「胡」、「蠻夷」、「外族」等概念。只有在我們意識到對方與「自身」在某些文化特徵上的差異之後，我們才能對照出兩者的不同，從而區別「他者」與自身，並確立起自己的民族身分認同，而在一個民族內部成為一股凝聚群體意識的力量。換個角度說，「華／夷」或是「民族」概念的成立，都必須建立在「他者」、「外族」與「異族」存在的情況之下。如果「胡」、「夷」等概念不存在，我們便無從意識到「漢」與「華」。

民族意識的產生，除了受到與異文化對話的情境觸發之外，「民族」這個概念本身也與政治息息相關。徐迅在《民族主義》中指出，「民族」作為概念，是從屬於政治的。它是政治上的自我宣稱和需求，反之亦然，當我們感受到異族擴張的威脅時，「民族」的概念也因而得以強化。〔註11〕因此民族意識的流行，事實上往往是建構在「我族」與「異族」在政治上與文化上的對立、及「異族」在政治上的擴張所導致的「我族」文化危機感。「華／夷」論述也是如此。清代《春秋》學華夷論述——特別是具有「民族」或種族意涵的華夷論述——之所以形成且蔚然成風，建立在漢文化與異文化頻繁交涉、而漢文化受到異文化在政治或經濟上的威脅，使得華夷論述在漢文化危機感強化的情況下得以迅速發展。因此，特定的異文化對漢文化帶來什麼樣的危機意識、與危機感的強度，往往會影響當時漢人華夷觀點的發展與走向。

漢文化在面對自身文化危機時，面對焦慮的反應與表現方式，往往會因

〔註11〕徐迅《民族主義》，上篇〈民族主義：從歷史到概念〉，〈民族、民族國家和民族主義〉，頁41。

當時造成威脅感的「異族」的統治方式與政治心態、以及威脅發生前的胡漢關係而有區別，進而發展出不同的「華／夷」論述。以元、清兩朝爲例：作爲中國歷史上建立廣闊疆域、統一中原外來者的「異族」政權，兩者在性質上有許多類似之處：首先，二者都是以外來者的身分、以少數民族來統治多數民族；其次，二者也都處於由文化程度較低的民族來統治文化較高民族的情況；除此之外，元與清同爲中國歷史上擁有最廣闊疆域的兩個時代，兩者同樣都必須面對，在廣大疆域下多民族與多元文化的問題。不過，儘管元、清兩政權所面對的社會情境十分近似，但，面對宋元之際與明清之際這兩段夷夏政權交替的歷史時期，漢人的自處心態卻截然不同。宋元之際，南宋長期處於面對北方游牧民族政治威脅的情境，長期的文化危機感，或多或少削弱士人在直接面對蒙古入侵、異族統治時的衝擊與抵抗心理，因此整體而言士人對元政權的態度顯得較爲低調。但，對明清易代之際的士人而言，清朝滿洲政權的迅速崛起較爲突然，以致於士人在面對突如其來的文化危機感時，便表現出與宋元時期截然不同的積極抗爭情緒。

清初的遺民士人，不僅將滿洲入主中原視爲「天崩地解」，除了隱遁山林、消極避世之外，甚至在清兵入關時出現短暫的士人集體絕食身殉風潮，並在孔廟中集體進行哭廟、焚儒服的儀式。這種激烈的集體文化儀式行爲，表面上看來似乎是一種對明政權效忠的政治宣誓、與儒家君臣道德倫理的忠君思想的體現，但更深層的來看，「殉國」、「焚儒服」、「哭廟」這種士人之間集體的儀式性的文化行爲，事實上都是在民族文化受到威脅的危機感之下，民族意識因而被激化出來，並以政治上的「忠君」概念作爲包裝而形成的行爲。也就是說，這些儀式化集體行爲的本身，看似政治活動，但其背後卻隱喻著對異族統治下漢文化危機感的反應，亦即對民族文化失落危機的深深焦慮。

在清初遺民這種集體的文化焦慮心理下，「華／夷」論述很自然地成爲他們抒解漢文化危機感的載體。因此清代滿洲入關之初，遺民士人華夷論述的展開，往往圍繞著對「滿洲」這個「他者」、「異族」對漢文化形成的威脅感而起。也就是說，清初「華／夷」論述架構的本質，有其特定的指涉對象，亦即「漢／滿」之間的文化衝突問題。這一時期「華／夷」論述的主體在於「漢／滿」，而「華／夷」框架實質上成爲申論當時社會上「漢／滿」議題變相的討論形式。就清初的遺民士人而言，華夷論述（特別是《春秋》學中的

華夷論述）絕不僅是單純地討論經義而已。對清初遺民士人而言，華夷論述是以「攘夷」爲核心目的而進行。在遺民士人的「華／夷」論述背後，反映的是「排滿」與「反滿」的情緒。

　　因此，《春秋》學在華夷論述的表象下，隱藏著清初遺民的「排滿」心態。遺民士人的「排滿」意識透過「嚴夷夏之防」的華夷論述的包裝，將《春秋》中華夷論述的性質解讀爲民族論述，並揚棄以華夷作爲文化論述的詮釋路向，藉著掌握經典詮釋權的方式，強化他們反對滿洲統治中原的理論依據。爲了對治這樣的觀點，在康熙、雍正（特別是雍正）時期，滿洲官方也開始藉由將華夷論述的性質定義爲文化論述，以淡化遺民士人《春秋》學「攘夷」論背後所影射的「排滿」情緒。

　　不過，隨著清政權的穩定，清初漢文化與滿洲文化的民族文化衝突與衍生而來的「排滿」情緒漸漸有了轉變。這種轉變不僅發生在漢人「排滿」思想的淡化上，也反映在滿洲自身的文化認同上。也就是說，清代乾、嘉時期，華夷概念的變化，同時表現在漢人與滿人社會中。滿洲華夷觀的變化，又與清廷自身的民族政策、及滿洲文化本身對異文化接受度較爲開放有關。

　　從民族政策來看，清代滿洲統治者統治漢人的政策方向，與元代蒙古政權截然不同。雖然元與清同樣必須面對統治者面對少數民族統治多數民族的處境、及疆域內的多元民族問題，但元代蒙古統治者在面對漢人時往往在文化上採取強勢的抵抗姿態，且即使在成爲中原地區的統治者之後仍傾向於保留「大汗」之稱，亦即以北亞游牧民族的君主自居，將漢人視爲「蠻子」，〔註12〕不積

〔註12〕　關於元代蒙古人「觀看」漢人的角度、及元代君主的自我定位，可參考 Karl A. Wittfogel 著，蘇國良、江志宏譯〈中國遼代社會史（907～1125）總述〉，收於鄭欽仁、李明仁編譯《征服王朝論文集》（臺北：稻鄉，2002 年 8 月，二版），頁 18～21，「馬哥孛羅——元朝二元秩序的代表者」指出，馬哥孛羅接受蒙古的職位與風俗，「學習韃靼語文，除了他基本的意大利人定向（orientation）外，可以說他是用蒙古人的眼光來看中國，並用亞洲內陸統治者的筆調來敘述中國。對他而言，中國的皇帝就是『大汗』。當他一提到地名，他總盡可能用韃靼或波斯人的名稱，而不用中國人慣用的地名……雖則他們均有中國名稱」。除了以馬可波羅之觀點爲例，論證元代蒙古人將漢人視爲「蠻夷」的普遍態度、及蒙古君主以「大汗」自居的自我定位之外，Wittfogel 另外也指出，「蒙古人對中國臣屬極端歧視，在中國地區內，即使地方官吏也常由征服集團份子所把持。在大部分蒙古統治的時期內，經由考試而參與政權之途仍被阻塞。即使在 1313 年之後，考試制度恢復，通過考試之人仍寥寥無幾，並且所授之職又不重要。……征服的支柱——軍隊——是置於蒙古和其他外族人的控制之下。」

極與漢文化對話。對境內的不同民族，也以蒙古、色目、漢人、南人（蠻子）這種類似種姓制度的階級管理來統治，相對於清代而言，這種態度對漢文化並不友善。加上元代的國祚並不長，使得蒙古在統治中國的數十年之間，並沒有改變蒙古與漢人彼此的民族身分認同。

　　相形之下，清代滿洲政權的民族政策與對漢文化的態度開放許多。在努爾哈齊開國至入關的數十年間，滿洲官方對漢文化的態度，是由保守對立逐漸走向接受的過程。滿洲政權初建立時，滿洲統治者的確對滿洲與漢文化的差異有著明確的自覺，且在文化認同上也較傾向於北亞游牧民族。努爾哈齊於天命四年（1619）時自云：

> 明國、朝鮮，語言雖異，然髮式、衣飾皆同，此二國算爲一國也；
>
> 蒙古與我兩國，其語言亦各異，而衣飾風習，盡同一國也。〔註13〕

從上文看來，努爾哈齊在情感上較傾向於認同蒙古，同時也將漢民族視爲一個風俗、語言皆異於滿洲的「他者」，〔註14〕在部落氏族的稱謂方面，努爾哈齊也以遊牧民族的領袖自居。內藤湖南《清朝史通論》論《崇謨閣文書》中所保存滿洲崛起時與朝鮮往來的史料裡便提到，滿洲初興之時，努爾哈齊對外皆以「金國汗」自稱。〔註15〕顯然，在清政權初建立之時，滿洲統治者仍然傾向於以遊牧民族的領袖自居，並沒有在文化上接受漢文化的企圖。

　　然而崇德元年（1636）之後，滿洲統治者對漢文化的的心態逐漸轉變。這一年，皇太極揚棄了「汗」稱，改以漢人的「皇帝」稱謂。入關後，由於滿洲統治者對漢文化的接受度逐漸提高，文化認同也逐漸轉變，甚至導致後世滿洲統治者在編《實錄》時，忌諱先祖努爾哈齊以「汗」自稱之事，將「滿洲汗」、「金國汗」的稱謂削除。〔註16〕改「汗」稱「帝」，固然反映出滿洲統治者企圖擴張政治勢力、統治中國的野心。但，從康熙、雍正之後滿洲統治者極力以「帝」替換「汗」稱，而元代統治者傾向於保留「汗」稱的不同應

〔註13〕見《滿文老檔・太祖》（東京：東洋文庫，1955 年），頁 118～119，〈蒙古喀爾喀五部遣使謝宥齋賽不死之恩〉。

〔註14〕葉高樹《清朝前期的文化政策》〈第一章　滿漢之人，均屬一體：滿洲統治中國的特色〉（臺北：稻鄉，2002 年 7 月，初版），頁 30～31。葉高樹指出對努爾哈齊而言，漢、蒙雖皆「非我族類」，但顯然認同於蒙古的遊牧文化，但由他晚年引述儒家經典以訓誡諸貝勒來看，他對漢文化並非全面否定。

〔註15〕內藤湖南《清朝史通論》〈第二章　異族統一與外交、貿易〉，收於氏著《中國史通論》下冊（北京：社會科學文獻出版社，2004 年 1 月，初版），頁 515～518。

〔註16〕內藤湖南《清朝史通論》〈第二章　異族統一與外交、貿易〉，頁 515～518。

對態度來看，這種行為也意味著在文化認同方面，滿洲和蒙古統治者的心態截然有別；滿洲改用「帝」稱、避用「汗」稱，並削除早期官方文獻中「汗」稱的行為，也意味著滿洲政府自我文化認同的轉移，由努爾哈齊時「自認」與蒙古文化較為接近的「蒙古與我兩國，其語言亦各異，而衣飾風習，盡同一國也」，對北亞游牧文明的認同，漸漸轉而為肯定漢文化，並努力重構自身的民族歷史（這一點，從入關後滿洲諸帝積極修改前史的態度可以看出），企圖轉變早期的遊牧民族形象。

　　元與清官方在統治漢民族時的政策差異，與蒙古、滿洲兩個政權對漢文化有如此不同接受心態有關。這種心態如何產生？多數社會史學者都認為這與蒙古和滿洲的生產型態不同有關。據 Karl A. Wittfogel 及田村實造的觀點，滿洲人並非純粹的游牧社會，在入關之前，滿洲已開始發展農業文化。K. A. Wittfogel 在〈中國遼代社會史（907～1125）總述〉中指出，滿洲人雖然重視騎射與遊牧，但他們「自認」與蒙古人和契丹人有別，他們將族群祖源指向建立金朝的女真人。除此之外，在滿洲征服華北前十九年時，漢人的農業禮儀已傳入滿洲。所以入關前的滿洲已表現出漢化的傾向，並非純粹的游牧社會。〔註17〕田村實造〈中國征服王朝──總括〉一文裡，也接受了 Wittfogel 的觀點，認為在入侵中國之前，滿洲女真已逐漸形成了兼具「畜牧──農耕」兩種特徵的生產型態。〔註18〕

　　正因滿洲的生產型態兼具遊牧與農耕特徵，使得滿洲文化兼具農業文明與遊牧文明的特質。滿洲既「善馳獵，耐飢渴」，〔註19〕又「善耕種織紡，飲食衣服頗有華風」，〔註20〕因此清廷在同時面對中原漢人、蒙古等不同文化時，能利用滿洲本身「畜牧－農耕」的文化特質，來面對以農業文明為主的

〔註17〕　參考 Karl A. Wittfogel 著，蘇國良、江志宏譯〈中國遼代社會史（907～1125）總述〉，K. A. Wittfogel 建立「征服王朝」理論，將中國王朝分為典型的中國王朝及征服王朝與滲透王朝兩類，以某一民族征服另一民族居住地之一部或全部所建立的王朝，如遼、金、元、清等，即為征服王朝。K. A. Wittfogel 分析滿洲入關前後之社會與政治型態（頁21～30），指出滿洲人在入主中國人已深具類似中國人之思想，也鼓勵農耕，並引述 Owen Lattimore「滿洲人入關時已很漢化」的觀點。

〔註18〕　田村實造〈中國征服王朝──總括〉，收於鄭欽仁、李明仁編譯《征服王朝論文集》（臺北：稻鄉，2002 年 8 月，二版），頁 84～88。

〔註19〕　茗上愚公《東夷考略》，收入潘喆等編《清入關前史料選輯》第一輯（北京：中國人民大學出版社，1985 年），頁 61。

〔註20〕　海濱野史《建州私志》，收入《清入關前史料選輯》第一輯，頁 261。

漢文化、及以遊牧文明為主的蒙古文化之挑戰。〔註 21〕也由於滿洲人兼具遊牧與農業文明的特質，使得滿洲人所建立的清政權與元代相較，面對疆域內的多元民族問題時，能具備較強的文化包容力。

正視境內多民族的情境，並積極拉攏各民族文化，是清代民族政策的主要方向。雖然自皇太極以來，歷任統治者仍極力維持滿人在政治、軍事、社會上的優勢地位，〔註 22〕但與此同時滿洲統治者也正視疆域內多元民族、少數民族統治多數的現實情境，因此時時在政策上提出「滿漢一體」的呼籲。如：順治三年（1646）、順治六年（1649）殿試策論分別以「使滿漢官民同心合志」〔註 23〕、「聯滿漢為一體」〔註 24〕為題，並透過祭祀孔子〔註 25〕、恢復科舉等，諭示其「興文教」的政策走向，以籠絡漢民族的士人階層，並透過學習漢語、大量的繙譯漢文典籍，使滿洲統治者得以積極了解、掌握漢人的文化。

順、康、雍三朝不斷推動的文化政策，不僅漸漸扭轉了漢人對清政權的接受度，也影響了滿、漢雙方的華夷認同。清初時原本以「漢／滿」問題為論述核心的「華／夷」架構逐漸改變。到了乾隆中後期至道光年間，由於滿漢開始同被歸類於「華」的範疇之下，初期的「中華」民族意識開始漸漸成型。因此「漢／滿」甚至漸漸從「華／夷」這個兼具文化論述與民族論述的

〔註 21〕 參考林乾〈滿族形成時期的二元文化特質與清的統一〉（民族研究，1996 年 3 期，1996 年 5 月），頁 93～97、葉高樹《清朝前期的文化政策》〈第一章　滿漢之人均屬一體：滿洲統治中國的特色〉，頁 17～18。

〔註 22〕 如《世宗實錄》雍正三年三月十三日，帝召諸王宗室入乾清宮，諭云：「……唯望爾等習為善人，如宗室內有一善人，滿洲內亦有一善人，朕必先用宗室；滿洲內有一善人，漢軍內亦有一善人，朕必先用滿洲。推之漢軍、漢人皆然。」

〔註 23〕 見《世祖實錄》順治三年三月壬戌條：「欲定天下之大業，必一天下之人心，吏謹而民樸，滿洲之治也。今如何為政，而後能使滿漢官民同心合志歟？」

〔註 24〕 見《世祖實錄》，卷 31，頁 14，順治四年四月十二日庚子條：「從古帝王以天下為一家，朕自入中原以來，滿、漢曾無異視，而遠邇百姓猶未同風。豈滿人尚質，漢人尚文，習俗或不同歟？音語未通，意見偶殊，域或未化歟？今欲聯滿漢為一體，使之同心合力，歡然無間，何道而可？」

〔註 25〕 滿洲入關後首次祭孔，為順治元年（1644）六月。事見《世祖實錄》順治元年六月十六日壬申條。同年十月丙辰封孔允植為衍聖公，事見《清史稿》，卷四，頁 88。順治二年正月二十三日，改孔子神牌為「大成至聖文宣先師孔子」，事見《世祖實錄》順治二年正月二十三日甲辰條、《清史稿》卷四，頁 93。同年六月初八，攝政王多爾袞亦親謁孔子廟行禮，並賜師生胥隸銀計二千二百餘兩，事見《世祖實錄》順治二年六月初八己未條。

架構裡挪移出來，「華／夷」不再用於指涉社會上的「漢／滿」問題。那麼，社會上原有的「漢／滿」問題，人們又會如何看待？這一點，可以從活躍於嘉慶、道光年間的龔自珍「尊賓」論看出。原本的「漢／滿」論述架構，已由「華／夷」逐漸轉化爲「賓／主」的論述架構。龔自珍〈古史鉤沉論‧四〉中提出「尊賓」之說：

> 王者，正朔用三代，樂備六代，禮備四代，書體載籍備百代，夫是以賓賓。賓也者，三代共尊之而不遺也。夫五行不再當令，一姓不再產聖。與王聖智矣，其開國同姓魁傑壽耈，易盡也。賓也者，異姓之聖智魁傑壽耈也。其言曰：臣之籍，外臣也；燕私之游不從，宮庫之藏不問，世及之恩不預，同姓之獄不鞫……質家尊賢先異姓，文家親親先同姓。古者開國之年，異姓未附，據亂而作，故外臣之未可以共天位也。在人主則不暇，在賓則當避疑忌，是故箕子朝授武王書，而夕投袂於東海之外。易世而升平矣，又易世而太平矣，賓且進而與人主之骨肉齒。……夫異姓之卿，固賓籍也。……禮樂三而遷，文質再而復。……故夫賓也者，生乎本朝，仕乎本朝，上天有不專爲其本朝而生是人者在也。〔註26〕

龔自珍以「主／賓」爲論述框架，來檢視「滿／漢」關係，顯然是將清代的滿漢問題，視爲政治勢力上的「異姓之卿」和「開國同姓魁傑壽耈」。這種以「主／賓」詮釋「滿／漢」論述框架的出現，事實上也反映了清代中後期漢人華夷觀轉變的情況。也就是說，至少在嘉慶、道光年間，士人出現了將社會上的「滿／漢」問題視爲政治問題而非民族文化問題的觀點。滿洲對漢文化而言漸漸不再是一個會感到文化、政治與經濟威脅感的「異族」或「他者」，而是「本朝」的「異姓之卿」與「開國同姓魁傑壽耈」。滿洲與漢人有共同的政治認同（「本朝」）與文化認同，對漢人而言，滿洲對漢文化的危機感已不再。或者也可以說，嘉慶、道光時期，滿洲的漢化已導致構成滿／漢之別的要件逐漸消失，而這也使得建立在文化行爲、血緣地域上的「華／夷」論述框架不再適用於解釋漢／滿關係。

不過，嘉、道年間「漢／滿」論述從「華／夷」論述框架中抽離出來，只是當時「華／夷」論述轉變的其中一個面向。除了「漢／滿」不再附著在

〔註26〕清‧龔自珍著，王佩諍校，《龔自珍全集》（上海：上海古籍出版社，1999年），頁27，〈古史鉤沈論四〉，頁27～28。

「華／夷」論述之外，嘉、道年間的華夷論述也因西洋勢力開始積極進入中國，而有從「漢／滿」轉移到「中／西」的傾向。由於嘉、道年間西洋積極與中國往來，導致乾隆、嘉慶以來逐漸形成的「中華」集體民族意識不得不去面對一個更爲陌生的「他者」。「西洋」這個「異族」，對中國的政治、經濟至是文化、宗教帶來前所未有的威脅。在政治、經濟與文化上的危機感與焦慮情緒下，導致嘉、道、咸年間的「華／夷」論述架構有了新的面貌，而使原本清初以來鑲嵌在「漢／滿」問題上的「華／夷」論述主體，轉而由「漢／滿」走向「中／西」。

綜上所述，清代的「華／夷」論述的演變脈絡，事實上與整個清代的社會與外交背景息息相關。其轉變的細節如何？「中華」民族意識是如何在清代形成？這都是本文所要論證的主要問題。

三、在走向現代的前夕：1644～1861──研究的時代斷限

由於這篇論文主要所要探討的，是清代「華／夷」觀的變化，特別是由「華／夷」（漢／滿）過渡到「中／西」這一段蛻變的過程。這一段過程，不僅涉及詞彙使用上的轉變，也牽涉「中華」集體意識的形成。誠如本文一開始探討「華夷」與「民族」時所說，「民族」概念之蔚爲時尚，是十九世紀的近代文化現象。在十九世紀以前，清代的民族意識，是以「華／夷」論述來表現。而近代的「民族」概念，事實上是攀緣在清代華夷論述的思想基礎上而發展形成。十九世紀中國近代的「民族」概念與清代的「華／夷」論述息息相關。因此，本論文的研究時代斷限，主要設定於清代華夷論述如何由「漢／滿」走向「中／西」的過程，以及在由傳統華夷論述過渡到民族論述的過程裡，「華夷」論述如何被民族論述所取代上，因此，本文的討論將以清入關之初的順治元年（1644）至咸豐十一年（1861）這一段時期爲主。

之所以選擇以順治元年（1644）作爲本文研究時代斷限的開端，是基於順治元年，清軍入關後，正式開啓中原境內漢／滿文化衝突，明遺民與清官方之間的「華／夷」論爭也於焉展開。這一時期，也確立了清初順、康、雍三朝《春秋》學華夷詮釋以「漢／滿」問題爲探討主軸的論述架構。

以咸豐十一年（1861）爲本文研究時代範圍的底限，原因之一，在於「總理各國事務衙門」在咸豐十年十二月成立，在外交舞台上正式宣告傳統「天朝」時代的結束，而「萬國」世界觀由此展開。這也導致「民族國家」意識

型態的傳入與在中國內部的發酵。傳統「華／夷」觀也伴隨著「天朝」世界觀的沒落，逐漸為新興起的「民族」概念所取代，一起在東亞的文化舞台上緩慢謝幕。另外，這一年也是咸豐皇帝執政的最後一年。其後，便開始了同治、光緒清廷被迫門戶洞開的晚清時期。

將本文研究斷限定於 1861 年的另一個原因，在於十九世紀下半葉——特別是 1860 年代以後，總理衙門設立、洋務運動、百日維新等，中國在外力的強迫之下終於進入了早期現代化。現代化的腳步在這一段時期迅速蔓延，在技術、經濟、教育、政治、思想上，為社會帶來截然不同的新變局。因此自咸豐末年（1861）至宣統遜國（1911），雖然在歷史的尺規上僅僅是五十年的時光，但晚清的這五十年，卻是整個中國由近代走向現代的轉捩點。這一段時期，無論社會或學術背景都相當複雜，與咸豐年間以前（～1861）有著截然不同的樣貌。特別是在晚清的《春秋》學詮釋上，往往與當時的政治創制、中西交流直接相關，如康有為的《春秋董氏學》：

> 孔子作經，將為施行，故本為空言，猶必託之實事。若三統之制，更為周遠。如建子為正月，白統，尚白，則朝服、首服、輿旗皆白。今泰西各國從之：建丑為正月，俄羅斯、日本從之；明堂之制，三十六牖、七十二戶，高嚴圓侈，或橢圓、或衡、或方。上圓下方，則為泰西宮室之制；衣長後衽，則泰西律師服之，即以日分或中半、或平明、或雞鳴，今泰西以日午為日分，亦在範圍之中，不獨建寅之時，行之二千年也。……國朝天青袿，亦是尚黑，蓋亦《春秋》制也。樂親〈韶〉、〈舞〉，則孔子最尊堯舜，所謂「盡善盡美」。後世雖有作者，虞帝其不可及，為其揖讓而官天下也。此則三統之後，猶為折衷者，惜其詳說不可見，而今即其略說，已見聖人之範圍，無外由三統推之，四復、五復、九復，窮變通久，至萬千統可也。〔註27〕

康有為的《春秋董氏學》，大陳改制之說，不僅與當時的政治社會情勢結合，也藉著解經以直接評議政治創制。包括康有為在內的晚清士人，也往往對西方充滿各種異化的想像。甚至當時被視為開明之士的留學生，也都出現了這樣的現象。如薛福成《出使日記》續刻卷六，即有「西人製造，愈出愈奇。美國新法，以紙製造各物，令其堅實以代鋼鐵之用。火車之輪，聞亦以紙為

〔註27〕康有為《春秋董氏學》（臺北：臺灣商務印書館，1969 年），卷五，〈春秋改制·改制三統〉，頁 11。

之。又造貨廠一所，牆壁屋瓦，以及樓板階梯，無不以紙代之。火不能燃，水不能入，耐久不瀆，視磚瓦之用爲尤堅」〔註 28〕的荒誕記載。晚清的士人們，各自憑依著自己的想像，詮釋著所謂的「西方」。康有爲在《春秋董氏學》一書中對時事、對當時中西文化的論述，多多少少也帶著這種詮釋習慣，而傳統的《春秋》學華夷論述也在這一時期複雜的中西文化交流背景，反映出中國早期現代化的過程裡極其錯綜複雜的樣態。

由於晚清有著特殊的政治、社會、文化與學術背景，加上《春秋》「尊王攘夷」思想，在晚清洋務與海防政策的推動上，往往成爲當時士人爭議的焦點，〔註 29〕因此晚清《春秋》學華夷論述十分複雜，宜另外專篇專書論述，才較能對晚清時期的《春秋》學華夷問題理出一個比較明晰的輪廓。因此本文基本上仍是以清代前期與中期——亦即 1644～1861——的《春秋》學華夷

〔註 28〕 薛福成《出使日記》，續刻卷六，光緒十九年十月。轉引自陳登原《國史舊聞》（北京：中華書局，2000 年），第四冊，〈紙代鋼鐵〉條，頁 431～432。陳登原於引述薛福成《出使日記》文後，評述云：「福成當日號爲開明之士，其發爲此言，又適秉海外使節，往來於英法之間，今乃以絕不可能之事，津津然筆之於記，此可證明當時惟洋是阿，盲目崇拜之俗。」

〔註 29〕 如曾紀澤〈巴黎復陳俊臣中丞書〉（收於陳忠倚：《皇朝經世文三編》，卷二十一，治體九廣論），頁 6-1：「西洋諸國，越海無量，由旬以與吾華交接，此古未有之奇局。中國士民，或畏之如神明，或鄙之爲禽獸，皆非也。以勢較之，如中國已能自強，則可似漢唐之馭匈奴、西域、吐蕃、回紇；若尚未能自強，則直如春秋戰國之晉、楚、齊、秦鼎峙而相角，度長而絜大耳。彼諸邦者，咸自命爲禮義教化之國。平心而論，亦城與島夷、社番、苗猺、獠猓。情勢判然，又安可因其禮義教化之不同，而遽援尊周攘夷之陳言，以鄙之耶？禮義教化雖有不同，然事之不在情理中者，則雖僻在數萬里外之國，亦不能經行而無滯。弟愚以爲辦洋務並非別有奧窔，遇事仍宜以吾華之情理酌之理之。」曾紀澤雖不贊成以《春秋》「尊周攘夷」論來批判洋務，但從其〈巴黎復陳俊臣中丞書〉看來，當時朝廷之中，應仍有爲數不少的士人援據《春秋》「尊周攘夷」之論來批判洋務。《春秋》「攘夷」論述對晚清政治、外交影響甚大，《皇朝經世文編》中所錄之相關書奏甚多，此處不擬一一贅引，僅再舉譚嗣同〈報貝元徵書〉（收於麥仲華：《皇朝經世文新編》，卷一中，通論），頁 67-2：「悲夫！會見中國所謂道德文章學問經濟聖賢名士，一齊化爲洋奴而已矣。豈不痛哉！豈不痛哉！而猶妄援攘夷之說，妄攘距楊墨之說，妄援用夷變夏之說，妄援不貴異物賤用物之說，妄援舞干羽于兩階七旬而有苗格之說，如死已至眉睫，猶曰我初無病，凡謂我病而進藥者，皆異端也。大愚不靈，豈復有加於此者耶？且足下抑知天下之大患，有不在戰者乎！西人雖以商戰爲國，然所以爲戰者，即所以爲商。以商爲戰，足以滅人之國於無形，其計至巧而至毒。今之策士，動曰防海，不知曲折逶迤三四萬里，如何防法！……今中國之人心、風俗、政治、法度，無一可比數於夷狄，何嘗有一毫所謂夏者，即求並列於夷狄，猶不可得。遑言變夏耶！」

論述爲主，暫不擬論及晚清時期的《春秋》學華夷問題。

從順治元年至咸豐十一年，正是中國「華／夷」概念發展、演變的重要時期。因此，本文的研究時代斷限也將以此爲主，尋繹清代前中期華夷觀演變與沒落的脈絡。

四、從《春秋》學開始——研究文本的設定

在研究文獻的選擇上，本文擬以清代的《春秋》學作爲主要的研究文本。「尊王攘夷」爲《春秋》思想的核心，因此傳統中國華夷觀的討論，往往附著在對《春秋》學「尊王攘夷」的討論上。因此，在研究傳統華夷觀時，我們很難擺落《春秋》學的文本資料而討論「華／夷」。甚至可以說，傳統的「華／夷」論述，基本上多是鑲嵌在《春秋》學的詮釋之中。如果要研究華夷觀念的演變，不應該、也不可能拋卻《春秋》學詮釋中的夷夏論述。

另一方面，任何一種書寫，其背後都蘊涵著某種立場，看似純粹詮釋的「經注」、「經解」，其實也是一個藉由對經典的詮釋以展示立場的場域，而這樣的一種思想立場，往往會被他所處的時代情境所決定、所影響。因此，歷代的《春秋》詮釋，也往往會因爲歷史背景與學術背景的差異、導致立場各異，因而在詮釋時有著不同的側重，並反映出形形色色的觀點。從《春秋》學對其中夷夏概念的評述上，我們可以掌握詮釋者的華夷思想脈絡。特別是清代的《春秋》學夷夏論述，往往會因詮釋者不同民族立場而有極鮮明的不同。這也是本文選擇《春秋》學作爲研究文本的主要原因。

但，誠如前文所言，華夷觀的產生與變化，事實上與政治與文化情勢有著極爲密切的關係。我們無法跳脫清代的政治與社會背景來評論清代的華夷論述，以及在清代社會華夷心態影響下所導致的《春秋》學詮釋，因爲清代的華夷論述正是從清代滿漢襍處、中西文化衝突的社會情勢下才因而醞釀衍生。因此，除了《春秋》學著作之外，本文也將兼攝相關的正史、野史與清人文集筆記等，補充關於當時社會、政治情勢的背景論述，俾使論述華夷觀的演變時，能釐析出一個比較清晰的社會發展背景脈絡。

第二節　學界研究成果的回顧與評述

「民族」與「華／夷」兩個概念，雖類似卻不盡相同。過去學界在處理

清代的民族問題（或是華／夷問題）上，似乎有著將「民族」與「華夷」兩個概念混而視之的傾向。

　　前人在從社會史與政治史的角度來分析清代整體民族關係總論上，論著頗多，較重要的專著有：余梓東的《清代民族政策研究》側重於清代滿洲政權的民族政策，從清代政權之建立與鞏固的角度來看清政府對各民族的態度，並從政治史的角度，析論後金政權至清代民族政策的形成及發展演變過程；〔註30〕楊學琛則對清代的滿、漢、蒙、回、藏民族關係的探討著力頗深，有《清代民族史》〔註31〕及《清代民族關係史》等。〔註32〕黃枝連在清代民族關係方面，有一系列對於清廷和朝鮮半島外交關係的論著：《朝鮮的儒化情境構造 —— 朝鮮王朝與滿清王朝關係型態論》〔註33〕、《東亞的禮義世界 —— 中國封建王朝與朝鮮半島關係型態論》。〔註34〕黃枝連的研究，是以滿清與朝鮮半島的外交往來為中心，並兼而論及東亞的「天朝」外交體系，針對「天朝」體系在政治層面與文化層面對朝鮮的影響、以及自宋至清之間的中、朝關係，以縱向歷史分析的角度，有極深刻的論述。

　　至於近人清代華夷觀研究方面，從時代範疇來看，目前研究多集中在清初與晚清這兩段時期，至於在「華／夷」論述如何由清初銜接到晚清？這一部分的過渡問題則較乏人探討。在研究對象上，近人研究多集中在王夫之與晚清的魏源、廖平、康有為等人。清初方面，如張學智〈王夫之《春秋》學中的華夷之辨〉〔註35〕、李先國〈王船山與曾國藩：不同文化沖突中的處世抉擇〉〔註36〕、吳彰裕〈王船山華夷思想〉〔註37〕、劉新春〈王夫之「夷夏之說」的精神內核〉〔註38〕、文瑤〈王夫之民族思想對曾國藩的影響〉〔註39〕、胡發貴〈王夫之夷

〔註30〕余梓東《清代民族政策研究》（瀋陽：遼寧民族出版社，2003 年）。

〔註31〕楊學琛的《清代民族史》（成都：四川民族，1996 年）。

〔註32〕楊學琛《清代民族關係史》（長春：吉林文史，1991 年）。

〔註33〕黃枝連：《朝鮮的儒化情境構造 —— 朝鮮王朝與滿清王朝關係型態論》（北京：中國人民大學出版社，1995 年）。

〔註34〕黃枝連：《東亞的禮義世界 —— 中國封建王朝與朝鮮半島關係型態論》（北京：中國人民大學出版社，1994 年）。

〔註35〕張學智：〈王夫之春秋學中的華夷之辨〉（中國文化研究，2005 年 2 期）。

〔註36〕李先國：〈王船山與曾國藩：不同文化衝突中的處世抉擇〉（衡陽師範學院學報，2003 年 2 期）。

〔註37〕吳彰裕：〈王船山華夷思想〉（空大行政學報，1995 年）。

〔註38〕劉新春：〈王夫之「夷夏之說」的精神內核〉（船山學刊，2003 年 4 期）。

〔註39〕文瑤、潘新輝：〈王夫之民族思想對曾國藩的影響〉（船山學刊，2002 年 2 期）。

夏觀新論〉〔註40〕、鄧樂群〈王船山民族思想的變異之音〉〔註41〕及〈黃書與
辛亥革命〉〔註42〕等。對於清初華夷觀的研究，其研究對象多以王夫之及其《黃
書》為主，然而也有涉及王夫之《春秋》學中的華夷之辨者。不過，對於明清
之際整體士人華夷觀的變化，相對來說研究者較少，如鄭傳斌〈從思想史角度
論明清之際夷夏觀念的嬗變〉，〔註43〕基本上較屬於泛論的性質。

　　同治、光緒時期的晚清華夷與中西文化問題，研究者頗多。但道咸時期的
華夷問題相對討論較少。對於清英鴉片戰爭的原因、意義及影響，兩岸及國外
研究者討論頗多，福建社會科學院歷史所編有《林則徐與鴉片戰爭論文集》、寧
靖編《鴉片戰爭史論文專集續編》〔註44〕、姚薇元、蕭致治著有《鴉片戰爭研
究》、茅海建《天朝的崩潰——鴉片戰爭再研究》〔註45〕、馬廉頗《晚清帝國
視野下的英國——以嘉慶、道光兩朝為中心》〔註46〕等。茅海建的研究集中於
對鴉片戰爭發生及挫敗之軍事、政治態度的討論上，而馬廉頗的研究則兼攝中
英關係與經濟文化層面。雖然近人對鴉片戰爭的研究論述頗多，論點也十分精
闢，但對於鴉片戰爭對學術圈所帶來的外圍影響，如經學詮釋態度上的轉變、
士風與學風的變化等問題，則討論者相對較少。近人關於鴉片戰爭所帶來的文
化思想影響之研究，就研究對象而言，多集中於對典型人物如「魏源」的學術
性格分析，而較為缺乏對這一時期整體士人夷夏觀演變發展的脈絡。

　　綜上所述，在清代華夷觀的研究上，近人多將焦點集中於清初與晚清這
兩個斷代。對於清代整體華夷觀的變化，目前似乎尚缺一個完整的系統性論
述，但華夷論述的演變與「華／夷」身分認同變化的現象，事實上是一個連
續的現象，如果將清初、晚清獨立出來討論，較難看清清代「華夷」議題變
化與發展的完整輪廓。

〔註40〕胡發貴：〈王夫之夷夏觀新論〉（河海大學學報（哲學社會科學版），6卷3期，
　　　　2004年9月）。
〔註41〕鄧樂群：〈王船山民族思想的變異之音〉（衡陽師範學院學報，1998年1期）。
〔註42〕鄧樂群：〈黃書與辛亥革命〉（南通師範學院學報（哲學社會科學版），17卷4
　　　　期，2001年12月）。
〔註43〕鄭傳斌：〈從思想史角度論明清之際夷夏觀念的嬗變〉（河南大學學報（社會
　　　　科學版），43卷6期，2003年11月）。
〔註44〕寧靖《鴉片戰爭史論文專集續編》（北京：人民，1984年）。
〔註45〕茅海建《天朝的崩潰——鴉片戰爭再研究》（北京：新華書店，2005年）。
〔註46〕馬廉頗《晚清帝國視野下的英國——以嘉慶、道光兩朝為中心》（北京：人
　　　　民，2003年）。

　　另一方面，近人對清代華夷觀的研究對象，其性質也多以士人爲主。也就是說，目前學界對於清代華夷論述的研究，始終是以「士人（漢人）」的視野來觀看清代的華夷論述，而缺乏一個從官方（滿洲統治者）的觀點來看清代華夷論述的角度。這也導致了研究者本身對清代華夷觀的解讀，較易受到研究對象本身的觀點所侷限，研究成果所呈顯的，也比較傾向是一種由漢人（士人）觀點的清代華夷觀的變化。但，從清代的文獻資料來看──特別是清代《春秋》學文獻來看，清代的華夷論述並不只爲漢人所重視，滿洲官方對此也十分看重，而官方《春秋》學中對華夷論述的詮釋傾向，不僅反映了官方的民族政策意圖，也反映了滿洲官方「華／夷」認同的變化。

　　近人對於清代經學詮釋的研究，多集中於士人經學，對於官方經學詮釋的研究爲數甚少，更遑論清代官方的《春秋》學研究。然而清代官方經學態度對於庶民儒學、甚至士人學風都或多或少有其影響力，官方對經學的詮釋內容、經學著作的選刊、官方經學著作的流布，這些行爲都有其社會意義，但在清代經學史研究上卻往往爲人所忽略，這其實十分可惜。何況，清代官方《春秋》學中的「華／夷」詮釋，更隱示著滿洲官方的民族政策與文化認同心態，在探討清代華夷觀時，如果忽略這一部分，則無法較完整地呈顯出清代華夷觀的變化、及官方與士人華夷觀之間的互動與影響，而這也是本文所要努力平衡論述的部分。

　　其次，在對清代《春秋》學與清代經學史的研究方面，多傾向於從漢宋學發展、今文學派的崛起等來討論，如張素卿師《清代漢學與左傳學：從「古義」到「新疏」的脈絡》。〔註47〕近人對清代《春秋》學的研究，則多集中在晚清的《春秋》公羊學派上，如：何信全《晚清公羊學派的政治思想》〔註48〕、陳其泰《清代公羊學》〔註49〕、孫春在《清末的公羊思想》〔註50〕、Benjamin Elman 艾爾曼《經學、政治和宗教──中華帝國晚期常州今文學派研究》〔註51〕等，多是以晚清春秋公羊學派崛起的相關問題與思想發展爲研究主題，孫春在、何

〔註47〕 張素卿：《清代漢學與左傳學：從「古義」到「新疏」的脈絡》（臺北：里仁書局，2007年）。
〔註48〕 何信全：《晚清公羊學派的政治思想》（臺北：經世出版社，1984年）。
〔註49〕 陳其泰：《清代公羊學》（北京：東方出版社，1997年）。
〔註50〕 孫春在：《清末的公羊思想》（臺北：商務印書館，1985年）。
〔註51〕 Benjamin Elman 艾爾曼：《經學、政治和宗教──中華帝國晚期常州今文學派研究》（江蘇：人民出版社，1998年）。

信全對公羊學派的研究集中於晚清公羊學政治思想的前承與演變，而 Benjamin Elman 則是由清代宗族與學術、及宗族與政治之間的關係，來看常州莊氏宗族與清代中晚期政治和公羊學派的興起問題。對清代《春秋》學與公羊學派的思想內容之研究，集中於從《春秋》學與政治思想來切入，如王家儉《晚清公羊學的演變與政治改革運動》〔註52〕、王玉華〈清代春秋公羊學異內外義例與大一統思想〉〔註53〕等。清代《春秋》學的研究，雖然成果頗爲豐碩，但就整體研究趨勢而言，在研究範圍上同樣有斷代的、士人的研究視野侷限的問題。

　　大體而言，目前對清代《春秋》學華夷論述的研究有著「斷代的」、「士人觀點」的侷限情況，從縱向的歷史角度而言，無法完整反映清代華夷論述由清初至晚清的轉變，而從研究視野而言，清代華夷論述的變化事實上與「天朝」意識與「中華」民族意識的形成極爲攸關，如果侷限於士人觀點的《春秋》學華夷觀研究，而拋卻清代官方的華夷論述來論清代的華夷問題，勢必無法眞正解釋清代華夷觀爲何如此變化、「華／夷」如何由「漢／滿」過渡到「中／西」？「中華」概念究竟如何被塑造？這也正是本文所要努力呈顯的議題。

〔註52〕王家儉：《晚清公羊學的演變與政治改革運動》（臺北：中央研究院，1986 年）。
〔註53〕王玉華：〈清代春秋公羊學異內外義例與大一統思想〉（哲學與文化，29 卷 3、
　　　　4 期，2002 年 3、4 月）。

第二章　清初遺民士人的《春秋》學華夷觀

　　民族概念的建構，是在文化與異文化對話的情境時，透過自身與異文化的對照比較，而逐漸形塑出自身的民族認同。近現代意義上的「民族」意識與民族主義的興起，是在清王朝 1860 年代開始，因洋務運動、設立總理各國事務衙門後所逐漸蔚為風潮的近現代的文化現象。在清中期以前，缺乏一個與近現代「民族」概念準確對應的概念，而對於「民族」問題的探討集中在「華夷」論述的討論上。

　　傳統對「華／夷」意識的形成或強化，往往是在漢文化與異文化對話的情境下形成，而「華夷之大別」界定標準的變化，也反映了當時人們對漢文化與異文化之間的文化差異的識別與判斷。清初滿洲入關，漢民族與異民族在中原相遇的歷史背景下，營造出大量漢文化與異文化交涉的情境，也使得二者之間的文化差異性得以在不斷的文化交涉中被意識、被突顯出來。這樣的時代情境，也成為鼓動「華夷」意識發展的土壤。

　　對遺民士人而言，滿洲入關對漢人帶來的軍事、文化威脅，激起他們對漢文化的危機感。因此，遺民士人在隱遁山林、消極避世之外，往往以儀式化的集體行為，如絕食身殉〔註1〕、在孔廟中集體進行哭廟、焚儒服等儀式，

〔註 1〕 明清易代之際，出現大量殉節行為。據何冠彪《生與死：明季士大夫的抉擇》（臺北：聯經出版公司，1997 年）之考證，乾隆（1736～1796）中葉，清政府曾統計明清之際殉國人數，共計有三千八百八十三人（頁 15）。明清之際，特別是南明弘光時期，士人的「殉節」意識甚為盛行。黃宗羲《弘光實錄鈔》（收於《南明史料（八種）》，南京：江蘇古籍出版社，1999 年），卷一，頁 19，崇禎十七年夏「丁丑，草莽孤臣劉宗周慟哭時艱，上陳四事」條，記載劉宗周在南京上疏福王，疏中便曾提及：「當此國破君亡之際，普天臣子皆當致死。」這種「國破君辱，則臣應效死」的觀念，在明清更迭之時導致了士

〔註2〕甚至積極向日本乞師〔註3〕、隨著明鄭政權桴海赴台以避清朝之統治（如沈光文等人）等，來表達他們不願接受異族統治與異文化的態度，並藉此以強化自身的文化認同。遺民士人這種激烈的抗爭行為，固然可以解讀為儒家君臣倫理價值觀影響下士人對明政權的擁護與效忠心態，但這些集體儀式化行為的背後，除了政治上的「忠君」的意圖之外，也蘊涵著知識份子企圖表達強烈漢文化認同的華夷心態。

　　除了上述儀式化的集體行為、或藉由詩文抒寫情緒之外，清初遺民士人表現漢文化危機感與發抒漢文化情感的方式，也往往透過在政治論述中從民族文化的角度，提出中原應由漢人統治、應維繫中原漢文化的論點，並積極於從經典之中尋繹有利漢文化統治中原的史料文本，以作為他們的理論依據。透過詮釋儒學經典中的華夷論述，成為遺民們在社會上藉以宣傳「排滿」思想的資材，並以此質疑滿清統治中原的合理性。因此，以「尊王攘夷」為思想核心的《春秋》，便漸漸成為他們論證異民族不可統治中原與漢民族的重要論據，而《春秋》也成為清初遺民士人抒寫民族文化情緒的載體。如華時亨《春秋法鑑錄》。《清稗類鈔》「華時亨作《春秋法鑑錄》」條：

　　　　順治甲申，世祖定鼎燕而明亡，華時亨大悲，乃惟以杜門著述為事。

人的集體殉節行為。而這種「殉節」觀念之所以在士人文化圈中形成一種風氣，據趙園所推測，應與崇禎自縊殉國有關。趙園認為，明亡之際士人大量的死節行為，係由崇禎之死揭開序幕，崇禎之死即使不是這一系列士人死節的直接誘因，但也啟發、示範了這一類的行為。而崇禎本身的君主身分，使得他的死具有「人主施之于臣子的最後命令」的暗示意味。（趙園之觀點，見氏著《明清之際士大夫研究》（北京：北京大學出版社，2000年），頁24）。

〔註2〕甲申之變，清軍攻入北京後，南明士人開始出現集體至孔廟哭廟、焚儒服的儀式化行為，以宣誓自己從戎報國之心，如鄭成功便至福建南安縣豐州孔廟進行此類儀式。清‧鄭亦鄒《鄭成功傳》（收於臺北：海東山房刊行，《鄭成功史料合刊》），頁103，〈順治三年〉條下載：「成功雖遇主列爵，實未嘗一日與兵枘。意氣狀貌，猶儒書也。既力諫不從，又痛母死非命，廼悲歌慷慨，謀起師。攜所著儒巾襴衫，赴文廟焚之。四拜先師。仰天曰：『昔為孺子，今為孤臣。向背去留，各有作用。謹謝儒服，唯先師昭鑒之。』高揖而去。」

〔註3〕黃宗羲《行朝錄》（收《黃宗羲全集》（杭州：浙江古籍出版社，2005年），第二冊），卷八，頁180～183，〈日本乞師〉，記黃斌卿與黃孝卿赴日本乞師之經過。並於文末云：「史臣曰：『宋之亡也，張世傑嘗遣使往海外某國借兵，陳宜中亦身至占城借兵。崖山既陷，兩國之師同日至，遂不戰而返。今日之事，何其與之相類耶！忠臣義士，窮思極計，海水不足較之淺深，徒以利害相權。』」

日坐所謂劍光閣者，聚生徒，講學其中。目雖失明，輒命一童子旁
誦《春秋左氏傳》，意有所發，復命一童子旁書之。所著有《春秋法
鑑錄》，蓋自託於《左氏》也。〔註4〕

甲申年清兵入關之後，華時亨「意有所發」，便自託於《左傳》，以寄寓家國
情感。華時亨在明亡後藉著詮釋《春秋》以發抒民族情緒，事實上反映了當
時部分遺民士人藉詮釋《春秋》學以抒寫民族情感的經學現象。這使得部分
遺民士人的《春秋》經學詮釋很難擺開鮮明的民族情緒與排滿立場，並影響
其《春秋》學論著的詮釋傾向，特別是在《春秋》學華夷論的詮釋方面。傳
統《春秋》學在詮釋華、夷問題時，多將華夷定位為文化、禮之別。但清初
遺民士人對華夷的定義，卻在當時特殊歷史背景的影響之下，顛覆了傳統以
「禮」、「文化」（抑或文明程度）來界定「華」與「夷」的詮釋態度，轉而傾
向於認為無論在地域、血緣與文化上，「華」與「夷」都迥然有別。

　　清初，漢文化面對著空前的文化危機。在這樣的時代背景之下，遺民士
人對「夷／夏」的定義與傳統春秋學夷夏觀有所差異，這也使得他們的《春
秋》學著作具有相當鮮明的時代色彩。清初的遺民士人《春秋》學，不僅藉
解經以抒發亡國之情（如華時亨），甚至希冀以此來宣傳「尊周攘夷」的「《春
秋》大義」，並直接推動反清排滿的活動，如雍正年間的曾靜。由於華時亨《春
秋法鑑錄》今已亡佚，而曾靜《知新錄》中關於「《春秋》大義」的論述，又
與清初官方《春秋》學與清初民族政策頗為相關，將在第三章中討論。因此，
在本章之中，筆者將以清初士人《春秋》學中，華夷詮釋較具特色與代表性
的王夫之、顧炎武兩人的《春秋》學，來探討清初遺民士人《春秋》學的夷
夏論述，以及清初遺民《春秋》學在論及「《春秋》大義」時強調「攘夷」論
述的現象，並藉以釐析清初遺民士人的華夷觀。

第一節　王夫之《春秋》學中的夷夏觀

　　滿洲入關之初，士人面對這種「天崩地解」的局面，殉節人數達到歷朝
之冠。士人殉國的部分原因，在於不願面對異族的統治，〔註5〕以及無法接受

〔註4〕《清稗類鈔》（北京：中華書局，2003），第八冊，頁3843〈經術類〉「華時亨
　　　著《春秋法鑑錄》」條。
〔註5〕關於明季士人殉國之風，可參考何冠彪《生與死：明季士大夫的抉擇》，〈第
　　　三章　明季士大夫殉國的原因〉。

漢文化有可能會被相對文明程度較低的異文化同化的情況。許多士人因不願「從胡俗」而自盡，如「不肯薙髮」而投水以殉的馬純仁，在殉國時留下遺書申明其志：「朝華而冠，夕□而髡。與喪乃心，寧死乃身。」〔註6〕又如山東兵部主事王若之因不願剃頭而受戮，臨死前言：「留此髮以見先帝」〔註7〕蘇兆人也因不願屈從於異文化之服飾而自縊，於死前賦下「保髮嚴夷夏」的絕命詞。〔註8〕

　　但，並非所有無法接受異文化的遺民士人，都會採取殉節這種激烈的反抗方式。對於不願更易爲滿洲服飾、最終又未以身殉國的遺民士人們而言，面對此一困局，他們寧願改採削髮爲僧或隱居的方式，苟活避世。如顧亭林的學友歸莊，〔註9〕在順治二年（1645）乙酉之難、南京失陷後，旋即削髮爲僧，並作〈斷髮〉詩以抒懷：

> 親朋姑息愛，逼我從胡俗。一旦持剪刀，剪我頭半禿。髮乃父母生，
> 毀傷貽大辱。棄華而從夷，我罪今莫贖。人情重避患，不憚計委曲。
>
> 得正復何求，所懼非刑辱！況復事多變，禍福相倚伏。吾生命在天，
> 豈必懼荼毒！已矣不可追，垂頭洒盈掬。
>
> 華人變爲夷，苟活不如死。所恨身多累，欲死更中止。高堂兩白頭，
> 三男今獨子。我復不反顧，殘年安所倚？隱忍且偷生，坐待眞人起。
>
> 赫赫姚榮國，髮垂不過耳。誓立百代勛，一洗終身恥。〔註10〕

歸莊在〈斷髮〉詩中，用「華人變爲夷，苟活不如死」的詩句，亟言不願被異文化所同化、不願「從胡俗」的心境。削髮爲僧，是歸莊在面對此「天崩地解」之困局時消極避世的方式。

〔註6〕《弘光實錄鈔》，卷4，頁91：「六合諸生馬純仁，字樸公。年十八，不肯剃髮。閏六月二十二日，函書付其妹曰：『吾三日不歸，以此白之父母。』袖大石投浮橋水中。發函，得銘曰：『朝華而冠，夕□而髡。與喪乃心，宵死乃身。明棠處士，樸公純仁。』」

〔註7〕《弘光實錄鈔》，卷四，頁91：「山東兵部主事王若之不剃頭，被獲，強之剃，不可，曰：『留此髮以見先帝耳。』戮之。」

〔註8〕《海東逸史》（收於《明代野史叢書》（北京：北京古籍出版社，2002），第六冊，卷10，〈蘇兆人傳〉。

〔註9〕全祖望《鮚埼亭集》（收於《全祖望集彙校集注》（上海：上海古籍出版社，2000年）），卷12，〈亭林先生神道表〉，頁227：「（顧炎武）最與里中歸莊相善，共遊復社，相傳有『歸奇顧怪』之目。」

〔註10〕《歸莊集》（上海，上海古籍，1982年），卷之一，〈斷髮〉。

　　除了出家爲僧之外，清初遺民士人另一種消極避世的方式則是隱居遁世，如王夫之。王夫之的華夷心態，在清初遺民士人中相當具有代表性，可說是清初遺民士人保守又堅決地捍衛漢文化的一個典型。面對中原的異族新政權，他的態度既極端又消極，拒絕與新政權作任何接觸。然而，王夫之這種拒絕對話的心態，是奠基在他具有強烈種族主義色彩的「華／夷」思想基礎上。王夫之的華夷論述，反映了當時部分知識份子對滿洲這個異族之「夷」統治中原的極端抗拒心理，因此，在探討清初士人的《春秋》經學詮釋中之夷夏觀時，筆者選擇先以王夫之的《春秋》學爲分析對象，以作爲清初遺民士人《春秋》學夷夏觀的一個典型。

　　王夫之的「華／夷」論述，集中在《黃書》、《讀通鑑論》和他的幾本《春秋》學著作裡。其中，以《黃書》中的華夷論述最爲完整。在「華夷之辨」的文化上、血緣上、地域上等種種差異，《黃書》都有著極爲明確的定義，同時，並藉此強調夷夏之防的重要性。《黃書》中對「華夷之防」的論調，也貫徹在王夫之的幾本《春秋》詮釋中，成爲他《春秋》學華夷論述的思想基礎。在《春秋》學詮釋著作方面，王夫之有《續春秋左氏傳博議》、《春秋家說》〔註11〕、《春秋稗疏》、以及《春秋世論》等。以下將以《黃書》與其《春秋》學著作爲文本，探討王夫之《春秋》經學詮釋中的夷夏觀，並分析這樣一種民族意識型態所反映出的時代與文化意涵。

一、地域上的夷夏之辨

　　傳統《春秋》學在處理「夷夏之防」的議題時，往往將「華夷之大別」指向名物與典章制度，如杜預《春秋經傳集解》在僖公二十二年《左傳》「初，平王之東遷也，辛有適伊川，見被髮而祭於野者，曰：『不及百年，此其戎乎！其禮先亡矣。』」條下注云：「被髮而祭，有象夷狄。」〔註12〕以「服飾」等文化表現，論述夷夏之別。也就是說，傳統《春秋》學在處理華夷問題時，傾向於將華夷論述的性質界定爲文化論述（而非種族論述），因此往往從文化差異來判定「華」與「夷」。

〔註11〕《春秋家說》並不完全是王夫之之作。事實上，此書係王夫之繼其父王朝聘未成之書而寫就，故稱「春秋家說」。

〔註12〕孔穎達《左傳注疏》（嘉慶二十年阮元刊本，臺北：藝文印書館，1981年），頁247。

　　除此之外，在論述「攘夷尊夏」時，也多半帶有「用夏變夷」的期待心理。如南宋胡安國《春秋胡氏傳·序》中即指出，他之所以傳《春秋》，雖出於對當時「夷狄亂華，莫之遏」的憂慮，但最終目的仍冀求能「用夏變夷」：「雖微辭奧義，或未貫通，然尊君父、討亂賊、闢邪說、正人心，用夏變夷，大法略具。庶幾聖王經世之志，小有補云。」〔註13〕傳統《春秋》學這種「用夏變夷」的華夷心態，一方面固然意味著漢文化的優越性，另一方面，也暗示著傳統《春秋》學在看待華夷論述時，是將華夷定位爲文化論述而非種族論述，承認夷與夏之間「可變」，認爲夷夏之間透過文化行爲的變化，而存在著身分更動的可能性。

　　至於「用夏變夷」的具體內容，據《春秋胡氏傳》來看，則在於文化與制度──「禮」。《春秋胡氏傳·大綱》引述二程之說：「《春秋》之法極謹嚴，中國而用夷禮則夷之。」又引韓愈〈原道〉：「孔子之作《春秋》也，諸侯用夷禮則夷之，進於中國則中國之。」胡安國、韓愈與二程，都以「禮」作爲「進於中國」或「夷之」的關鍵。另外，胡安國在《春秋》隱公二年《經》「秋八月庚辰，公與戎狄盟于唐」注云：

　　〈費誓〉稱淮夷徐戎，此蓋徐州之戎，久居中國，在魯之東郊者也。
　　韓愈氏言《春秋》謹嚴，君子以爲深得其旨。所謂謹嚴者，何謹乎？
　　莫謹于華夷之辨矣。中國而夷狄則夷之，夷狄猾夏則膺之。此《春
　　秋》之旨也。而與戎歃血以約盟，非義矣。〔註14〕

胡安國以「禮」來作爲華夷之間的區隔判準。從以上引文來看，華夷之間的身分界限並不是固定不可更易的。只要夷狄願意接受漢文化的禮樂制度、同化於漢文化（亦即「用夏變夷」），那麼，即使是夷狄亦可「膺之」。《春秋胡氏傳》中，類似這種以禮論華夷、肯定以「禮」來「用夏變夷」的解經之例甚多，如莊公五年，《經》「秋，郳黎來來朝」條下注云：

　　郳，國也；黎來，名也。國何以名？夷狄之附庸也。中國附庸例書
　　字，邾儀父、蕭叔是也。夷狄附庸，例書名，郳黎來、介葛盧是也。
　　能修朝禮，故特書曰『朝』。其後王命以爲小邾子，蓋於此已能自進

<hr />

〔註13〕胡安國《春秋傳·序》（上海涵芬樓影印常熟瞿氏鐵琴銅劍樓藏宋刊本，四部叢刊本，臺北：臺灣商務印書館，1966年），頁2。
〔註14〕胡安國《春秋胡氏傳》，卷一，隱公二年《經》「秋八月庚辰，公及戎盟于唐」條，頁5。

於禮矣。」〔註15〕

強調郊國之黎來能「自進於禮」。

　　從上述諸例看來，在對於「華夷」論述及華夷身分的性質方面，胡安國是傾向於從文化的角度來理解《春秋》中的華夷問題，而將之定位在文化身分上，認爲彼此之間可以藉由文化行爲的轉化，而更動其「華／夷」身分。

　　胡安國晚年活躍於湖南湘，潭，與王夫之有同鄉之淵源。雖然胡、王兩人相隔數代，但王夫之對胡安國《春秋胡氏傳》頗爲推重，並在詮釋《春秋》時吸收了某些《春秋胡氏傳》的論點。胡、王《春秋》學思想相承之處，近人王立新曾作〈胡文定與王船山的春秋學說〉一文探討王夫之對胡文定《春秋》學之承繼。〔註16〕王立新已針對二人之《春秋》學承繼之處加以探討，此處不擬贅述。筆者想要深入析論的，是胡安國與王夫之《春秋》華夷思想的差異性。胡、王二人的《春秋》學，最主要的相異點便在於他們對「華夷之辨」的不同定位上。以下將就胡安國與王夫之兩人對「華夷之辨」的不同意涵，稍加析論。

　　對於「華夷」論述性質的不同界定，是胡安國與王夫之兩人《春秋》學最大的差異之處。王夫之與胡《傳》，雖然都重視《春秋》中的「攘夷」問題，但與胡安國相較，王夫之的「攘夷」之說則更顯極端。在「華夷之辨」的定義上，王夫之的「華／夷」定義也更接近於民族主義的論點。王夫之《宋論》，曾直陳讀《春秋胡氏傳》時之憾：

　　　嘗讀胡氏《春秋傳》而有憾焉。是書也，著攘夷尊周之大義，入告高宗，出傳天下，以正人心而雪靖康之恥，起建炎之衰，誠當時之龜鑑矣。顧抑思之，夷不攘，則王不可得而尊。王之尊，非唯諾趨伏之能尊；夷之攘，非一身兩臂之可攘。師之武、臣之力、上所知、上所任者也。而胡氏之說經也，於公子翬之伐鄭、公子慶父之伐于餘邱，兩發「兵權不可假人」之說。不幸而翬與慶父終於弑逆，其說伸焉。而考古驗今，人君馭將之道，夫豈然哉？〔註17〕

王夫之雖然肯定胡安國《春秋胡氏傳》「著攘夷尊周之大義」，但他認爲胡安

〔註15〕胡安國《春秋胡氏傳》，卷七，莊公五年《經》「秋，郊黎來來朝」條，頁6。

〔註16〕見王立新〈胡文定與王船山的春秋學說〉（鵝湖月刊，第29卷第10期，頁29
　　　～36。）

〔註17〕王夫之《讀通鑑論（《宋論》合刊）》（臺北：里仁書局，1985年），下冊，《宋論》卷十〈高宗〉，頁184。

國在說解《春秋》中攘夷征伐之時，卻往往隱蘊著「兵權不可假人」的「尊王」觀點，因此王夫之自陳讀《胡氏春秋傳》而「有憾焉」，認爲若「夷不攘」則「王不可得而尊」。王夫之主張，「攘夷」是「尊王」的前提，若不先假人兵權以攘夷，則「尊王」亦遑論。「師之武、臣之力」既爲「上所知、上所任」，藉將、臣之力，釋以兵權，以行攘夷征伐，方爲「人君馭將之道」，因此他對《胡氏春秋傳》「兩發兵權不可假人之說」而「有憾」。

王夫之與胡安國對《春秋》「攘夷」與「尊王」、「兵權不可假人」之間態度取捨的不同，反映出兩人不同的時代背景與思想、政治立場。事實上，任何一種書寫，其背後都蘊涵著某種立場，看似純粹詮釋的「經注」、「經解」，其實也是一個藉由對經典的詮釋以展示立場的場域，而詮釋者的思想立場，又往往會被他所處的時代情境所決定、所影響。因此，歷代的《春秋》詮釋，其實時常反映因歷史背景與學術背景所導致的立場差異，因而在詮釋時有著不同的側重。《春秋胡氏傳》成書之後，成爲影響南宋、元、明三朝《春秋》學的重要著作，也對王夫之的《春秋》學影響甚深。王夫之雖對胡安國之說有所承繼，但在《春秋》「華／夷」論述性質的定義上，卻表現出與胡安國不同的立場。胡安國與王夫之兩人的《春秋》學在「華／夷」問題上的不同詮釋趨向，恰好反映了這種因歷史背景、立場之異導致不同詮釋側重的情況。

胡安國《春秋胡氏傳》之所以側重於「尊王」、「宗周」這一面向，很可能是在宋室南渡之初，宋室偏安於南方的背景下所形成。對南宋初的政治情勢而言，強調鞏固高宗地位、兵權不可旁落之說，遠比「攘夷」之說更能得到官方的支持，因此，「尊王」與「君權不可旁落」成爲應該被捍衛的思想價值。蔡哲修〈從「攘夷」到「尊王」（1127～1142）～「南宋偏安局面的形成」研究之三〉一文裡，對宋室南渡後由攘外轉向安內、收兵權等之過程有詳盡的考證，〔註 18〕他指出南宋初年官方和士大夫的政治心態，事實上是由「攘夷」逐漸走向「尊王」的過程。在南宋政局整體走向偏安的情況下，對南宋君臣與士人而言，與其提倡不知是否能有成效的「攘夷」之論，不如宣揚「尊王」以確立高宗的統治地位，更能爲官方所接受。因此胡安國《春秋胡氏傳》中固然強調「攘夷」，但一旦涉及關於君臣權力問題的文本，他在詮釋時就不得不維護「兵權不可假人」、君權不可旁落的立場。因此事實上，胡安國的《春

〔註18〕 蔡哲修〈從「攘夷」到「尊王」（1127～1142）～「南宋偏安局面的形成」研究之三〉（中興史學，第 11 期，2005 年 6 月，頁 25～46）

秋傳》與當時的政治社會氛圍有極密切的關係。政治情勢的轉變影響了胡安國的《春秋》學詮釋，這樣的詮釋也反映出當時南宋官方的政治期待（或他自己的政治期待）。同時，在「華夷之辨」的問題上，他也傾向於用「用夏變夷」的觀點來處理華夷之間的文化差異。

除了在涉及與「尊王」意識相關的「攘夷」議題時，王夫之與胡安國的態度有些許差異之外，在「華夷之辨」論述的性質方面，王夫之與胡安國也明顯有別。誠如上言，傳統《春秋》學如杜預、韓愈、二程、胡安國等人，都傾向於將華夷之間的差異，視爲一種「禮」或文化上的差異，但王夫之處於中原已全面易主的清初時期，他在詮釋《春秋》「華夷之辨」議題時，不再如傳統《春秋》學般維持孔子以來「夷狄入於華夏則華夏之，華夏入於夷狄則夷狄之」的《春秋》學華夷論的傳統詮釋路向。王夫之雖肯定《春秋胡氏傳》，但在「華夷大別」的詮釋上，他卻堅持著與胡安國及傳統《春秋》學截然不同的立場。他對「華」、「夷」二者有著極爲嚴格且明確的界定，而其界定並不只是文化上的差異。他將傳統華與夷之間的分判標準，由傳統的「文化」與「禮」，擴大到「地域」與「血緣」上，使得他的《春秋》學華夷論述不再只是一個純粹的文化論述，而帶有強烈的民族主義甚至是種族主義色彩。

王夫之認爲，「華」與「夷」在活動地域上涇渭分明，而民族文化的萌發，是人們爲了適應所處的地理環境而形成。因此，文化行爲是依附在人類活動地域上的產物。由於華、夷兩者之間的活動地域有所不同，人們爲了適應不同的地理條件，便會產生不同的文化習慣。在這樣的思想基礎上，王夫之主張華／夷兩者的文化行爲各有其地域適性，因此，夷與夏之間的分際絕不可亂。《讀通鑑論》〈晉哀帝〉中云：

> 天下之大防二：〔中國、夷狄〕也，君子，小人也。非本末有別，
> 而先王強爲之防也。夷狄之與華夏，所生異地，其地異，其氣異矣：
> 氣異而習異，習異而所知所行蔑不異焉。乃於其中亦自有其貴賤焉，
> 特地界分、天氣殊，而不可亂，亂則人極毀，華夏之生民亦受其吞
> 噬而憔悴。防之於早，所以定人極而保人之生，因乎天也。〔註19〕

王夫之從地域文化的角度來分判華／夷，將華／夷之間文化不同的原因指向「所生異地，其地異，其氣異，氣異習異」，「華」、「夷」之分也於焉產生。

〔註20〕《讀通鑑論》〈晉成帝〉中又指出：

> 天以洪鈞一氣生長萬族，而地限之以其域，天氣亦隨之而變，天命
> 亦隨之而殊。中國之形如箕，坤維其膺也，山兩分而兩迤，北自賀
> 蘭，東垂於碣石，南自岷山，東垂於五嶺，而中爲奧區、爲神皋焉。
> 故裔夷者，如衣之裔垂於邊幅，而因山阻漠以自立，地形之異，即
> 天氣之分；爲其性情之所便，即其生理之所存。濫而進宅乎神皋焉，
> 非不歆其美利也，地之所不宜，天之所不佑，性之所不順，命之所
> 不安。是故拓跋氏遷雒而敗，完顏氏遷蔡而亡，游鱗於沙渚，嘯狐
> 於平原，將安歸哉？待盡而已矣。〔註21〕

由於漢、夷之間差異的產生，主要在於地域環境影響了漢、夷，使得二者有
著適應不同地理條件的文化行爲——漢文化適應於中國的地理環境，「夷狄」
的「異文化」也適應於該地的地理環境。因此王夫之認爲，華夷二者之間，
既因地域不同而造成習性有別，所以彼此不宜相涉，「故均是人也，而夷、夏
分以其疆」，〔註22〕華／夷之界分也「不可亂」。

　　王夫之這種將人們的生活習慣、文化模式與所在環境地域特性聯結的思
維，事實上和 1960 年代漸興的行爲地理學觀點有些類似。行爲地理學關注於
環境對於人的決策與行動所帶來的影響，由於人們在固有的、由時空所決定
的估算能力限制之下，企圖從環境中獲取能爲他們自己和同伴帶來安穩生活
的要素，因而影響人們的行爲與決策模式。〔註23〕但與王夫之不同的是，行
爲地理學學者認爲人們的空間行爲同樣也可能改變環境結構。〔註24〕也就是
說，環境與人類行爲之間是互動的。而王夫之雖然已觀察到環境地域對人類
行爲、文化模式的影響，卻不認爲人類行爲足以改變環境，因此他只強調地
域特性對人類行爲、文化模式的限制，由地域而導致的漢、夷等不同文化，
彼此之間的界分「不可亂」。一旦干犯不屬於自己的地域，則會「性之所不順，

〔註20〕王夫之此一論點亦見於《讀通鑑論》，卷二，頁 42～43，〈漢文帝〉：「天氣殊
　　　　而生質異，地氣殊而習尚異。」
〔註21〕王夫之《讀通鑑論》，卷十三，〈晉成帝〉，頁 415。
〔註22〕王夫之《讀通鑑論》，卷十四，〈晉哀帝〉，頁 432。
〔註23〕R. J. Johnston 著，唐曉峰等譯《地理學與地理學家》（北京：商務印書館，1999
　　　　年 4 月），頁 182～186。
〔註24〕R. J. Johnston《地理學與地理學家》敘述戈列奇和斯廷森的觀點，並引戈列奇
　　　　和斯廷森的「社會－環境界面圖示」，以說明人們在環境中學習和行動，而在
　　　　行動時又改變了環境，見頁 214～215。

命之所不安」。

　　王夫之這種結合地域、政權與文化行爲的夷夏觀（或者可說已近於種族主義），成爲他在詮釋《春秋》華夷問題時的基本論點。他認爲「漢」與「夷」之間，彼此並不相涉、也不宜相涉。王夫之《春秋世論》卷一指出：

> 王者不治夷狄，謂夫非所治者也。代之北，粵之南，海之東，磧之
> 西，非所治也。故漢之涉幕北，隋之越海東，敝已以求強於外，與
> 王道舛而速禍。非所治而治之則自敝，所治而不治則自潰。〔註25〕

王夫之認爲，王者所不治的「夷狄」，在「代之北，粵之南，海之東，磧之西」。他不但具體描摹了漢文化的地理限域，還舉「漢之涉幕北」、「隋之越海東」爲例，說明漢文化與異文化之間，彼此所適宜的地域文化特質不同，不應侵犯彼此之地域。若「求強於外」，只會導致「與王道舛而速禍」。這也就是他在《讀通鑑論》中所說的：「山國之人，出乎山而窮於原；澤國之人，離乎澤而窮於陸。失所恃而非所習，則如蝸牛之失其廬而死於蟻。」〔註26〕

　　《春秋世論》明確地描摹出一幅漢文化的地理圖式，他以代、粵及海、磧爲界，規劃出他所想像的華夏。但是從他對「華夏」的地理設定來看，王夫之對「華夏」的認知，顯然是以明政權的政治與文化疆域爲基礎所建構出來。這樣的地理界定，並不合於《春秋》所描述的「諸夏」地理範圍。事實上，王夫之《春秋》學詮釋中對「華夏」地理定義，顯然已經與《春秋》中「諸夏」的定義有別，嚴格來說他對《春秋》華夏地理的詮釋已踰越了一位經學詮釋者應有的尊重原典的立場。

　　從經典詮釋的角度來看，王夫之的詮釋確實有失忠實彰顯原典論點的立場。但，從清初的民族文化背景來看，王夫之此處《春秋》華夷論的過度詮釋，卻有深刻的意義。王夫之在《春秋世論》中界定的「華夏」地理範圍，比起《春秋》經文本身所論述的「華夏」，顯然已擴大許多，而這正呈顯出歷史上漢文化的疆域擴張傾向。春秋時期以楚爲「荊蠻」，而清初王夫之卻已明確界定以「代、粵、海、磧」爲漢文化的邊緣，不僅呈顯出華夏認同在地理上的擴張，也反映出所謂「華夏」的地域歸屬並非一成不變，而是不斷地流動與擴大的過程。誠如王明珂於《華夏邊緣：歷史記憶與族群認同》中所說，

〔註25〕王夫之《春秋世論》（收於《船山全書》第五冊（長沙：嶽麓書社，1993 年 1
　　　月）），卷一，頁 390。
〔註26〕王夫之《讀通鑑論》，卷九，〈漢獻帝〉，頁 289。

「華夏邊緣形成之後，隨著華夏的擴張，華夏邊緣也逐步向西、向南擴張」。〔註27〕王夫之所界定的「華夏」，其實已是明代華夏擴張之後的結果。

因此，王夫之對「中國」與漢文化圈的地理認識，是建立在明代疆域及明末清初士人所認同的漢文化圈（如王夫之所規劃的「代之南，粵之北，海之西，磧之東」）基礎上，這當然不是《春秋》經傳中所呈現出的「諸夏」原貌。《春秋》經傳裡不僅中原漢夷雜處，此外《春秋》所攘之「夷」也與王夫之在明末清初所認定的「夷」大不相同。正因為王夫之的漢文化地理圖像與《春秋》中漢戎襍處的歷史現實顯然有別，而他又主張「王者不治夷狄」這樣一種文化地域性、華夷之間彼此不宜在地理上擴張等論點（也就是說，王夫之認為華夷之間，文化是不應交流互動的），這使得他不得不處理《春秋》中之「華／夷」，與他自己所認定之「華／夷」之間的地理範疇不同的矛盾。

為了解決這樣的矛盾，王夫之不得不重新界定《春秋》中的「華」與「夷」。透過重新定義「華／夷」，來確立自己的文化與民族立場。他將「夷狄」分為兩類：一類是附塞而居、通中國而受王爵的異民族，另一類則是不通中國、不受王爵的「塞外之虜」。王夫之將《春秋》中所述襍處中原之「戎狄」歸為第一類，並對《春秋》中之「戎狄」進行詳細考證，《春秋稗疏》卷上〈山戎、狄〉條中云：

> 西方曰戎、北方曰狄，《禮》有此文。以《春秋》考之，則不盡然。山戎在北；犯魯之戎與徐近，在東；潞氏之狄在西。要此戎狄皆非塞外之虜，秦漢以下為中國患者。史稱桓公救燕，遂伐山戎，至於孤竹……戎而曰山，依山而居，則薊州密雲東聯喜峰口一帶，高山峻谷，自為國邑，與燕雜處者也。狄之病中國也，伐邢入衛，又嘗伐凡伯於楚邱，固非絕燕趙而狌至順德衛輝東昌之內地，蓋太行東麓，下屬井陘，南迆順德之黑山，據險為國者。……要此戎狄皆受子爵於王廷，以時享貢，特阻險弄兵，不純乎臣僕，猶六代之義陽蠻、仇池楊氏，及今川湖貴廣之土司與生熟苗猺。曰戎曰狄，其族種之舊號，不必定以西為戎、北為狄也。若杜云「山戎北狄」，則又

〔註27〕王明珂《華夏邊緣：歷史記憶與族群認同》（臺北：允晨出版社，2001 年 5 月），〈序論〉頁 14：「華夏邊緣形成之後，隨著華夏的擴張，華夏邊緣也逐步向西、向南擴張。華夏邊緣的擴張包括兩個同時並進的過程：一是華夏重新定義誰是異族，一是原來的非華夏假借華夏祖源而成為華夏。」又另可見於該書第三部分「華夏邊緣的形成與擴張」，頁 188～189。

失之。狄而繫之曰北，乃極北塞外之狄，周爲獫狁，漢爲匈奴，不
通中國、不受王爵者也。三代有附塞而居，控御塞外彊悍之戎狄，
故中國不守邊而自固，所謂「天子有道，守在四夷」也。〔註28〕

從上述引文看來，爲了解釋《春秋》經傳文本裡中原夷夏雜處的情境，王夫
之《春秋稗疏》中不得不仔細將「夷」分爲已歸附於漢文化、遷居中原、「漸
居內地」〔註29〕的異民族，以及「不受王爵」的「塞外彊悍之戎狄」。他在《春
秋稗疏》裡，一再強調《春秋》中諸侯與之會盟的「戎」爲「徐戎」，皆爲居
處中原、秉承王教者，〔註30〕而非「代之北，粵之南，海之東，磧之西」等
「非王者之所治」的「夷狄」。他並主張，《春秋》中所書之「夷狄」與明末
清初所面對的「塞外之虜」不同：「《春秋》所書戎狄，皆非塞外荒遠控弦食
肉之族也。」〔註31〕滿洲爲「塞外控弦食肉之族」，而《春秋》經傳中的「夷
狄」則非此類，而是「受子爵於王廷，以時享貢，特阻險弄兵，不純乎臣僕」、
歸附並傾向於接受漢文化的異民族。

　　由於王夫之《春秋稗疏》中對《春秋》所書之「夷狄」的活動地域與文
化認同都有明確的界定，因此，《春秋稗疏》也特別著力於考證《春秋》中的
地理問題，在「戎」、「楚」、「狄」之相關條目上更是著墨甚多。有鑒於此，《四
庫全書簡明目錄》便對《春秋稗疏》下了這樣的評論：「《春秋稗疏》二卷，
國朝王夫之撰，所論《春秋》書法及名物典制之類僅十之一，攷正地理者居
十之九。」〔註32〕

　　《春秋稗疏》雖然著力於考證，但與其他《春秋》學考證集中於探討春
秋時期名物典章、書法等內容相較，王夫之《春秋稗疏》用了這麼多的篇幅

〔註28〕王夫之《春秋稗疏》（收於《船山全書》，第五冊，長沙：嶽麓書社，1993年），
　　　　卷上，「山戎、狄」條，頁41。
〔註29〕王夫之《春秋稗疏》，卷上，「戎」條，頁21。
〔註30〕王夫之《春秋稗疏》，卷上，「戎」條，頁21。
〔註31〕王夫之《讀通鑑論》，上冊，卷十二，〈晉惠帝〉，頁365～366：「《春秋》所書
　　　　戎狄，皆非塞外荒遠控弦食肉之族也。其所據橫互交午於中國之谿山林谷，
　　　　遷徙無恆，後世爲流民、爲山寇，皆是也。澤、潞以東，井陘以南，夾乎太
　　　　行、王屋，赤白狄也；夾淮之藪，淮夷也；商、雒、浙、鄧、房、均，戎蠻
　　　　陸渾也；夔、巫、施、黔，濮人也；漢、川、秦、鞏，姜戎也；潛、霍、英、
　　　　六、光、黃、隨、均，群舒也；宣、歙、嚴、處，島夷也；其後以郡縣圓繞，
　　　　羈縻而附之版圖之餘。而人餘於地，無以居之；地餘於人，因而不治；遂以
　　　　不務耕桑、無有定業而爲流民，相沿數千年而不息。」
〔註32〕見《船山全書》第五冊，頁95，〈四庫全書簡明目錄·春秋稗疏〉。

探討《春秋》地理——特別是華夷地理，他顯然是有意識地藉著考證與疏釋《春秋》名物，來宣說他的華夷思想，同時也藉此以論證他的華夏文化疆域「代之南，粵之北，海之西，磧之東」觀點。

《春秋稗疏》裡，王夫之不僅力證《春秋》中之「戎」為歸化王教之山戎，此外在全書中，光是與夷狄相關的考證，就有〈戎〉、〈楚〉、〈山戎、狄〉、〈敗狄于箕〉、〈茅戎〉諸條，所佔篇幅甚多。各條的內容，也多著力於論證《春秋》中之戎、狄、荊楚，皆稟受漢文化與王教。他在另一本《春秋》學著作——《春秋家說》卷上〈僖公〉裡，也指出楚雖「犯夏」，然「楚亦元德之裔而周之封也」。〔註33〕王夫之本身為湖南人，《春秋家說》透過為楚建構一個漢族祖源，及強調楚國受「周之封」之事，以建立起楚與華夏之間的聯繫。凡此種種，都顯示王夫之《春秋》學中的考證（特別是在地理考證方面）並不客觀，洋溢著他的民族文化與地緣情感，是附屬於他華夷思想之下的產物。他藉由疏釋《春秋》夷夏地理，來重新確立他所摹畫出的、符合於清初他對漢文化圈「代、粵、海、磧」之地理想像。王夫之這樣一種詮釋《春秋》夷夏地理的方式，在清代的《春秋》學裡獨樹一幟，也與同一時期的顧炎武對《春秋》的詮釋路向有所差別。

王夫之對《春秋》中「戎狄」一詞的主觀詮釋——「《春秋》所書戎狄，皆非塞外荒遠控弦食肉之族也」，帶有暗批滿洲為塞外荒遠控弦食肉之「虜」的意圖。這種意圖使得他的考證充滿主觀的民族主義色彩，自然也不盡符合《春秋》中所紀述的事實，甚至使他的部分考證與詮釋成為對《春秋》經文的一種扭曲。這也導致他的《春秋稗疏》在成書後引起頗多學者的駁斥，特別是在對「戎狄」的考證上。如紀昀在《四庫全書總目提要》中，即批判了王夫之《春秋稗疏》以「徐戎」為《春秋》之「戎」的觀點：

> 其論《春秋》書戎，皆指徐戎，斥杜預陳留濟陽東有戎城之非，且謂曹衛之間不應有戎，證以《費誓》，似乎近理。然周之戎，如今土司，參錯於郡縣。觀《經》書「追戎濟西」，則去曹近而去徐遠。至於凡伯聘魯歸周，而戎伐之於楚丘，則凡伯不涉徐方，徐戎亦斷難越國，安得謂曹衛之間戎不雜居？如此之類，固未免失之臆斷。〔註34〕

誠如紀昀對《春秋稗疏》中《春秋》地理考證的批評「未免失之臆斷」，而其考

〔註33〕王夫之《春秋家說》，頁158，卷上，〈僖公〉。
〔註34〕見《船山全書》第五冊，頁94，〈四庫全書總目提要·春秋稗疏〉。

證亦多錯謬，但，也正是在王夫之這種大量又大膽的「臆斷」裡，反映出他《春秋》學夷夏論述中強烈的民族意識型態。王夫之更是力斥范曄、杜預等前人之說，將《春秋》諸國與之會盟的夷狄與「塞外極北之虜」區隔開來。這或許與他在《春秋世論》裡強調地域政權的合理性、主張以「代、粵、海、磧」作爲「華夏」的邊界、並強調代之北「非所治」，彼此不「強求於外」有關。

　　由此看來，王夫之詮釋《春秋》的目的，絕不只是單純的解經，而是在面對「天崩地裂」的異族入主中原之下，藉由論釋《春秋》「攘夷」之說來抒解心中悲憤，並企圖爲當時的排拒滿洲政權、「反清復明」等政治活動，尋繹一個儒學經典文本的論據，以證成漢人推翻清政權的「排滿」思想合理性。爲此，他甚至在某種程度上藉著主觀的考證而扭曲了《春秋》中的華夷地理分佈，因此也招致了紀昀對他「曹衛之間戎不雜居」之說的批判。

　　王夫之這種以地域分判華夷的觀點，事實上並不是清初的單一案例，這一種將地域、文化與民族政權結合的思想，是部分清初遺民士人的共同思考趨向。雍正時期，曾靜在反對滿清統治漢人時的其中一個論點，即在華夷地域之別上，此一部分將在第二章中討論。

二、血緣與「種族」上的夷夏之判

　　Mike Crang 在《文化地理學》中指出，「國族性（nationality）不只是個政治－法律地位，也涉及我們相信自身所擁有的社會特徵，我們與同胞共有的特質」，他並舉了數個國族爲例，指出在許多情況下，「文化認同都被視爲固定的客體，一代傳諸一代，也具有領域特性，該文化的空間充滿了族群或國族觀念——形成了『血與土』之間的強大結合。」〔註35〕王夫之的華夷論述，恰好符合了 Mike Crang 所提及的「國族性」認同。他的華夷觀與「華／夷之大別」的論述，正是攀緣在血緣與地域的基礎上建構的。在前文裡，筆者已提及王夫之試圖藉著考證來重構《春秋》中的夷夏地理版圖，並藉以勾勒出一個符合他所認同的漢文化地理圈的輪廓。以下，我們將從地域之外，另一個向來與文化認同難以切割的要素——「血緣」，來探討王夫之的華夷觀與國族認同問題，以及這種華夷觀對王夫之《春秋》學的影響。

〔註35〕Mike Crang 著，王志弘、余佳玲、方淑惠譯《文化地理學 Cultural Geography》（臺北：巨流圖書公司，2003），頁 214。

　　在探討王夫之以血緣作爲民族區分的判準之前，我們有必要先釐清「血緣」（或說是體質特徵）與「民族」這兩個概念。人們對一個「民族」的觀察、分類與想像，往往建立在體質特徵與文化特徵這兩個方面。因此，傳統學者總會將血緣與民族這兩個概念連結起來，並以「血緣」（體質特徵）作爲辨識種族的基本條件。王夫之的民族觀就有這樣的思考傾向。甚至在 60 年代以前，許多社會學者對「族群 Ethnic Group」的定義也傾向爲：「一群有共同體質、語言、文化、生活習慣等的人群」。〔註36〕

　　但，1969 年 F. Barth《Ethnic Groups and Boundaries（族群與邊界）》指出「族群」是由它本身組成分子所認定，一個群體強調特定的文化特徵，藉以限定我群的「邊界」、並排除「他者」。F. Barth 的說法，扭轉了傳統以體質特徵與文化特徵來界定「族群」的看法，他把「族群」由客觀條件的界定轉而視爲一種主觀認同的問題，亦即體質與文化特徵並不是定義族群的客觀條件，而只是某一個群體用來表現主觀族群認同的工具。因此，「族群」的研究焦點，也由「他們是誰？」轉向研究「他們爲什麼要宣稱自己是誰？」在這種理論下，族群事實上是一種主觀的認同，而不是一個客觀的標記。只要當族群關係緊張時，再細微的「差別」，都可以被「感覺」或被「創造」，然後被強化、擴大，甚至族群中體質上的差異也可以由此被「創造」出來。〔註37〕

　　按照上述當代人類學族群理論，體質上的差異往往是在某一個群體的強調之下，而被「塑造」或被「意識」，才使得這樣的一種區別被「突顯」、也被人們所重視。因此從這個角度來說，「血緣」與體質特徵並不足以完全解釋何謂「民族」，而「血緣」事實上也不等於「民族」。也就是說，象徵體質差異的血緣，並不是一個判定「民族」的可靠標準。但，王夫之的華夷思想顯然並未發展到這樣的理論層次，他對於華／夷的定義仍建構在「血緣」與「領域」這兩個概念上，同時，他也將「民族」與「血緣」、「領域」等概念連結起來，強調「華」與「夷」兩者之間是不同的「族類」，彼此有不同的血緣：

　　　夷狄非我〔族類〕者也，蠹賊我而捕誅之，則多殺而不傷吾仁；如
　　　其困窮而依我，遠之防之，猶必矜而全其生；非可乘約肆淫、役之

〔註36〕王明珂《華夏邊緣：歷史記憶與族群認同》，頁 24〜25，〈第一章　當代人類學族群理論〉。

〔註37〕以上關於當代人類學族群理論的敘述，參考王明珂《華夏邊緣：歷史記憶與族群認同》，頁 32〜34，〈第一章　當代人類學族群理論〉。

殘之、而規爲利也。〔註38〕

雖然傳統《春秋》學詮釋者（如胡安國等），多半傾向於從文化、禮制等來判分「華」與「夷」，但王夫之卻顛覆以文化分辨華夷的《春秋》學詮釋傳統。他不僅認爲華、夷二者本就分屬不同的地域，同時也極力主張華／夷有著不同的血緣的論點。王夫之認爲夷狄對漢而言既是「非我族類」，因此「多殺而不傷吾仁」。這種帶有極端種族主義意味的華夷觀，貫徹在王夫之的整個《春秋》學詮釋裡。在詮釋《春秋》漢戎侵伐會盟事件時，王夫之往往會從「非我族類」這個角度來解讀「漢」與「戎」之間的政治、軍事與文化往來。如《春秋家說》論衛人侵狄以盟狄時，王夫之如此詮釋：

> 衛人侵狄，因以盟狄，于是乎終春秋之世而衛無狄患，盟不地於狄也。于狄，而衛恥免矣，我以知《春秋》之許衛也。乘人之亂，師臨其境，脅以與講，譎謀也；譎謀而許之，狄之於我，非類也，而又被其毒幾亡，若此者而弗譎之，是宋襄公之於楚矣。〔註39〕

《春秋家說》此處的說解，是針對《春秋》僖公三十二年《經》「衛人侵狄，秋，衛人及狄盟」條《左傳》：「夏，狄有亂，衛人侵狄，狄請平焉。秋，衛人及狄盟」之事而來。王夫之認爲，衛乘狄之亂而侵狄，並藉此「脅以與講」，這種軍事手段其實是欺詐之「譎謀」，但《春秋》之所以還「許衛」，肯定衛人詐狄之行爲，原因就在於「狄之於我，非類也。」若不乘狄之亂而「譎之」，則很可能「被其毒」而致「幾亡」，因此他主張對狄的「譎謀」是可以被接受，甚至應該被肯定的。王夫之這種夷之與華「非我族類」的種族主義華夷觀，在《黃書》中表現得更爲極端且更爲鮮明。《黃書·後序》云：

> 民之初生，自紀其群，遠其害沴，摜其□□，統建維君，故仁以自愛其類，義以自制其倫，強幹自輔，所以凝黃中之絪縕也。〔註40〕

王夫之認爲，道德與倫理價值觀等文化秩序的建立，都是在自身族群的血緣體質、地域環境等等特性的基礎上，而逐步建構的。道德倫理既是用來「自愛其類」、「自制其倫」。因此，他進一步認爲夷狄既不同於我族，彼此有不同的文化秩序，那麼，漢民族在面對夷狄時，自然不必以華夏的道德價值觀來相待。

〔註38〕 王夫之《讀通鑑論》，卷十二，頁 379，〈晉懷帝〉。

〔註39〕 王夫之《春秋家說》，卷上，頁 190，〈僖公〉。

〔註40〕 王夫之《黃書》（收於《船山全書》第十二冊（長沙：嶽麓書社，1992 年 12月）），頁 538，〈後序〉。

　　類似的觀點，也出現在王夫之的《春秋家說》〈宣公〉條中：「非我類者，不入我倫。」〔註41〕在詮釋《春秋》經文裡諸國與夷之間軍事與外交互動事件的相關文本時，王夫之也往往採用這個觀點，來解讀諸國對夷狄所施之「謀謀」與「譎」。如《春秋家說》評晉文之譎楚：

> 三川夷，九鼎出，不復有周，而詎有晉哉？故晉文之譎楚以收一戰
> 之功，可無咎也。知其無咎，而唯用之宜。則知過此以往，不可加
> 於友邦；循此以上，不可施於君父；譎之用，亦何與正而相背哉！
> 何也？中國之於夷狄，殲之而不為不仁，奪之而不為不義，紿之而
> 不為不信。非我類也，不入我倫。川流用珠，亦何礙於大正之施？
> 其不乘此故心，循為熟路以加之於君父，亦明矣。子曰：「晉文公譎
> 而不正。」譎可諒也，不正不可原也。謂其君臣、父子、夫婦、友
> 邦之間，積咎為已至矣。攜曹衛，激得臣，取必一勝以免天下於夷，
> 又何病焉！〔註42〕

晉文公以欺譎而勝楚，這樣的行為，顯然有違華夏的道德觀。但，王夫之在評述這段經文時，卻認為晉文公此處對楚國之「譎」為「可無咎」，是可以被理解與寬恕的。最主要的原因，即在於他認為「非我類者，不入我倫」。也就是說，王夫之將異民族他者化，因此他認為這些對「異己」之「夷狄」，多殺而不傷吾仁：「中國之於夷狄，殲之而不為不仁，奪之而不為不義，紿之而不為不信」。

　　這種面對夷狄可以「謀謀」、可以「譎」、不需以華夏的道德價值觀來對待的極端看法，在王夫之的《春秋》學詮釋中事例甚多，不勝枚舉。除了以上所舉之數例外，《春秋家說》卷中也有「故若狄者，殄之而不為不仁，俘之而不為無禮，以謀勝之不為無信，乘其危而并之不為不義」之語。在王夫之看來，只要能「取必一勝以免天下於夷」，諸夏對待夷狄的任何不符合道德的手段，都是合理而可被接受的。因為對王夫之而言，一方面血緣民族的利益遠在倫理之上，另一方面，夷夏對「何謂道德價值」本來就有著不同的認定。既是如此，漢民族在面對與自身標準不同的異民族時，自然也無需堅守漢民族的道德觀。

三、文化上之夷夏：王夫之的國族認同與夷夏觀

　　傳統《春秋》學對「華／夷」問題的定位，多傾向於將華夷之大別定位為

〔註41〕王夫之《春秋家說》，卷中，頁228，〈宣公〉。
〔註42〕王夫之《春秋家說》，卷上，頁174～175，〈僖公〉。

名物與典章制度上的文化問題。如僖公二十二年《左傳》：「初，平王之東遷也，辛有適伊川，見被髮而祭於野者，曰：『不及百年，此其戎乎！其禮先亡矣。』」杜預《集解》云：「被髮而祭，有象夷狄。」〔註43〕杜預《集解》以服飾形式來論夷夏之別；胡安國《春秋胡氏傳》也引述二程「《春秋》之法極謹嚴，中國而用夷禮則夷之，韓子之言深得其旨」之說，認為夷／夏兩者之間的差異在於「禮」。〔註44〕以禮儀、名物、典章制度等文化行為來作為華夷之間的分判標準，是傳統《春秋》學華夷觀最主要的詮釋路向。王夫之在詮釋《春秋》的華夷問題時，雖然在傳統華夷之辨裡加上了血緣、地域等意涵，但他同時也依舊繼承傳統《春秋》學以文化判別華夷的論點，認為「文化」與「禮」也是華／夷之間的判準之一。王夫之《春秋家說》卷上〈莊公〉云：

> 立人之道，仁智而已。仁顯乎禮，智貞乎義。故夫禽獸者，仁智之介然或存者有矣，介然之仁弗能顯諸禮，介然之智弗能貞諸義，斯以為禽心。夷狄之仁，視禽廣大矣；夷狄之智，視禽通明矣，亦唯不義無禮，無以愈於禽也，斯以為狄道。雖然，義以貞智，智以立事；事以備功，功以免敗。是故狄之免於敗也，必有功矣。功必因智，智之俶叛於義，則亦以召敗而墮功，其功免於敗，則其義猶參差遇之也。若夫介然之仁，不準諸禮，而亦有以動愚賤。故狄雖假義，終必棄禮，棄禮以為功，是之謂狄。〔註45〕

王夫之認為夷狄同樣也有「仁」與「智」，「視禽廣大矣」、「視禽通明矣」。不過，夷狄雖在仁、智方面遠勝於禽獸，卻「不義無禮」，因此「無以愈於禽也」。夷狄與華夏之不同，就在於「禮」。夷狄之所以為夷狄，即因其仁智並不準於禮，所以終究「無以愈於禽」。

《春秋家說》卷上〈莊公〉條中又云：

> 《春秋》之狄，荊、吳、徐、越、杞、莒者，惟其亡禮也。僭王，盜行也。亡禮，盜行也。有狄之道，則必有盜之行，狄故盜也。何也？以狄為道，則盜行而不知其盜，蕩然蔑禮，斯以僭王矣。其僭王也，不能並其典章儀物而僭之。枵然自大，視虞夏商周之王，猶

〔註43〕孔穎達《左傳注疏》（嘉慶二十年阮元刊本，臺北：藝文印書館，1981年），頁247。

〔註44〕胡安國《春秋胡氏傳》，〈述綱領〉，頁1。

〔註45〕王夫之《春秋家說》，頁145～146，卷上，〈莊公〉。

其王也。介然之仁足以聚人，介然之智足以立事，事立人聚，抑或因介然之義以輔其智，免乎桀紂幽厲之敗，遂進而爭虞夏商周之功，自信以王，因自王焉。若夫夏之時，殷之輅，周之冕，虞之《韶》，且惟恐不利其介然之仁智而決去之，斯狄之所以爲狄，而《春秋》之狄之以不疑也。

諸侯之僭，猶中國之盜也，所僭者猶禮也。荊、吳、徐、越之僭，非直盜也，狄也，禮亡故也。禮亡，則杞、莒雖不僭也，而亦狄也。禮者，人之所獨安，禽之所必昧，狄之所必不知，而欲去之。藉其知禮，而狄可進矣。故《春秋》有時進荊、吳，而僭王之罪且姑置之。嗚呼，禮亦重矣！禮之蔑也，禍成於狄，則欲抹狄禍者，莫禮急也。功能驅狄，而道不足以弘禮，其驅之也必復。悲夫！此劉基、宋濂、陶安、詹同所由功虧於管仲，而不足望周公之末塵也！〔註46〕

王夫之認爲，《春秋》所言之「夷狄」，都有「亡禮」與「僭王」之行。因其「僭王」，所以其行爲「盜之行」，《春秋》也因此種行爲「蕩然蔑禮」、「盜行而不知其盜」，而「夷狄之」。王夫之雖認爲血緣與地域爲區別華夷的重要條件，但在文化行爲表現——「禮」——上，同樣也是華夷有別：「禮者，人之所獨安，禽之所必昧，狄之所必不知，而欲去之」。一旦諸夏「僭王」、「亡禮」，則視同背離華夏文化制度，而自甘淪爲夷狄。他以杞國爲例，說明這種華夏被視爲夷狄的情況：「吳楚僭號，杞淪夷，情異而罪同，《春秋》兩狄之，其科一也。」〔註47〕杞亡禮，背離了華夏的文化制度，因此《春秋》「狄之」，認爲身爲諸夏之杞國已「淪夷」。這顯然是以文化行爲作爲華夷之判準，如《春秋家說》卷上〈僖公〉「杞淪夷」：「狂以動於惡，憖以棄夫善，皆君子之所絕。」〔註48〕

　　同時，他也提到《春秋》中「夷狄」，若能接受華夏的名物典章禮儀制度、認同漢文化，則「藉其知禮，而狄可進矣」，因此《春秋》中「有時進荊、吳，而僭王之罪且姑置之」。由此段文字看來，王夫之顯然認爲《春秋》中所書「通於中國」的「夷狄」，可透過「知禮」、接受漢文化的典章制度而爲「華夏」所認同。

〔註46〕王夫之《春秋家說》，頁145～146，卷上，〈莊公〉。

〔註47〕王夫之《春秋家說》，頁171，卷上，〈僖公〉：「狂以動於惡，憖以棄夫善，皆君子之所絕。故吳、楚僭號，杞淪夷，情異而罪同，《春秋》兩狄之，其科一也。」

〔註48〕王夫之《春秋家說》，頁171。

　　「禮」是由名物、典章、倫理等雜糅而成的一種行為價值規範，對於倫理、是非、行止之宜否等，應都屬於廣義的「禮」的範圍。上文所引《春秋家說》的觀點，乍看之下，王夫之似乎肯定華／夷之間的身分可以透過文化行為的轉變（「知禮」、「亡禮」）而得以互換。不過，在王夫之針對血緣種族問題來分析華／夷之別時，他又將血緣種族論述與道德觀等文化表現結合起來，提出「非我類者，不入我倫」〔註49〕、「仁以自愛其類，義以自制其倫，強幹自輔」〔註50〕等觀點，認為仁義等價值規範，只適用於「自身」、「我族」，而不適用於「異族」這個「他者」。這使得他的華／夷理論，同時涵蘊血緣種族與文化行為兩個層次──華夷之間因其種族血緣有別，因而有有其不同的倫理規範，彼此之間的文化規範並不能相互適用，亦即不須用華夏之道德規範來制約異民族。但在上述所引的《春秋家說》〈莊公〉條裡，他卻又強調「藉其知禮，而狄可進矣」，顯然又肯定夷狄可以藉由接受漢文化的典章制度而「進矣」，進一步走向漢化，並為華夏所認同。兩處所反映出對夷夏認同的理解，事實上有所矛盾。

　　這樣的矛盾，導因於被詮釋之文本與詮釋者自身之間的立場差異，亦即《春秋》文本與王夫之的詮釋立場之間的差異。由於清初特殊的歷史背景，《春秋》一方面成了清初遺民士人承載民族想像與華夷論述的共同載體，因此他們藉著重新詮釋《春秋》中之華夷，以尋繹民族意識的經典根據，並從而重建並強化了民族想像。但另一方面，清初遺民士人固然利用《春秋》以展演自己的民族觀點，在詮釋的過程中，也不得不受《春秋》經典文本對「夷夏」定義的制約。因此，王夫之《春秋》學中華夷論述的矛盾，應是在這樣的背景下而產生。由於《春秋》經傳本身肯定「夷狄進於中國則中國之」，異民族是可以藉由文化上的漢化，而被華夏文化所認同，並為《春秋》所肯定的。所以作為一部詮釋著作，王夫之的《春秋家說》裡也有「藉其知禮，而狄可進矣」的觀點，乍看之下，似乎他也承認「夷狄」可以透過「知禮」而漢化。

　　但，《春秋家說》裡「藉其知禮，而狄可進矣」的「華／夷可易」論調，究竟是不是王夫之本身的華夷觀？抑或是因為《春秋家說》作為一部詮釋性的著作，必然在某些論點上會受到《春秋》文本本身的制約？為了釐清這一點，在探討王夫之是否確實肯定夷狄可透過「禮」而漢化時，除了他的《春

〔註49〕王夫之《春秋家說》，卷中，頁228，〈宣公〉。
〔註50〕王夫之《黃書》，頁538，〈後序〉。

秋》學著作外，應以王夫之其他著作中對類似事件的評述加以比較，比較能看出王夫之自身對「華／夷身分是否可以透過文化行爲而改變？」的看法。王夫之《讀通鑑論》中，曾對北魏孝文帝的漢化政策如此評述：

> 拓拔宏之僞也，儒者之恥也。夫宏之僞，欺人而遂以自欺久矣！欲遷雒陽，而以伐齊爲辭，當時亦孰不知其僞者，特未形之言，勿敢與爭而已。……宏之習於僞也如此，固將曰聖王之所以聖，吾知之矣，五帝可六，三王可四也。自馮后死，宏始親政，以後五年之間，作明堂，正祀典，定祧廟，祀圜丘，迎春東郊，定次五德，朝日養老，修舜禹周公之祀，耕籍田，行三載考績之典，禁胡服胡語，親祠闕里，求遺書，立國子大學、四門小學，定族姓，宴國老庶老，聽群臣終三年之喪，小儒爭豔稱之以爲榮，凡此者，典謨之所不道，孔孟之所不言，立學終喪之外，皆漢儒依託附會，逐末舍本，雜讖緯巫覡之言，塗飾耳目。是爲拓拔宏所行之王道而已。尉元爲三老，游明根爲五更，豈不辱名教而羞當世之士哉？……視宏之所爲，沐猴之冠、優俳之戲而已矣。備紀宏之僞政於史策，所以示無本而效漢儒附託之文具，則亦索虜欺人之術也，可以鑒矣。〔註51〕

從《讀通鑑論》對北魏孝文帝拓拔宏漢化政策的評論來看，王夫之對拓拔宏的漢化是否定的。其原因固然在於孝文帝部分政策的可議之處「欲遷雒陽，而以伐齊爲辭，當時亦孰不知其僞」、以「尉元爲三老，游明根爲五更，豈不辱名教而羞當世之士」，因而批評其漢化之「非誠」。但，王夫之批評拓拔宏漢化政策，背後眞正的原因，應仍在拓拔氏的「索虜」身分上。因此，拓拔宏雖然「禁胡服胡語」，並透過「作明堂、正祀典、定祧廟、祀圜丘」企圖建立北魏政權在漢文化中的正統性，但這些行爲卻仍被王夫之視爲「僞政」、「沐猴之冠、優俳之戲」。由此看來，王夫之基本上還是認爲華／夷身分無法透過「漢化」這種文化行爲的改變而而扭轉。

由《讀通鑑論》對拓拔宏漢化的評論可以發現，王夫之基本上仍傾向於主張華／夷之間的身分無法因文化行爲的改變而有所變動。至於《春秋家說》中「藉其知禮，而狄可進矣」的論點，則可能緣於《春秋家說》畢竟是詮釋《春秋》之作，而「詮釋」的本身不可能完全是詮釋者的主觀演繹，必須受到文本觀點的制約。作爲一位詮釋者，王夫之不可能完全棄卻經典文本自身

〔註51〕王夫之《讀通鑑論》上冊，卷16，頁545～546。

的立場，因此在詮時無法全然棄卻《春秋》文本的華夷觀點——亦即夷夏之間禮義名物制度在於文化的差異。因此《春秋家說》才會出現「知禮」而「狄可進」的詮釋。事實上，王夫之自身的華夷觀基本上仍是以「血緣」與「地域」為核心，至於華／夷之間的禮儀、服飾、制度等文化行為則是附著在血緣、地域條件下的產物，「知禮」和文明化的過程，無助於、也無關於扭轉其民族身分，華／夷身分是固定的，無法因文化行為的改變而有所變動。由此看來，王夫之的華夷思想，事實上與民族主義的觀點是十分近似的。

　　即使經典詮釋的本身將會受到文本思想內容的侷限與制約，然而王夫之的《春秋》學仍然十分鮮明地反映出詮釋者自己的華夷觀。王夫之的《春秋家說》、《春秋稗疏》、《春秋世論》等書，不僅藉著詮釋經典的方式來申述自己的華夷觀，作為經典詮釋的著作，在他對《春秋》進行詮釋的同時，也為自己的華夷論述，尋繹一個「嚴夷夏之防」經典的論據。因此他的《春秋》學，與其說是單純的經典詮釋，毋寧說是他個人政治立場與民族立場的演繹，同時並透過重新詮釋《春秋》，也為他極端的、種族主義式的夷夏論述，尋找（或者說是重構）一個儒學經典的理論依據。

第二節　顧炎武政治認同的轉變及其《春秋》學中的華夷論述

　　王夫之在入清後避世隱居，並未與清政權有實際的互動，因此他的夷夏觀並不因清政權勢力的發展而有變動。但，並非所有的遺民士人在「天崩地解」之際都選擇消極遁世，如顧炎武、黃宗羲等人，他們在入清之後依舊活躍，也在交遊上與政治上與異族統治者及貳臣們有實際上的往來。對這些遺民士人而言，清政權勢力的發展，很可能對這些士人的華夷觀與政治認同形成某種程度的影響。因此，入清之後，既不桴海、也不遁世的遺民士人們，在面對清政權統治勢力漸漸穩固的同時，他們的華夷觀與政治認同是否發生變化，就十分值得玩味。

　　在論述顧炎武的華夷觀與政治認同前，我們必須先釐清「華／夷」（或民族意識）與政治認同之間的差異。之所以要釐清兩者之間的差異，是因為在清代以前，政治認同往往與華夷認同（抑或民族認同）是一致的，而華夷認同也往往鑲嵌在政治認同上。《春秋》「尊王」「攘夷」結合的概念，就是這種

價值觀的典型，「攘夷」（民族認同）的目的是爲了「尊王」（政治認同）。王夫之《宋論》裡提出的「夷不攘，則王不可得而尊」〔註52〕觀點，事實上，也鮮明地反映出這種政治認同與民族認同結合的價值觀。

但政治認同並不等同於民族認同。舉例而言，南北朝時，許多定居於北地或往來於南北的漢人士族，他們的民族認同雖一致，但政治認同顯然是游移的，如清河崔氏、顏氏等。他們雖然認同自己的漢人身分，且明顯意識到胡漢之別，不過，這全然並不影響他們的政治認同。〔註53〕

然而，南北朝士人這種將政治認同與民族認同鮮明切割的心態，卻不一定能爲清初遺民士人所接受。以王夫之爲例，他主張活躍於「代、粵、海、磧」之間的人們，就血緣上、與地理領域上皆屬漢民族，而華夏之名物制度文化也是由此一地域之風土特質及此民族人民的生理特性發展而來，因此他認爲漢人具有統治「代、粵、海、磧」之間的合理性，所以他極度不認同滿洲政權統治中原的政治現實。使得王夫之的華夷認同（民族認同）與政治認同是一致的，這一點，與南北朝士人華夷認同和政治認同分論的價值觀大相逕庭。

王夫之這種民族與政治結合的意識型態，固然反映了清初部分士人的觀點，不過，並非所有清初遺民士人都與王夫之抱持相同的看法。事實上，在經歷幾次重大政治變難、清政權在中原地區漸漸穩定之後，許多遺民士人的政治認同逐漸產生游移，甚至轉變。滿洲入關之初，雖然掀起了幾次士人以身殉國的風潮，但隨後死節之風迅速湮微，人們也漸漸接受滿洲統治的現實。據王夫之《搔首問》所記，明季殉國士人雖眾，但多集中在清兵破北京的甲申之變（1644）與攻破南京的乙酉之變（1645）兩次大變之時：

> 甲申、乙酉二大變殉國者，《明季遺聞》十得其八、九。粵東初陷，則陳宗伯子壯、張太史家玉爲烈。其再陷也，文臣無一死者，唯南陽侯李元胤，粵西則瞿、張二公外，朱總戎旻如，皆衣冠端坐以持刃。滇南之慘死於緬甸者，皆爲緬夷誘殺耳，唯黔國公沐天波力戰而死。黔中大帥皮熊，初姓羅，名聯芳，與韓王固守水西，水西破，

〔註52〕 王夫之《讀通鑑論（《宋論》合刊）》（臺北：里仁書局，1985年），下冊，《宋論》卷十〈高宗〉，頁184。

〔註53〕 關於南北朝時期，漢人士族之政治認同，見李海叶〈漢士族與慕容氏政權〉（《內蒙古師範大學學報（哲學社會科學版）》，第30卷4期，2001年8月）、崔世平〈崔芬墓誌與南北爭戰下的青州崔氏〉（《南京曉庄學院學報》，第21卷1期，2005年1月）。

> 被執。誘之令降，熊十日不食。有見之者，端坐高談古今成敗、綱
> 常大義，五、六日尚聲出金石，十日死。僅此二公而已。〔註54〕

誠如王夫之《搔首問》所記，明末清初士人的集體殉節風潮集中於甲申、乙酉兩次大變之時，其後殉國人數便漸漸減少。多數在國變中選擇苟活的遺民士人，逐漸意識到清政權統治中原已成定局且日益穩固的事實，再加上清政權運用懷柔與高壓的手法，或籠絡、或威嚇，逐漸改變了遺民士人對清廷的態度。

清初遺民士人中，王夫之隱居船山，而顧炎武則始終傾向於入世。由於隱居，王夫之對清政權的態度及其夷夏立場，自始至終並沒有太大的變化。但顧炎武在滿洲入關之初積極抗清，在清政權大勢已定之後，又漸漸接受清政權統治中原的現實。他實際參與了抗清的具體情事、也體驗了清室的薙髮、文教、博學鴻儒……等種種教化政策，也與降清之臣有比較密切的交遊往來。這樣的背景，導致了他與王夫之在思想視野上的歧異。在政治情勢逐漸穩定明朗的情勢下，顧炎武的政治認同也受到影響而漸漸有所轉變。雖然政治認同並不等於民族認同，但清初情勢的轉變，以及顧炎武在長期接受異民族政權統治的情況下，政治認同的轉變是否影響他們的華夷觀？他又將如何詮釋《春秋》及《春秋》中結合了政治認同與民族認同的「尊王攘夷」概念？這是很值得進一步討論的。因此，以下將探討顧炎武入清後政治認同之變化及其夷夏觀，來分析這種轉變對他的《春秋》學詮釋造成什麼樣的影響。

一、顧炎武政治認同的轉變

（一）清入關初期

在清入關初期，顧炎武的政治態度，基本上傾向於對抗清室，推崇「滅虜尊王」的反清復明活動。這固然是滿洲入關之初遺民士人的集體政治意向，但顧炎武的抗清意向，事實上也受其嗣母王氏殉國事件影響。順治二年乙酉（1645），顧炎武時年三十三歲，多鐸率領的清軍攻破南京，並在遺民士人間引起一波殉節風潮。〔註55〕同年七月十五日，清兵下常熟，顧炎武嗣母王氏聽聞南京之變，絕食十五日而終，遺命顧炎武「讀書隱居，毋仕二姓」。〔註56〕這個

〔註54〕王夫之《搔首問》（收於《船山全書》第十二冊（長沙：嶽麓書社，1992 年
　　　　12 月）），頁 627～628。
〔註55〕王夫之《搔首問》，頁 627～628。
〔註56〕顧炎武《亭林餘集》（收於《顧亭林詩文集》（臺北：漢京文化出版公司，1984

事件，對顧炎武的政治認同與華夷觀影響甚深。在清入關前後，他的詩文作品，多以對清政權異族統治的不滿、以及驅逐異族的期待作爲詩文的抒寫主題。如順治元年（1644）〔註57〕所作的〈感事〉詩（七首之二）：

> 縞素稱先帝，《春秋》大復讎。告天傳玉冊，哭廟見諸侯。詔令屯雷動，恩波解澤流。須知六軍出，一掃定神州。〔註58〕

順治二年（1645）〔註59〕又作〈京口即事〉詩（二首之二）：

> 大將臨江日，匈奴出塞時。〔註60〕兩河通詔旨，三輔急王師。轉戰收銅馬，還兵飲月支。從軍無限樂，早賦仲宣詩。〔註61〕

以及〈聞詔〉詩：

> 聞道今天子，中興自福州。二京皆望幸，四海願同仇。滅虜須名將，尊王仗列侯。殊方傳尺一，不覺淚頻流。〔註62〕

在順治初期，顧炎武此類詩作甚多。從上述詩文作品中看來，顧炎武往往藉著援引《春秋》典故，來暗寓他對「尊王攘夷」、「滅虜」的期盼。在這一時期，他的政治認同和民族認同是結合的。他對「尊王」的政治期待，結合在「攘夷」的民族認同裡。順治六年〈1649〉己丑正月〔註63〕所作〈元日（已下屠維赤奮若）〉中，顧炎武更是鮮明的表達其堅守「華夷之防」的立場：

> 一身不自拔，竟爾墮胡塵。旦起肅衣冠，如見天顏親；天顏不可見，

年3月）），〈先妣王碩人行狀〉，頁165：「又一年（即順治二年，1645），而兵入南京……而七月乙卯，崑山陷，癸亥，常熟陷。吾母聞之，遂不食，絕粒者十有五日，至己卯晦而吾母卒。八月庚辰朔大斂，又明日而兵至矣。嗚呼痛哉！遺言曰：『我雖婦人，身受國恩，與國俱亡，義也。汝無爲異國臣子，無負世世國恩，無忘先祖遺訓，則吾可以瞑於地下。』又，《亭林文集》，卷之三，〈與史館諸君書〉亦云：「乙酉之夏，先妣時年六十，避兵於常熟縣之語濂涇，謂不孝曰：『我雖婦人，身受國恩，義不可辱。』及聞兩京皆破，絕粒不食，以七月三十卒於寓室之內寢，遺命炎武讀書隱居，無仕二姓。迄今三十五年，每一念及，不知涕泣之沾襟也。」

〔註57〕 據周可真《顧炎武年譜》（蘇州：蘇州大學出版社，1998年12月）之考證，此詩作於順治元年（1644），清軍入關之際。見頁68。
〔註58〕 顧炎武《亭林詩集》（收於《顧亭林詩文集》，卷之一，頁260，〈感事〉）。
〔註59〕 據周可真《顧炎武年譜》之考證，此詩作於順治二年（1645），清軍入關之際。見頁72。
〔註60〕 刊本作「中原望捷時」，據原鈔本改。
〔註61〕 顧炎武《亭林詩集》，卷之一，頁262，〈京口即事〉。
〔註62〕 顧炎武《亭林詩集》，卷之一，頁267，〈聞詔〉。此詩原鈔本有而刻本無。
〔註63〕 據周可真《顧炎武年譜》之考證，此詩作於順治六年（1649），清軍入關之際。見頁133。

臣意無由申。伏念五年來，王塗正崩淪。東夷擾天紀，反以晦爲元；
我今一正之，乃見天王春。正朔雖未同，變夷有一人。歲盡積陰閉，
玄雲結重垠；是日始開朗，日出如車輪。天造不假夷，夷行亂三辰；
人時不授夷，夷德違兆民。留此三始朝，歸我中華君。願言御六師，
一掃開青旻。南郊答天意，九廟恭明禋。《大雅》歌文王，舊邦命已
新。小臣亦何思？思我皇祖仁。卜年尚未逾，眷言待曾孫。〔註64〕

〈元日（已下屠維赤奮若）〉一詩，據《顧詩匯注》王蘧常的解題，爲：「此元
日謂明永曆三年正月朔辛酉，清則依新曆，以前一日庚申爲順治六年元旦。」
〔註65〕從其內容來看，這首詩是顧炎武爲了批判清室「定正朔」之舉而作。「正
朔」，在中國歷史上向來有政治正統的象徵意涵，顧炎武批判滿洲爲「東夷」，
對清政權改正朔一事直指爲「擾天紀」，事實上也有強調「東夷」並非華夏正統、
清政權不具正統性的政治意義。除此之外，他也以南明永曆年號正朔的方式，
來肯定南明永曆政權的正統性，表達他肯定南明、批判滿洲清廷的態度。

　　此一時期，顧炎武積極進行排滿活動，〔註66〕與抗清的明鄭使臣有所往
來，所作抗清復明、尊王攘夷之詩文也不勝枚舉，如：〈延平使至〉、〈海上〉
（四首之三）、〈秋山〉、〈千里〉等。除了透過詩文創作表達他堅守明室、抗
拒清廷的心態之外，他的抗清立場，也表現在他對降清之貳臣的態度上。如
順治四年（1647）所作的〈淄川行〉詩，便嚴厲批判當時的降清貳臣孫之獬：

張伯松，巧爲奏，大纛高牙擁前後。罷將印，歸里中，東國有兵鼓
逢逢。鼓逢逢，旗獵獵，淄川城下圍三匝。圍三匝，開城門，取汝
一頭謝元元。〔註67〕

據《吳譜》於此詩題下注：「爲孫之獬作也。之獬，淄川人，天啓壬戌進士，
媚逆奄得官侍講，名在逆案中。仕國朝，爲禮部侍郎。順治二年六月，升兵
部尚書，總督軍務，招撫江西。後乞歸里中。是年九月，土賊丁可澤勾引叛
賊謝遷等陷淄川，擒之獬，支解死。結語：『取汝一頭謝元元。』當由之獬攖

〔註64〕顧炎武《亭林詩集》，卷之一，頁 287～288。此詩刻本無，據原鈔本補。
〔註65〕轉引自周可眞《顧炎武年譜》，頁 133。
〔註66〕顧炎武《亭林餘集》，〈常熟陳君墓誌銘〉，頁 161：「……無何，城破，余母不
　　　食以終。余始出入戎行，猶從君寓居水濱。」又，其抗清活動可參考葛榮晉、
　　　魏長寶《一代儒宗顧亭林》（臺北：文津出版，2000 年 8 月）第一章、周可眞
　　　《顧炎武年譜》。
〔註67〕顧炎武《亭林詩集》，卷之一，頁 275。

眾怒耳。」〔註 68〕孫之獬在明末依附閹黨，仕宦失節，滿洲入關後復降清，因此成爲顧炎武批判的對象。在清入關初期，顧炎武的華夷心態與政治認同和王夫之很類似，他不僅在政治上抗清，也在民族情緒上「排滿」。在批判貳臣之外，也高舉「尊王攘夷」的旗幟，表達對滿洲政權的不滿與抗拒。這也是清入關初期多數遺民士人的共同心態。

（二）「小節亦奚取」：顧炎武政治心態的轉變

清政權漸漸穩定後，顧炎武的政治認同漸漸鬆動，對清室的態度也從極力拒斥漸趨軟化。其中，顧炎武心態轉變的契機，可以從順治七年（1650）顧炎武三十八歲時，因避怨家而薙髮、與順治十二年（1655）被惡奴陸恩所誣而繫獄兩個事件來看。

先從清廷薙髮令的文化影響談起。服飾形式、禮義、制度等文化行爲，是傳統華夷觀中藉以識別華夷之大別、並建構華夏認同的基本內容。堅守華夷之防，事實上即意味著堅守服飾形式、禮義、制度等文化行爲。因此，在清初滿洲治理漢人的諸多政治舉措中，影響漢人政治與民族認同最大的舉措，首推「薙髮令」。

一開始，由於薙髮令的施行甚拂民願，爲了籠絡漢人以鞏固政權，在順治元年（1644）初入關時，清廷對漢人薙髮與否並不十分堅持。〔註 69〕但在次年（順治二年，1645），清政府便決意嚴格執行薙髮令。《多爾袞攝政日記》順治二年五月二十九日條：

〔註 68〕 轉引自周可眞《顧炎武年譜》，頁 113。又，關於孫之獬之死，《研堂見聞雜錄》記云：「我朝之初入中國也，衣冠一仍漢制，凡中朝臣子，皆束髮頂進賢冠，爲長袖大服，分爲滿漢兩班。有山東進士孫之獬，陰爲計，首薙髮迎降，以冀獨得歡心，乃歸滿班。則滿以其爲漢人也，不受；歸漢班，則漢以其爲滿飾也，不容。于是羞憤上疏，大略謂：『陛下平定中國，萬事鼎新，而衣冠束髮之制，獨存漢舊。此乃陛下從中國，非中國從陛下也。』于是削髮令下，而中原之民，無不人人思挺螳臂，拒蛙鬥，處處蜂起，江南百萬生靈，盡膏野草，皆之獬一言激之也。原其心，止起于貪慕富貴，一念無恥，遂釀荼毒無窮之禍。屋丁亥歲，山東有謝遷奮起，攻破州縣，入淄川城，首將之獬一家殺死，孫男四人，孫女孫婦三人，皆備極淫慘以斃，而之獬獨縛至十餘日，五毒備下，縫口支解。嗟乎！小人亦枉作小人爾，當其舉宗同盡，百口陵夷，恐聚十六州鐵鑄不成一錯也。」事又見《烈皇小識》，頁 268。

〔註 69〕 《清實錄》順治元年（1644）五月二十四日辛亥，多爾袞諭兵部：「予前因歸順之民無所分別，故令其薙髮以別順逆，今聞甚拂民願……自茲以後，天下臣民照舊束髮，悉從其便。」

> 大學士等入見戶部官啓事畢，王上曰：「近覽章奏，屢以剃頭一事，
> 引禮樂制度爲言，甚屬不倫。本朝何嘗無禮樂制度！今不遵本朝制
> 度，必欲從明朝制度，是誠何心！若云身體髮膚受之父母，不敢毀
> 傷，猶自有理；若諄諄言禮樂制度，此不通之說。予一向憐愛群臣，
> 聽其自便，不願剃頭者不強。今既紛紛如此說，便該傳旨，叫官民
> 盡皆剃頭！」大學士等啓言：「王上一向憐愛臣民，盡皆感仰，況指
> 江南混一，還望王上寬容。」〔註70〕

多爾袞之所以開始萌生嚴格實施薙髮令的念頭，在於他意識到若使漢人維持
「明朝制度」而不接受滿洲之「本朝禮樂制度」，便無法讓漢人認同「本朝
制度」、認同清廷。因此同年六月，他便徹底執行薙髮令。《清史稿》卷四載：

> （順治二年）六月……丙辰，諭南中文武軍民薙髮，不從者治以軍
> 法。是月，始諭直省限旬日薙髮如律令。〔註71〕

傳統夷夏之辨的核心，在於服飾禮樂制度等華夷不同的文化表現。「薙髮」作
爲一種「胡俗」，對士人而言，是視同「被髮左衽」般被異民族同化的行爲。
因此，薙髮令的實施，無法爲士人所接受，並激起士人對漢文化的強烈危機
感，甚至出現了多例爲求不薙髮而自盡的極端行爲，如馬純仁〔註72〕、蘇兆
人〔註73〕、楊廷樞〔註74〕等。他們以身殉的方式，表明不願薙髮、變更服飾，
以申明「保髮嚴夷夏」的立場，也有以出家爲僧的方式，逃離薙髮的窘迫情
況。無論身殉或出家，他們都以堅守服飾的形式，來傳達他們不願「用夷變
夏」，及對華夷價值觀的堅持。

　　隨著清政權的統治日益穩定，遺民士人們這種不願屈就「胡俗」、不願用

〔註70〕 多爾袞《多爾袞攝政日記》（收於《歷代日記叢鈔》，第十冊，北京：學苑出
　　　　 版社，2006年），頁5。
〔註71〕 《清史稿》（北京：中華書局，1997年），卷4，頁96。
〔註72〕 《弘光實錄鈔》，卷4，頁107。
〔註73〕 《海東逸史》，卷10，〈蘇兆人傳〉，頁137。
〔註74〕 《南疆逸史》（成都：巴蜀書社，1993年），卷17，〈義烈〉：「字維斗，吳縣
　　　　 人。爲諸生，以氣節自任，崇禎庚午，舉應天鄉試第一。乙酉浙東遙授翰林
　　　　 院檢討兼兵科給事中。廷樞深自韜晦，改號復庵，丁亥四月吳勝兆反，爲之
　　　　 運籌者乃廷樞之門人戴之俊也。事敗詞連廷樞，被執繫獄中，慨然曰：『予
　　　　 自幼讀書，慕文信國之爲人，今日之事，素志也。』五月朔，大帥會鞫于吳
　　　　 江泗州寺，語不屈。巡撫重其名，命之薙頭，廷樞曰：『砍頭事小，薙頭事
　　　　 大。』乃擁出至寺橋。臨刑大聲曰：『生爲大明人！』刑者急揮刃，首墮地，
　　　　 復曰：『死爲大明鬼！』監刑者爲之咋舌。乃禮而殯之。」

夷變夏的心態，也不得不迫於現實而日漸改變。顧炎武在順治二年薙髮令頒佈後，一直未薙髮、著漢服，以此堅守「華夷之大別」，「抱故國之戚，焦原毒浪，日無寧晷」。〔註75〕直到順治七年（1650）三十八歲時，他也不得不因「怨家欲陷之」〔註76〕而剪髮變衣冠，扮為商賈以避難，並更名為「蔣山傭」。〔註77〕剪髮之時，他作〈剪髮〉詩以抒其志：

> 流轉吳會間，何地為吾土？登高望九州，極目皆榛莽。寒潮盪落日，
> 雜遝魚蝦舞，飢鳥晚未棲，弦月陰猶吐。晨上北固樓，愾然涕如雨。
> 稍稍去鬢毛，改容作商賈。卻念五年來，守此良辛苦。畏途窮水陸，
> 仇讎在門戶。故鄉不可宿，飄然去其宇。往往歷關梁，又不避城府。
> 丈夫志四方，一節亦奚取。毋為小人資，委肉投餓虎。浩然思中原，
> 誓言向江滸。功名會有時，杖策追光武。〔註78〕

從詩中看來，剪髮固然是出於逃避怨家的需要，但在這一時期，他也的確開始產生「一節亦奚取」的想法。當時薙髮令已實施數年，他「往往歷關梁，又不避城府」，已然深刻感受到未薙髮在現實上之不便，因而重新思索為「得正」而留髮是否必要，以及是否要守此「小節」而失「大義」的問題。

從「華夷之防」的角度來說，「薙髮」其實並非「小節」。畢竟就傳統華夷觀中探討「華夷之大別」時，幾乎都以漢文化與異文化、華與夷之間文化表現的差異而論。華夷文化行為的不同——服飾與禮儀制度——正是傳統「華夷之防」的核心內容。然而，顧炎武在〈剪髮〉詩裡顯然對「小節」與「大義」之間的定義已經發生轉變。當他開始思索此一問題，並以「小節」來對「薙髮」與「從胡俗」的行為自我解釋，以將自己改變服飾的行為合理化時，事實上也就意味著他在「嚴守夷夏之大別」的華夷思想上，已經有了鬆動的跡象。

剪髮之舉，對顧炎武「華夷之大防」心態與「抗清」政治情緒的鬆動有決定性的影響。其後，他的政治與華夷心態都漸趨軟化。另一件與他政治認同心

〔註75〕 全祖望《鮚埼亭集》（收入朱鑄禹《全祖望集彙校集注》（上海：上海古籍出版社，2000 年），卷 12，〈亭林先生神道表〉，頁 227。

〔註76〕 全祖望《鮚埼亭集》，卷 12，〈亭林先生神道表〉，頁 227：「庚寅（1650）有怨家欲陷之，乃變衣冠作商賈，遊京口，又遊禾中。」

〔註77〕 江藩《漢學師承記》（上海：上海書店，1983 年），卷八，〈顧炎武〉條：「庚寅，有怨家欲陷之，僞作商賈，由嘉禾竄京口，遂之金陵，謁孝陵，變姓名為蔣山傭。」

〔註78〕 顧炎武《亭林詩集》，卷之二，〈剪髮〉，頁 294。原鈔本此詩題為〈剪髮〉，刊本則改題作〈流轉〉。

態轉變有關的事件，則是在薙髮五年之後、順治十二年（1655）〔註79〕時，顧炎武遭家僕所陷而繫獄一事。事件始末，據全祖望〈亭林先生神道表〉所述：

> 顧氏有三世僕曰陸恩，見先生日出遊，家中落，叛投里豪。丁酉，〔註80〕先生四謁孝陵歸，持之急，乃欲告先生通海。先生亟往禽之，數其罪，湛之水。僕婿復投里豪，以千金賄太守，求殺先生，不繫訟曹而即繫之奴之家，危甚。獄日急，有爲先生求救於牧齋（錢謙益）者，牧齋欲先生自稱門下，而後許之。其人知先生必不可，而懼失牧齋之援，乃私自書一刺以與之。先生聞之，急索刺還不得，列揭於通衢以自白，牧齋亦笑曰：「寧人之卞也。」曲周路舍人澤溥者，故相文貞公振飛子也，僑居洞庭之東山，識兵備使者，乃爲懇之，始得移訊松江，而事解。於是先生浩然有去志，五謁孝陵，始東行，墾田於章丘之長白山下以自給。〔註81〕

顧氏家僕陸恩背主之事，導因於顧炎武之先世與里人葉氏的財產糾紛，葉氏以千金賄陸恩，「使訐亭林通鄭成功事」。〔註82〕陸恩所訐之事，未必全爲空穴來風。在順治二、三年時，顧炎武嗣母王氏殉節之後，確實曾作〈李定自延平歸賚至御札〉詩一首：「春風一夕動三山，使者持旌出漢關。萬里干戈傳御札，十行書字識天顏。身留絕塞援枹伍，夢在行朝執戟班。一聽綸言同感激，收京遙待翠華還」，〔註83〕對鄭成功意圖復興明室表達期待與肯定之情。陸恩之所以攻訐顧炎武與鄭成功之間有所往來，應是據此而論。

　　清軍初入關時，對南明諸王抱持復國的期待，是當時遺民士人的共同心態。而這種以復明之冀望爲主題的詩文，也是清室初入關時遺民士人文學作

〔註79〕 此事件發生之時間，有順治 12 年乙未（1655）、順治 14 年丁酉（1657）二說：全祖望《鮚埼亭集》卷 12〈亭林先生神道表〉以此事發生於順治十四年丁酉（1657），而嚴元照《鮚埼亭集注》則以此事發生於順治十二年乙未（1655）：「陸恩事在乙未，《詩集》可考。張《譜》亦繫於乙未，此繫之丁酉，非也。」據周可真《顧炎武年譜》所定，陸恩背主投葉氏，發生在順治九年（1652），而獄訟之事則發生於順治十二年乙未。此處採嚴元照、周可真之說。

〔註80〕 見上註。

〔註81〕 全祖望《鮚埼亭集》，卷 12，〈亭林先生神道表〉，頁 229。

〔註82〕 徐珂《清稗類鈔選》（北京：書目文獻出版社，1984 年），〈獄訟類・顧亭林通鄭成功案〉：「亭林之先世，曾以良田數頃，向里人葉方恒押銀。亭林急欲贖歸，而葉意圖吞沒，再三延擱。亭林迫之急，葉遂以千金啗陸恩，使訐亭林通鄭成功事，冀亭林畏罪逃逸，無暇問田事也。」

〔註83〕 顧炎武《亭林詩集》，卷之一，〈李定自延平歸賚至御札〉。

品的主流。順治初年的顧炎武確實很推崇「滅虜尊王」的想法，甚至於很可能也實際參與了抗清活動。〔註84〕在當時的情境下，對遺民士人而言，這樣的舉措十分自然也頗為普遍。顧炎武並非當時少數的個案。不過，在遭逢逆僕背主、被訐暗通明鄭，因而面臨繫獄的窘迫情境的時刻，顧炎武的友人在未得到他的同意下擅自求援於降清貳臣錢謙益，這迫使顧炎武不得不與一向不屑與之為伍的降臣有所接觸。面對錢謙益有意援救，儘管顧炎武自己並不領情，甚至「列揭於通衢以自白」，但這個事件，卻很可能逐漸扭轉他對「降臣」與「仕二姓者」的看法，進而使他重新調整對清廷的心態。

纏訟之事一直持續至隔年（順治十三年，1656）的春天。據歸莊〈送顧寧人北遊序〉所載，葉氏以陸恩事件欲置顧炎武於死地，終未得逞，及至順治十三年的春天，顧炎武始獄解得釋，而「公子（葉方恒）忿怒，遣刺客戕寧人，⋯⋯寧人度與公子訟，力不勝，則浩然有遠行」。〔註85〕

這次的爭訟事件，使他決心北遊：「浩然有去志，五謁孝陵，始東行，墾田於章丘之長白山下以自給。戊戌，遍遊北都諸畿甸，直抵山海關外，以觀大東」，〔註86〕足見此事對他影響至深。顧炎武在順治十四年北遊之前，他曾再詣孝陵，並作〈閏五月十日恭詣孝陵〉詩，表達他作為明遺臣的感慨，以及「寥落存王事，依稀奉月游。尚餘歌頌在，長此侑春秋」〔註87〕的無奈。參謁孝陵的行為，一方面有著宣抒遺臣之悲的感慨意味，但另一方面，此事發生於北遊之前，因此似乎又可以解讀為具有「告別故主」的宣誓意味。

北遊之後，顧炎武雖然仍有登孤竹山、謁夷齊廟等，向歷史上的遺民尋求歷史人格認同的舉動，〔註88〕但他的排滿態度卻在北遊這段時期有了轉

〔註84〕顧炎武《亭林餘集》，〈常熟陳君墓誌銘〉，頁161：「⋯⋯無何，城破，余母不食以終。余始出入戎行，猶從君寓居水濱。」

〔註85〕歸莊《歸莊集》，卷三，〈送顧寧人北遊序〉：「公子（葉方恒）忿怒，遣刺客戕寧人，寧人走金陵，刺客及之太平門外，擊之，傷首墜驢，會救得免。而叛奴之黨，受公子指，糾數十人，乘間劫寧人家，盡其累世之傳以去。寧人度與公子訟，力不勝，則浩然有遠行。」

〔註86〕全祖望《鮚埼亭集》，卷12，〈亭林先生神道表〉，頁229。

〔註87〕顧炎武《亭林詩集》，卷之二，〈閏五月十日恭詣孝陵〉，頁318：「忌日仍逢閏，星躔近一周。空山傳御幄，苶路想行驌。寢殿神衣出，祠官玉瓚收。蒸嘗憑絕鴻，鞉鼕託荒陬。薄海哀思結，遺臣涕淚稱。禮應求草野，心可對玄幽。寥落存王事，依稀奉月游。尚餘歌誦在，長此侑春秋。」

〔註88〕此事發生於順治十五年（1658），時顧炎武有作〈謁夷齊廟〉一詩歌詠伯夷、叔齊二人「甘餓首陽岑，不忍臣二姓」的節操。明遺民中，有許多士人將自

變。原本顧炎武甚至不願接受降清貳臣的援助，但順治十七年庚子（1660）入都時，顧炎武竟對其甥徐元文提出參加清廷科舉會試的建議。徐元文於康熙二十九年庚午春所作的〈歷代宅京記序〉云：

> 余曩者大廷對策，謬荷先帝國士之知。先生勖語：「必有體國經野之
> 心，而後可以登山臨水；必有濟世安民之識，而後可以考古論今。」
> 元文雖不敏，請事斯語，迄今三十年，未之敢忘。〔註89〕

顧炎武雖以「遺民」自居，但對徐元文參加清廷會試一事，不僅不曾以耿介守節之義加以勸退或阻止，反而主動勸他「必有體國經野之心」、「必有濟世安民之識」。可見這一時期，他自己雖然仍不仕二姓，但在心態上已漸漸接受清政權統治的事實，也不再進行排滿活動，甚至鼓勵其甥徐元文積極入清廷仕宦。由此看來，他的政治認同已經有了相當明顯的鬆動。

　　另一項政治認同鬆動的表徵，反映在他對仕清士人態度的轉變上。北遊之後，他漸漸與降清諸臣及北方仕清士人交遊往來，〔註90〕如順治十四年（1657）丁酉於萊州、即墨、嶗山、濟南與張爾岐等人定交。〔註91〕北遊之後，他雖仍以「遺民」身分自居（這也就解釋了他何以會去謁夷齊廟，並作〈謁夷齊廟〉一詩歌詠伯夷、叔齊二人「甘餓首陽岑，不忍臣二姓」的節操），〔註92〕但他的政治認同已漸漸轉向於接受清政權。顧氏不僅不再如順治二年乙酉時對夷夏之防與清政權採取嚴守的姿態，對於「仕二姓者」的態度，也由拒斥而逐漸轉向接受，甚至與之交遊往來。這一時期，他的心態已由「終

己的遺民情緒寄寓在歷史上的遺民身上，在歷史上尋求人格的認同，如方以智、楊益介等人。關於此一問題，可參考余英時《方以智晚節考》（香港：香港新亞研究所，1972 年）頁 150，及孔定芳〈明遺民的身分認同及其符號世界〉（《中國社會科學院研究生院學報》，2005 年第 3 期，頁 121～128）頁 123～124。

〔註89〕 徐元文〈歷代宅京記序〉，見《歷代宅京記》第 3～4 頁。轉引自周可真《顧炎武年譜》，頁 253。

〔註90〕 顧炎武與貳臣之交遊，可參考謝正光〈清初的遺民與貳臣——顧炎武、孫承澤、朱彝尊交遊考論〉（漢學研究，第 17 卷 2 期，1999 年 12 月，頁 31～60）。

〔註91〕 葛榮晉、魏長寶《一代儒宗顧亭林》（臺北：文津出版，2000 年 8 月），附錄〈亭林年表〉，頁 327。

〔註92〕 顧炎武《亭林詩集》，卷之三，〈謁夷齊廟〉，頁 337：「言登孤竹山，愾焉思古聖。荒祠寄山椒，過者生恭敬。百里亦足君，未肯滑吾性。遜國全天倫，遠行辟虐政。甘餓首陽岑，不忍臣二姓。可爲百世師，風操一何勁。悲哉尼父窮，每歷邦君聘。楚狂歌鳳衰，荷蕢譏擊磬。自非爲斯人，棲棲無乃佞。我亦客諸侯，猶須善辭命。終懷耿介心，不踐脂韋徑。庶幾保平生，可以垂神聽。」

懷耿介心」轉向「庶幾保平生」。〔註93〕在接受了薙髮這一「胡俗」之後，或許使他在夷夏文化之大別的觀點上鬆動，並進而影響了他對清廷的接受心態。

他在這一階段，無論是在政治認同上、或是在對「夷夏之防」的堅守上，都不如前一時期積極。或者我們也可以說，在這一階段，他體認到復明的可能性日益渺茫，因而重新思索自己的定位及安身立命的方向，進而重新調適自己的政治心態與夷夏觀，以面對新政權、異文化的衝擊，這也引發了他對政治與華夷問題的思索。北遊後期，他更進一步對華夷與民族議題、天下國家之認同與定位產生興趣，並反映在他對《春秋》的詮釋上。

（三）晚年政治認同之轉變

北遊後，顧炎武與仕清貳臣間展開密切的交遊。謝正光〈清初的遺民與貳臣——顧炎武、孫承澤、朱彝尊交遊考論〉〔註94〕、王星慧〈康熙二年顧炎武在山西與曹溶；李因篤的交遊考——兼論顧亭林的交遊思想〉〔註95〕兩文，都對顧炎武與貳臣的交遊情形有詳細的討論與考證。雖然他於北遊時陸續寫就的《日知錄》中，將降臣批評為「反顏事讎，行若狗彘，而不知媿也」，〔註96〕但事實上，他對貳臣的態度卻由排拒轉向接受，甚至相與為友。這除了反映他交遊觀的轉變外，也顯示他對清政權態度走向軟化。

顧炎武中晚年時對清政權態度轉變的明確事證，可由康熙七年（1668）戊申三月時，顧炎武因山東有案株連而再逢獄訟之事的態度看出。

康熙七年，山東姜元衡誣告案，其性質與順治十二年（1655）顧炎武四十三歲時，為惡僕陸恩所陷繫獄一案十分類似。姜元衡一案，其性質也是惡僕告主（姜元衡誣陷其原主黃培）之訴訟事件。訴訟之內容在於家奴告主反清。顧炎武雖非此案的主要受害者，但卻仍受此案牽連而入獄。對於此案，顧炎武十分重視，不僅親赴濟南投案說明，並作〈與人書〉數篇以陳述自己的冤情，力辯自己受人誣陷冤屈。除此之外，他也極力撇清自己與反清諸人有任何連繫。

〔註93〕顧炎武《亭林詩集》，卷之三，〈謁夷齊廟〉，頁337
〔註94〕謝正光〈清初的遺民與貳臣——顧炎武、孫承澤、朱彝尊交遊考論〉（漢學研究，第17卷2期，1999年12月，頁31～60）。
〔註95〕王星慧〈康熙二年顧炎武在山西與曹溶、李因篤的交遊考——兼論顧亭林的交遊思想〉（雁北師範學院學報，第22卷第4期，2006年8月，頁35～38）
〔註96〕顧炎武《日知錄》（臺北：明倫出版社，1970年9月），卷十七，〈降臣〉條，頁410。

　　在順治初年，顧炎武還曾稱許南明、明鄭的抗清諸臣，且不屑與降清貳臣有所往來；但在此時，顧炎武不僅在〈與人書〉裡，力陳自己絕無「通逆」之事，甚至轉而將這些抗清復明的忠節之士稱爲「故明廢臣」、「招群懷貳之輩」。〔註97〕〈與人書〉云：「弟敢不惜微軀，出而剖白此事，尤望大君子主持公論。此札仍乞傳與譚年翁一觀，并以告諸吳、越之同聲氣者」，〔註98〕將清廷官員尊稱爲「大君子」，並期盼其能「主持公論」。在另一篇〈與人書〉中，他甚至說：「弟不遵明哲之訓，果有此累。今江夏（筆者按：此指原案主

〔註97〕其事始末，具載於顧炎武《亭林佚文輯補》（收於《顧亭林詩文集》，〈與人書〉其一，頁231～233：「康熙七年二月十五日，在京師慈仁寺寓中，忽聞山東有案株連。即出都門，於三月二日抵濟南，始知爲不識面之人姜元衡所誣。姜元衡者，萊州即墨縣故兵部尚書黃公家僕黃寬之孫，黃瓚之子，本名黃元衡。中進士，官翰林，以養親回籍，揭告其主原任錦衣衛都指揮使黃培，見任浦江知縣黃坦，見任鳳陽府推官黃貞麟等一十四人逆詩一案。於五年六月，奉旨發督撫親審。事歷三載，初無干涉。忽於今正月三十日撫院審時稟稱：有《忠節錄》即《啓禎集》一書，陳濟生所作，係崑山顧寧人到黃家搜輯發刻者。咨行原籍建證。據其所告，此書中……有〈顧推官傳〉一篇，有云：『晚與寧人游。』有云：『有寧人所爲狀在。』以爲寧人搜輯此書之證。不知此傳何人授稿？何人親見？刻板見在何處？此書得之何方？……就此『與游』二語，果足以證寧人之即顧寧人，又即搜輯此書之人否？……元衡欲以此牽事外之人，而翻久定之案。其南北通逆一稟云：『據各刻本山左有丈石詩社，有大社，江南有吟社，有遺清等社，皆係故明廢臣與招群懷貳之輩南北通信。……其北人則黃培所刻《十二君唱和序跋》等人，其南人則《啓禎集》所載姓名籍貫，俱在刻本中，約三百餘人。』……其與不識面之顧寧人，刻本有名之三百餘人何讎何隙？……推其本意，自知以奴告主之罪，律所不赦，欲別起一大獄以陷人，而爲自脫之計，遂蹈於明旨所謂『嚇詐平人，搖動良民，誣稱謀叛，以行挾害』者而不覺也。天道神明，不僭不濫。今於三月四日束身詣院投到，伏聽審鞫。至教唆陷害，別有其人，尚容續布，統惟詳察。江南布衣顧寧人頓首。」
〔註98〕顧炎武《亭林佚文輯補》，〈與人書〉其二，頁233～234：「在都時，極荷惓惓之愛。今姜元衡攀及弟名，具題請旨，弟已赴濟南投到矣。先有一札致譚年翁，業詳此事始末。念知己聞之，必倍懸切，謹此布啓。前沈天甫所指造陳濟生逆書，有序、有目、有詩、有傳，原狀稱共三百一十六葉；今元衡所首之書，無序、無目、無詩，止傳一百餘葉，知部中原書已燬，刪去天甫狀中已經摘出者，稱另是一書。據元衡南北通逆情由一揭，欲借此書另起一大獄，而羅書內有名之三百餘人於其中，以翻主僕名分之案，不知就此百餘葉中篇篇有濟生名，則即此一書之明證也。奉旨爲沈天甫指造之書，即已故之陳濟生，尚屬誣罔，而況餘人乎？弟敢不惜微軀，出而剖白此事，尤望大君子主持公論。此札仍乞傳與譚年翁一觀，并以告諸吳、越之同聲氣者。《廣韻》留程宅候取，不盡。弟名正具。三月四日。」

黃培）之驕吝，足以致敗，而與之同事，奈何奈何！南冠而縶，竟不得出。一切詳之舟老書中，惟知已爲之壯拯，懸切懸切！」〔註99〕

顧炎武對於生死未明的獄中生活似乎十分恐慌，「懸切懸切！」之語，也反映他急於出獄的期盼。顯然在此時，顧炎武對於自己之前不「明哲」、不能「庶幾保平生」的態度感到後悔。在清官員面前，顧炎武這位「遺民」的姿態顯得柔軟而卑微。相較於此，此案的眞正案主黃培，在獄中的表現反而顯得剛毅忠節，即使在困窘的獄訟之中，也不願屈服於清廷官員。反觀以遺民自居的顧炎武，竟將黃培的剛毅氣節批評爲「驕吝」、「可謂『中山狼矣』」。〔註100〕兩者之間，形成極爲強烈的對比。

在這個事件中，顧炎武的種種舉措，與守節不屈的「遺民」形象顯然有些出入。這個案件，最後在其甥徐元文等親友的奔走之下，「以九月二十日保出，十一月十日再審」，〔註101〕而得以出獄。雖然當時其情境固有可憫之處，但出獄之後他對清廷官員再三感念「上臺淑問之明」〔註102〕、「天牖其衷，事果得白」，〔註103〕亟稱其明辨是非，「此皆大君子孚號壯拯之功」〔註104〕、「此皆上臺秉公持正及大人君子孚號壯拯之力」，〔註105〕對清廷官員極盡稱許之能事。這些言論，確實很難令人想像這樣的話語出自一位以「遺民」自居的士人之口。顧炎武在這次繫獄事件中的諸種行爲，唯一的合理解釋，就是在這一時期他的政治認同已經轉變。至少，他已接受了清政權。

我們雖不能由此認定顧炎武的華夷觀與民族認同是否也隨其政治認同而有所轉變，但可以確定的是，他的政治認同確實已開始游移。儘管表面上他仍以明室之「遺民」自居，但他事實上已將抗清諸人視爲「故明廢臣」、「招群懷貳之輩」。自其薙髮、北遊、給予其甥徐元文赴京應試建議等事件開始，他的政治認同已經默默鬆動、甚至轉移，這應是不爭的事實。

在顧炎武晚年時，另一足以顯示其政治認同轉移的事件，即康熙十七年（1678）的「博學鴻儒科」。清廷詔舉博學鴻儒科時，年已六十六歲的顧炎武

〔註99〕顧炎武《亭林佚文輯補》，〈與人書〉其三，頁234。
〔註100〕顧炎武《蔣山傭殘稿》（收於《顧亭林詩文集》，卷二，〈與原一甥〉，頁203。
〔註101〕顧炎武《蔣山傭殘稿》，卷二，〈與人書〉，頁204。
〔註102〕顧炎武《蔣山傭殘稿》，卷二，〈與人書〉，頁204。此語又見於同書同卷之另一篇〈與人書〉，頁201。
〔註103〕顧炎武《蔣山傭殘稿》，卷二，〈與人書〉，頁202。
〔註104〕顧炎武《蔣山傭殘稿》，卷二，〈與人書〉，頁204。
〔註105〕顧炎武《亭林佚文輯補》，〈與人書〉其六，頁235。

對此事的態度頗值玩味。關於顧炎武對詔舉博學鴻儒科之心態，孔定芳於 2006 年初，有數篇相關論文：〈「博學鴻儒科」與晚年顧炎武〉〔註106〕、〈明遺民與「博學鴻儒科」〉〔註107〕、〈論清聖祖的遺民策略——以「博學鴻儒科」爲考察中心〉〔註108〕、〈論康熙「博學鴻儒科」之旨在籠絡明遺民〉〔註109〕等，在〈「博學鴻儒科」與晚年顧炎武〉文中指出顧炎武在康熙十七年清廷詔舉博學鴻儒科、十八年薦其修史時致書陳介眉：

> 比因修史之舉，輦下諸公復有欲相薦引者，不知他人可出，而弟必不可出也。先姚王氏未嫁守節，斷指療姑，立後訓子，及家世名諱，并載〈張元長先生傳〉中。崇禎九年，巡按御史王公具題，奉旨旌表。乙酉之夏，先姚時年六十，避兵於嘗熟縣之語濂涇。謂不孝曰：「我雖婦人，身受國恩，義不可辱。」聞兩京皆破，絕粒不食，以七月三十日卒於寓室之內寢。遺命炎武讀書隱居，無仕二姓。迄今三十五年，每一念及，不知涕之沾襟也。……（炎武）年近七旬，旦莫入地，先慈遺訓，依然在耳。誓墓之情，知己可以諒之矣。〔註110〕

孔定芳認爲，顧炎武雖然堅拒了此一薦舉，但「並不意味著炎武在思想上就無所波動」。〔註111〕他認爲顧炎武晚年待清態度卻有鬆動與軟化，「但是，顧炎武待清態度的鬆動與軟化，畢竟距心悅誠服的認同相去甚遠。更準確地說，他的態度變遷實爲一種幻滅情緒的流露。隨著清朝統治的漸趨穩定，社會秩序的由亂而治，異質的滿漢文化由衝突到調融再到整合的演繹，在清廷硬的催逼和軟的羈縻的兩手政策下，顧炎武的心態亦相應地由初期之激烈反抗，演變而爲徘徊、期待，進而失望甚至幻滅。」〔註112〕

　　雖然顧炎武對清政權的認同過程很可能並非「心悅誠服」，但從他在順治中期以來積極勸徐元文應清廷科舉以仕宦之事、對姜元衡誣告案的態度、康熙間詔舉博學鴻儒科等諸事的應對心態來看，顧炎武對清政權的態度已由順治初期

〔註106〕孔定芳〈「博學鴻儒科」與晚年顧炎武〉（學海，2006 年 3 期，頁 49～53）。
〔註107〕孔定芳〈明遺民與「博學鴻儒科」〉（浙江學刊，2006 年 2 期，頁 118～127）。
〔註108〕孔定芳〈論清聖祖的遺民策略——以「博學鴻儒科」爲考察中心〉（江蘇社會科學，2006 年 1 期，頁 206～212）。
〔註109〕孔定芳〈論康熙「博學鴻儒科」之旨在籠絡明遺民〉（唐都學刊，第 22 卷 3 期，2006 年 5 月，頁 94～98）。
〔註110〕顧炎武《蔣山傭殘稿》，卷三，〈與陳介眉〉，頁 211。
〔註111〕孔定芳〈「博學鴻儒科」與晚年顧炎武〉，頁 51。
〔註112〕孔定芳〈「博學鴻儒科」與晚年顧炎武〉，頁 53。

的反抗拒斥，至順治中期則轉變為傾向妥協，到了康熙年間已很明顯地對清政權轉趨接受。清廷設明史館，所修既為前代之史，而顧炎武晚年卻積極致書清廷修史館之諸君，亟請修史者採記其嗣母之事，「敢瀝陳哀懇，冀採數語存之簡編，則沒世之榮施，即千載之風教矣。」〔註113〕顧炎武希冀清廷修史者能採記嗣母王氏之事，並認為此事若能被清廷修明史者記入，則堪稱「沒世之榮施」。可見，顧炎武確實已經認同清室並肯定清廷所修之明史。雖然他終其一生以「明遺民」自居，然而自順治中期顧炎武薙髮、北遊、給予其甥徐元文赴京應試之建議等事件開始，以至於博學鴻詞科與明史館薦修史之事，凡此種種，都顯示著顧炎武在晚年對清政權態度的轉變，應是無可置疑的。

二、民族意識與政治認同：顧炎武《春秋》學中的華夷論述

　　雖然民族認同往往與政治認同彼此嵌合，但誠如前文所提及的，政治認同並不等同民族認同。雖然這兩個概念，在王夫之的思想體系裡彼此縐合，但在顧炎武或許並不盡然。王夫之的《春秋》學，以民族國家的角度來論述夷夏觀與國家政治認同，因此他的民族意識與政治認同二者並不矛盾。但，在入清前後，顧炎武的政治認同明顯有了變化——他對清廷的態度，由早期的拒斥走向晚期的認同。這種政治心態的轉變，是否影響了他的華夷觀？他的華夷觀又會如何反映在他的《春秋》學詮釋中？另一方面，他對「復興明室」立場從堅守、游移到批判，是否影響他在詮釋《春秋》「尊王」問題時的路向？以下，將就顧炎武的《春秋》學華夷相關問題的詮釋，來觀察其中所反映出的華夷心態。

　　顧炎武對《春秋》華夷觀之詮釋，散見於《日知錄》各條（特別是卷四專論《春秋》、卷五專論《三傳》的部分）及《左傳杜解補正》一書。從成書年代來看，《日知錄》是顧炎武在順治十四年（1657）北遊之後陸續寫就，並於康熙九年庚戌（1670），初刻載錄一百四十條的《日知錄》八卷本。〔註114〕完整的三十二卷本《日知錄》，則是在死後由潘耒結集修改而成。〔註115〕至於顧炎武的《左傳杜解補正》一書，據沈嘉榮《顧炎武論考》所說，可能是康熙六年丁未（1667）向孫思仁借抄《春秋纂例》、《春秋權衡》、《漢上易傳》

〔註113〕顧炎武《亭林文集》，卷之三，〈與史館諸君書〉，頁54。
〔註114〕據周可真《顧炎武年譜》頁400～401，此書後於次年辛亥年間（1671）刻成。
〔註115〕據周可真《顧炎武年譜》，頁7。

時，參考諸書而寫就，並於康熙十四年（1675）出版。〔註116〕無論是康熙九年出版的初刻本《日知錄》、或是康熙十四年出版的《左傳杜解補正》，從其撰述的時間來看，都是在北遊一段時間後、也就是他中晚年時政治認同轉變之後的作品。這一時期，是顧炎武對清廷由抗拒走向面對、妥協的時期。顧氏對異民族政權的接受，是否對他的民族認同和華夷心態有所影響？而他的政治認同與華夷心態對他的《春秋》詮釋又有什麼樣的影響？這是本小節所要探討的重心。以下將就顧炎武在《日知錄》與《左傳杜解補正》中與夷夏觀相關的議題，分別就其對「正朔」、「尊王」、「夷狄」幾個概念之詮釋，加以分析其夷夏觀與政治心態：

（一）尊　王

　　對清初的遺民士人而言，《春秋》「尊王攘夷」成為士人政治期待的集體投射，因此遺民詩文裡多有尊王滅虜的詩句。「尊王」既為《春秋》的核心內容，加上遺民士人在現實的政治世界裡，亟需情感寄託，由此推論，顧炎武在詮釋《春秋》時頻繁強調「尊王」之說以寄寓復興明室的情感，應是可以預期的。但令人意外的是，無論《日知錄》或《左傳杜解補正》裡，對於「尊王」的相關論述並不多，敘述也不如論「正朔」等其他條目詳盡。《日知錄》卷四「天王」條：

> 《尚書》之文但稱「王」，《春秋》則曰「天王」。以當時楚、吳、徐、越皆僭稱王，故加「天」以別之也。趙子曰：「稱『天王』以表無二尊也。」〔註117〕

顧炎武指出，之所以要在「王」前加「天」字，僅只是在春秋時期楚、吳、徐、越等國「僭稱王」的情況下，不得不「加『天』以別之」，以「天王」一詞以表示周天子的地位「無二尊」。

　　顧炎武的「尊王」論述，又見於《日知錄》卷五「王貳于虢」條：「名不正則言不順，言不順則事不成。而《左氏》之記周事曰：『王貳于虢。』、『王叛王孫蘇。』以天王之尊而曰貳、曰叛，若敵者之辭，其不知《春秋》之義甚矣。」〔註118〕他雖肯定「天王之尊」，也以此為《春秋》之義，但整體而

言，在整本《日知錄》中論及《春秋》的卷帙裡，與「尊王」概念相關的條目甚少，比較不容易由此論定顧炎武對「尊王」的看法。

《左傳杜解補正》一書，雖然其性質在於增補與釐證杜預《春秋經傳集解》，但透過比對顧炎武對杜預詮釋觀點的接受與修正，仍然可以看出顧炎武的《春秋》學態度。不過，在《左傳杜解補正》中，論及「尊王」的篇幅也甚少。比較具體論及「尊王」議題者，如卷上「五年，蔡人、衛人、陳人從王伐鄭」條下所說：「〈杜預〉解：『王師敗，不書，不以告。』非也。改云：王師敗，不書，不可書也。為尊者諱。」〔註119〕「王師敗」則「不可書」，出於「為尊者諱」的考量。

平心而論，顧炎武論《春秋》「尊王」之條目，在《日知錄》與《左傳杜解補正》之中並不多，論述內容也十分簡略。然而，「尊王」本是《春秋》的核心內容，而詮釋者在詮釋時也必然會受到經典文本本身文義的制約，因此「尊王攘夷」一直是《春秋》學的詮釋重心。何況從顧炎武的時代背景來看，強調「尊王」與「攘夷」之義，應該是顧氏《春秋》學的詮釋重點。不過事實顯然並非如此。顧炎武《春秋》學似乎無意對「尊王」思想多所著墨，對於「尊王」的態度遠不如對《春秋》中的其他議題如「正朔」、「夷狄」等問題重視。這種詮釋偏好的變化，很可能與清初遺民政治認同的鬆動、轉移，因而導致士人對君權與國家制度的進行反思的集體心態有關。在本章的第三節裡，將會再針對此點作比較深入的探討。

（二）正朔：顧炎武《春秋》學之正朔論及其現實上的政治認同意涵

「正朔」，在中國歷史上有著「政權正統性」的意味。顧炎武《春秋》學詮釋中對「正朔」的相關討論頗多，如《日知錄》卷四、卷五裡，論及「正朔」者即有卷四之〈三正〉、〈王正月〉、〈謂一為元〉、〈改月〉諸條，可見《春秋》中的「正朔」概念，是顧炎武十分關注的議題。在《日知錄》〈改月〉條中，便曾針對《春秋》中「正朔」的名義加以考證，並對「三代改月」之事多所評述。〔註120〕顧炎武之所以要如此積極地論述「改月」，很可能與他順治六年〈1649〉在清廷「改正朔」時作〈元日〈已下屠維赤奮若〉〉〔註121〕批評

〔註119〕顧炎武《左傳杜解補正》（《叢書集成初編》，北京：中華書局，1991年），卷上，頁3。

〔註120〕顧炎武《日知錄》，卷四，〈改月〉條，頁89～90。

〔註121〕顧炎武《亭林詩集》，卷之一，頁287～288。此詩刻本無，據原鈔本補。顧

滿洲改正朔的行爲有關。《日知錄》卷四〈三正〉條，探討奉正朔的政治意義：

> 三正之名見於〈甘誓〉。蘇氏以爲自舜以前必有以建子建丑爲正者，其來尚矣。〈微子之命〉曰：「統承先王，修其禮物。」則知杞用夏正、宋用殷正。若朝覲會同則用周之正朔。其于本國，自用其先王之正朔也。〔註122〕

「杞用夏正，宋用殷正」。顧炎武指出，「正朔」並不只是意味著單純的曆日紀年，它的使用事實上有著象徵政權治統延續、「統承先王」的儀式性意涵。所以他認爲，對於一國之正朔，應「自用其先王之正朔也」。對於「正朔」的問題，在《日知錄》卷四〈王正月〉中顧氏又再一次提及，《春秋》之所以要稱「王正月」，正因正朔有統承先王、繼承政治統緒的象徵意涵，「當時諸侯皆以尊王正爲法，不獨魯也」，因此必須稱爲「王正月」，以別於「夏、殷」之正月，象徵治統之所承。〔註123〕

　　重視「正朔」的象徵意義，藉著年號、正朔的選擇使用，以作爲表達自己政治立場的現象，在清初遺民士人之中十分普遍。王夫之、鄭成功、朱舜水與顧炎武等人，都在清入關之初，延用南明諸帝之紀年，以象徵其在政治認同上的「統承先王」。順治初，顧炎武沿用永曆年號、奉明正朔的態度，從他《春秋》學中「其于本國，自用其先王之正朔」的說法來看，「正朔」對他而言意味著自我的政治認同。正因爲「正朔」概念涉及政治認同、以及治統承繼的正統性等問題，因此顧炎武對待「正朔」的態度是嚴肅而重視的。如《日知錄》卷四〈謂一爲元〉條：「正朔必自天子出。改正朔，恐聖人不爲也。」〔註124〕他將「正朔」定位爲「天子所出」，以正朔象徵治統的傳承。

　　「正朔」，是顧炎武《春秋》學中頻繁而深入討論的問題，可知他明確意識到「定正朔」這個行爲的政治意義。然而，也正因他將「正朔」作爲治統傳承的象徵，因此他的正朔論與他採行何種正朔，對他而言實際上意味著政

　　炎武在順治六年對清廷改正朔一事，已在本章第二節之「一、顧炎武政治認同之轉變」中析論，此處便不再贅述。

〔註122〕顧炎武《日知錄》，卷四，〈三正〉條，頁84。

〔註123〕顧炎武《日知錄》，卷四，〈王正月〉條，頁87：「聖人作春秋，于歲首則書王。說者謂謹始以正端。今晉人作鼎而曰王十月，是當時諸侯皆以尊王正爲法，不獨魯也。……言王者，所以別於夏殷，竝無他義。……趙伯循曰：『天子常以今年冬頒明年正朔於諸侯，每月奉月朔甲子以告于廟，所謂稟正朔也，故曰王正月。』」

〔註124〕顧炎武《日知錄》，卷四，〈謂一爲元〉條，頁88。

治的認同與接受意涵。顧炎武在順治初年，仍堅持奉明正朔；但在北遊之後，卻漸漸放棄明年號，而採用清政權之年號、正朔，這樣的行爲，或許也具有政治上的認同或接受清廷的意味。

（三）夷　狄

　　清初，《春秋》「尊王攘夷」成爲遺民士人政治期待的集體投射，因此創作了許多以「攘夷」、「滅虜」爲主題的詩文。「尊王攘夷」固然爲《春秋》的核心內容，但誠如前論，顧炎武的《春秋》學卻對《春秋》的「尊王」概念並不十分重視。不過，從他在《日知錄》與《左傳杜解補正》中對「夷狄」的相關論述看來，顧氏雖不重視「尊王」，但對於「攘夷」與「華夷之防」等相關問題卻非常看重。《日知錄》與《左傳杜解補正》中論及夷夏之處甚多，如《左傳杜解補正》卷上「（僖公）三十三年，晉人及姜戎敗秦師于殽」條，從書法褒貶的角度，來探論《春秋》中的「別華夷之異」：

　　　　解云：「不同陳，故言及。」非也。及者，殊夷狄之辭。〔註125〕

對於《春秋》「嚴夷夏之大防」之義，顧炎武在《日知錄》與《左傳杜解補正》中多次提及。如《日知錄》，卷四，〈楚吳書君書大夫〉條云：

　　　《春秋》之于夷狄，斤斤焉不欲以其名與之也。楚之見于經也，始于莊之十年，曰「荊」而已。二十三年于其來聘而人之。二十八年，復稱「荊」，而不與其人也。僖之元年始稱「楚人」。四年盟于召陵，始有大夫^{公羊傳謂文公九年使椒來聘，始有大夫，疏}矣。又謂夷狄不氏，非也。屈完固已書氏。二十一年會于盂，始書「楚子」。然使宜申來獻捷者，楚子也^{二十}_{二年}，而不書居。圍宋者子玉^{二十}_{七年}、救衛者子玉、戰城濮者子玉也^{二十}_{八年}，而不書師，聖人之意，使之不得遽同于中夏也。吳之見于經也，始于成之七年，曰「吳」而已。襄之五年會于戚，于其來聽諸侯之好而人之。十年十四年，復稱吳殊會而不與其人也。二十五年，門于巢卒，始書吳子^{吳本伯爵，《春秋》以}_{其僭王，降從四夷之}_{例而}書子。二十九年使札來聘，始有大夫。然滅州來^{昭公十}_{三年}、戰長岸^{十七年}_{敗雞}父，二_{十三年}、滅巢^{二十}_{四年}、滅徐^{三十}_年、伐越^{三十}_{二年}、入郢^{定公}_{四年}、敗□李^{十四}_年、伐陳^{哀公}_{六年}、會桓^同_上、會鄫^七_年、伐我^八_年、伐齊^{十年}、救陳^十_年、戰艾陵^{十一}_年、會□皋^{十二}_年，並稱「吳」而不與其人。會黃池^{十三}_年書「晉侯及吳子」而殊其會。終

〔註125〕《左傳杜解補正》，卷上，頁17。

> 《春秋》之文，無書師者。使之終不得同于中夏也。是知書君、書
> 大夫，《春秋》之不得已也，政交于中國矣。以後世之事言之，如五
> 胡十六國之輩，夷之而已。至魏、齊、周，則不得不成之爲國而列
> 之于史。金、元亦然。此夫子所以錄楚、吳也。然于備書之中，而
> 寓抑之之意。聖人之心，無時而不在中國也。嗚呼！〔註126〕

由〈楚吳書君書大夫〉看來，顧炎武重視《春秋》的筆削褒貶，並認爲孔子
藉此以寄寓「嚴華夷大別」的心態。他指出《春秋》書夷狄時「不與其人」、
「終《春秋》之文無書師者」，不稱人、不書師，而其原因即在於「華夷有別」，
而夷不得同於華：「聖人之意，使之不得遽同于中夏也」、「使之終不得同于中
夏也」。對於《春秋》經文中對吳、楚等國「書君」、「書大夫」之例，顧炎武
則傾向於以「《春秋》之不得已也」來解釋，認爲這是在「政交于中國」的情
勢下不得已而爲的舉措，並非孔子之眞意。也就是說，他認爲《春秋》在華
夷之辨的基本態度上，對「夷狄」是「不與其人」的。至於對夷狄「書君」、
「書大夫」之處，只能說是行文不得不然的變例。顧炎武認爲，人們不應從
《春秋》中不得不然的變例裡來論斷《春秋》本身的華夷觀及揣度《春秋》
華夷意向。他並認爲，《春秋》中對夷狄「于備書之中而寓抑之之意」，而使
夷狄「不得遽同于中夏」的心態，正是「聖人之心無時而不在中國」的明證。

與上述言論類似的「以筆削書法，嚴夷夏之大防」觀點，也出現在《日
知錄》卷四〈邢人狄人伐衛〉條：

> 《春秋》之文有從同者。僖公十八年，邢人、狄人伐衛，二十年齊
> 人、狄人盟于邢，並舉二國，而狄亦稱人，臨文之不得不然也。若
> 惟狄而已，則不稱人。十八年狄救齊、二十一年狄侵衛是也。《穀梁
> 傳》謂狄稱人，進之也。何以不進之于救齊，而進之于伐衛乎？則
> 又爲之說曰：「善累而後進之。」夫伐衛，何善之有？昭公五年，楚
> 子、蔡侯、陳侯、許男、頓子、沈子、徐人、越人伐吳。不稱于越
> 而越人，亦同此例。〔註127〕

顧炎武在〈邢人狄人伐衛〉條中指出，《春秋》原則上並不以「人」稱狄。至
於《春秋》中夷狄稱人的情形，都是出於「臨文之不得不然」的情況，非如

〔註126〕顧炎武《日知錄》，卷四，〈楚吳君書大夫〉條，頁 96～97。其中「《春秋》
　　　　之於夷狄」句，「夷狄」二字刊行本改爲「吳楚」。
〔註127〕顧炎武《日知錄》，卷四，〈邢人狄人伐衛〉條，頁 98。

《穀梁傳》所言視夷狄之行爲而「進之」。這種觀點，與《日知錄》卷四〈楚吳書君書大夫〉條對《春秋》中將吳、楚等國「書君」、「書大夫」等以「政交于中國」、「《春秋》之不得已也」的角度來解釋，是很相似的。

　　嚴守夷夏之大防的思想貫徹在顧炎武的《春秋》學中，對《春秋》的詮釋，成爲顧炎武宣示民族立場的場域。《左傳杜解補正》卷中「四年，楚雖大，非吾族也」條下補正云：「言蠻夷。」〔註128〕這種夷夏迥殊、尊夏卑夷的民族意識，不僅反映在他的《春秋》詮釋上，也影響了他對歷史的解讀，並使他的歷史觀充滿揚華抑夷的華夷論色彩：「至魏、齊、周，則不得不成之爲國而列之于史。金、元亦然。此夫子所以錄楚、吳也，然于備書之中，而寓抑之之意。」面對北魏、北齊、北周、金、元等朝的歷史，他雖肯定其在中原的政治地位，而主張「列之于史」。但，這卻是歷史現實上的不得不然。在民族認同上，他仍抱持著以漢民族爲主的民族中心論（ethnocentricism）立場。《日知錄》卷九裡，顧炎武對「素夷狄行乎夷狄」的詮釋，可說是這種思想的鮮明反映：

　　「素夷狄行乎夷狄」，然則將居中國而去人倫乎？非也。處夷狄之
　　邦，而（不失）吾中國之道，是之謂「素夷狄行乎夷狄」也。六經
　　所載，帝舜「滑夏」之咨，殷宗「有截」之頌，《禮記》明堂之位，
　　《春秋》（朝）會之書，凡聖人所以爲内夏外夷之防也，如此其嚴也！
　　《文中子》以〈元經〉之帝魏，謂天地有奉，生民有庇，即吾君也。
　　何其語之偷而悖乎！宋陳同甫謂，黃初以來，陵夷四百餘載，夷狄
　　異類，迭起以主中國，而民生常覬一日之安寧，於非所當事之人。
　　以王仲淹之賢，而猶爲此言，其無以異乎凡民矣！夫（興）亡有迭
　　代之時，而中華（無）不復之日，〔註129〕若之何以萬古之心胸而區
　　區於旦暮乎！ _{楊循吉作《金小史》序曰：「由當時觀之，則完顏民帝也，盟}此所
　　　　　　　　　_{主也，大國也。由後世觀之，則夷狄也、盜賊也、禽獸也。」}
　　（謂）偷也。漢和帝時，侍御史魯恭上疏曰：「夫戎狄者，四方之異
　　氣，蹲夷踞肆，與鳥獸無別。若雜居中國，則錯亂天氣，汙辱善人。
　　夫以亂辱天人之世，而論者欲將毀吾道以殉之，此所謂悖也。孔子
　　有言：「居處恭，執事敬，與人忠，雖之夷狄，不可棄也。」夫是之

〔註128〕《左傳杜解補正》，卷中，頁30。

〔註129〕據張繼《日知錄校記》，「夫（興）亡有迭代之時，而中華（無）不復之日」
　　　　句，亡字上應加「興」字，魯抄本「華」下有「無」字。見《日知錄》，卷九，
　　　　頁186。

謂「素夷狄行乎夷狄也」。若乃相率而臣事之，奉其令，行其俗，甚
者導之以爲虐于中國，而藉口於「素夷狄」之文，則子思之罪人也
已！〔註130〕

從上述引文看來，顧炎武雖然在政治認同上傾向於接受「興亡有迭代之時」
的客觀現實，但在民族認同上，他仍與其他大多數的清初遺民一樣，強調「夷
夏之防」。但值得注意的是，顧炎武此段申論《中庸》「素夷狄行乎夷狄」之
文，事實上涵蘊著「用夏變夷」的思想，他所反對的，只是「奉其令，行其
俗，甚者導之以爲虐于中國」。只要不「毀吾道以殉之」、「不失吾中國之道」，
則「雖之夷狄，不可棄也。」

　　不過，儘管顧炎武強調夷夏之防，但從他肯定在文化上存在著「用夏變
夷」的可能性這一點來看，他的華夷觀與極端的種族主義者相較仍是較爲寬
鬆的。即使他認爲《春秋》以「不稱人」、「不書師」的方式貶抑夷狄，但他
並不否定夷狄在「政交於中國」時，爲了順應這種不得已的情況，仍「不得
不成爲國而列之于史」。〔註131〕他不抗拒華夷之間的交流，也客觀地肯定夷
狄在政交於中國時的歷史地位，應「成爲國而列之于史」。顧炎武在承認夷
狄地位，以及對華夷文化交流的態度上，比王夫之更爲開放。王夫之認爲，
華夷文化差異的本質，導源於血緣與地域等客觀條件：「天以洪鈞一氣生長
萬族，而地限之以其域，天氣亦隨之而變，天命亦隨之而殊。」〔註132〕華
與夷的文化間，各有其不同的民族適性，不宜混雜，因此夷夏之防必須堅守，
具有強烈的種族隔離傾向，認爲華夷兩者不宜相互師法與交流。然而，顧炎
武卻對漢文化與異文化之間的交流傾向於肯定。他認爲華夷之間的文化行爲
可以互相師法，夷狄「虜俗」的部分文化習慣，有足爲諸夏取法之處，而中
國的文化習慣，事實上也偶有繁靡之失。《日知錄》卷二十九〈夷狄〉條中
即指出：

歷九州之風俗，考前代之史書，中國之不如夷狄者有之矣。……邵
氏《聞見錄》言，回紇風俗樸厚，君臣之等不甚異，故眾志專一，
勁健無敵，自有功於唐，賜遺豐腴。登里可汗始自尊大，築宮室以

〔註130〕顧炎武《日知錄》，卷9，〈素夷狄行乎夷狄〉，頁186。此條僅見於原抄本，
　　　　刊本無此章。
〔註131〕顧炎武《日知錄》，卷四，〈楚吳君書大夫〉條，頁96。
〔註132〕王夫之《讀通鑑論》，卷十三，〈晉成帝〉，頁415。

居，婦人有粉黛文繡之飾，中國爲之虛耗，而虜俗亦壞。昔者祭公謀父之言，犬戎樹惇能帥舊德而守終純固。由余之對穆公，言戎夷之俗，上含淳德以遇其下，下懷忠信以事其上，一國之政猶一身之治，其所以有國而長世，用此道也。及乎荐居日久，漸染華風，不務詩書，唯徵玩好，服飾競於無等，財賄溢於靡用。驕淫矜侉，浸以成習，於是中行有變俗之譏，賈生有五餌之策。……《史記》言，匈奴獄久者不過十日，一國之囚不過數人。《鹽鐵論》言，匈奴之俗，略於文而敏於事。宋鄧肅對高宗言：「外夷之巧，在文書簡，簡故速；中國之患，在文書繁，繁故遲。」……則戎狄之能勝於中國者，惟其簡易而已。今舍其所長而效人之短，吾見其立弊也。……是則省刑薄斂之效，無論於華夷矣。〔註133〕

顧炎武和王夫之兩人，雖然同樣抱持夷狄不宜居中夏的「戎夏不雜」、「戎狄入居必生事變」的立場，〔註134〕但顧、王兩人所持之理各異。王夫之「夷夏不相雜」的觀點，建構在他近乎種族主義色彩的嚴謹華夷理論之上。顧炎武的華夷觀中，並未如王夫之建立完整而嚴密的華夷理論體系。他之所以主張不使戎狄入居中原，只是很單純地從政治的角度，認爲中國周邊的異民族勢力若「不習中土之風，不安中國之美」，則「無窺中國之心」，〔註135〕使異民族政權不生干犯中原的動機，如此而已。

嚴格說起來，顧炎武的華夷論述，並沒有眞正碰觸到「華／夷」的定義與性質（如華夷究竟是民族之別或單純的文化之別）等問題。他對「華／夷」的定義籠統而不明確，並不像王夫之從血緣、地域、文化等方面明確定義華／夷的形成原因、特質與歧異。因此，顧炎武雖然主張「華夷不雜」，但他的理論較爲單薄，未能在政治因素之外提出「聖人何以終不得使夷狄遽同于中夏」的思想與文化成因。

雖然從理論上來看，顧炎武的華夷論述確實較爲單薄。但，這種籠統的、印象式的華夷觀，事實上卻是清初大多數遺民華夷觀的基本調性。也正由於這種不精確的華夷觀背後並沒有系統性的血緣、地緣理論支撐，因此，在某種程度上，使顧炎武在面對漢夷文化實際互動時，對夷夏大防的堅持上較容易鬆動。

〔註133〕顧炎武《日知錄》，卷29，〈夷狄〉條，頁848～850。
〔註134〕顧炎武《日知錄》，卷29，〈徙戎〉條，頁850～851。
〔註135〕顧炎武《日知錄》，卷29，〈徙戎〉條，頁850～851。。

　　從上段所引《日知錄》〈夷狄〉條之引文看來，顧炎武顯然也肯定異文化在某些制度上比漢文化更有利之處，也值得華夏效法。他主張制度上的優劣「無論於華夷」，而能客觀地就制度本身進行探討，不因某些制度、風俗是「胡俗」而加以否定。顧炎武與大多數的遺民士人，他們的華夷觀雖籠統，遠不如王夫之的華夷論述之嚴謹周密，但正是在理論上不夠謹嚴的情況下，使他們在面對異民族文化間的互動時立場較容易鬆動，因而使他們能採取一種與極端民族主義相較之下較爲寬鬆、與承認客觀歷史現實的態度。這種態度，可以說爲清初遺民士人的華夷觀的轉變打開一道窗口。雖然他們「尊夏攘夷」的民族認同並未轉移，但已足以使他們調整面對異文化的心態，並更進一步地接受異族統治的事實。

　　從顧炎武《日知錄》中對歷史上中原地區異族政權的解讀來看，他雖然也會有「中華（無）不復之日」這種具有強烈民族主義論調的政治期待，而這種政治期待也確實貫徹在他對歷史事件的評述中，但更重要的是，與此同時，他也客觀的接受或認同「興亡有迭代之時」的政治現實。這一點，是顧炎武與王夫之最大的歧異之處。王夫之的政治認同與民族認同是結合而不可分割的，但顧炎武的政治認同與他的民族認同並不一致。在政治上，他可以接受清廷統治的現實，但在民族認同上，他卻仍是堅守華夷之別、「嚴夷夏之防」。而顧炎武這種政治認同與民族認同並不一致所造成的自我調適之矛盾，正是清初大多數遺民士人所不得不面對的課題。

第三節　清初遺民春秋學詮釋重心的轉移：「尊王」論述的沒落與極端「攘夷」論的興起

　　清初的歷史環境十分特殊。元代與清代雖然同爲異族統治，不過，元代的君主並無意於積極改變漢人的服飾制度、禮節等文化習俗，而清代的統治者卻有意識的透過改變服飾、重新建構禮制、新設官銜、令孔子嫡裔薙髮等種種文化舉措，〔註136〕讓漢人接受「滿洲」爲「本朝」的政治現實。這使得漢人不得不面對在某種程度上被異文化所同化的漢文化危機。因此，對清初

〔註136〕清初官方爲了爭取漢人的認同、並消弭遺民士人的「反滿」、「排滿」心態，因此藉由對服飾、禮制、官僚體系的重新建構與改造等文化舉措，以使人民在接受其政權統治的現實時，同時也在相當程度上接受其民族文化之同化措施、並進而影響其民族認同。關於這一部分，將於本文第三章中詳細討論。

的遺民士人而言，他們所面對的，並不只是一個政權上的交迭更易與異族統治，而是民族文化覆亡或被改造的危機。無論是在政治上的忠君意識、或「攘夷尊夏」的民族情感等方面，這一時期的遺民士人都受到宛如「天崩地解」般的強大挑戰，也使清入關初期，遺民士人對清政權充滿強烈抗拒與「排滿」情緒。在這樣的歷史情境下，清初遺民士人「亡天下」情緒的產生，也就不足爲奇了。這種「亡天下」、「天崩地解」的論述，在顧炎武《日知錄·正始》條中，表現得十分鮮明：

> 有亡國、有亡天下。亡國與亡天下奚辨？曰：易姓改號，謂之亡國。仁義充塞，而至於率獸食人，人將相食，謂之亡天下。魏晉人之清談，何以亡天下？是孟子所謂楊墨之言，至於使天下無父無君，而入於禽獸者也。昔者嵇紹之父康，被殺於晉文王，至武帝革命之時，而山濤薦之入仕，紹時屛居私門，欲辭不就。濤謂之曰：『爲君思之久矣！天地四時猶有消息，而況於人乎？』一時傳誦以爲名言。而不知其敗義傷教，至於率天下而無父者也。夫紹之於晉，非其君也，忘其父事而其非君，當其未死三十餘年之間，爲無父之人亦已久矣！而蕩陰之死，何足以贖其罪乎？且其入仕之初，豈知必有乘輿敗績之事？而可樹其忠名以蓋於晚也。自正始以來，而大義之不明，徧於天下。如山濤者，既爲邪說之魁，遂使嵇紹之賢且犯天下之韙而不顧。夫邪正之説，不容兩立。使謂紹爲忠，則必謂王裒爲不忠而後可也。何怪其相率臣於劉聰、石勒，觀其故主青衣行酒，而不以動其心者乎？是故知保天下，然後知保其國。保國者，其君其臣，肉食者謀之。保天下者，匹夫之賤與有責焉耳矣。〔註137〕

顧炎武將明亡清興視爲「亡天下」，而不僅只是「亡國」。這一時期遺民士人之所以有這種「亡天下」情緒的產生，正是在面對政治認同（「亡國」）與民族情感（「天下」）同時喪失憑倚時，所出現的身分認同困局。相對於「亡天下」，顧炎武於政治上的「亡國」並不甚憂心。他認爲「保國者，其君其臣，肉食者謀之」，保國爲君臣所應謀，而不是一般的庶民匹夫眞正關注的問題。由此看來，他對於政治認同方面似乎並非十分在意。但，他卻對漢文化所面對的道德倫理等文化秩序的失落、「敗義傷教」的「亡天下」危機感到焦慮。文末「保天下」的言論看來，顧炎武顯然認爲「保天下」是「匹夫之賤與有

〔註137〕《日知錄》，卷17，〈正始〉條，頁378～379。

責焉耳矣」。他以「保天下」自許，冀求「用夏變夷」以維護漢文化，申明漢文化之「大義」、維繫民族的道德文化秩序。

　　無論是政治認同上的「亡國」，抑或是民族文化認同上的「亡天下」，都讓遺民士人們難以承受。清初殉節風潮的形成，其實也就是士人在無法排解自身身分認同困局下尋求解脫的表徵。殉國風潮在甲申、乙酉清兵破北京和南京時臻於顛峰，〔註138〕隨後便因清政權日趨穩定，多數遺民士人政治認同也開始產生游移。遺民士人政治認同的轉變，除了從他們對官方政策的態度由抗拒到接受之外，也可以從他們對「貳臣」的評價及其與仕清漢人的交遊情況等，看出他們心態上的變化。

　　政治上客觀情勢的轉變影響了遺民士人對「尊王攘夷」的心態，這種心態也反映在清初遺民士人的《春秋》學詮釋重心的移轉上。南宋以來的《春秋》學，逐漸以「尊王」爲《春秋》思想的核心，但從王夫之與顧炎武的《春秋》學來看，「攘夷」取代了「尊王」，而成爲清初遺民《春秋》學的主要內容。

　　詮釋重心從「尊王」到「攘夷」的轉化，是清初遺民士人《春秋》學的特色。造成這種詮釋重心轉化的原因，大致上可從以下兩點來討論：

一、「尊王」論述的沒落：解構君主權威性

　　在清政權漸漸穩定後，多數遺民士人迫於政治現實而漸漸認同清政權，致使他們原本政治與民族認同結合的意識型態發生變化。多數遺民士人的政治認同逐漸由原本與華夷民族認同結合的狀態下游離出來，使得他們雖仍主張「嚴夷夏之大防」的言論，但實際上卻已傾向於認同清政權。如顧炎武，自順治初期至康熙年間，他的政治認同已有明顯的變化，甚至不惜在官方編修明史時致書明史館，建議明史館修史諸人能採記其嗣母之行，這顯然是在將明代視爲「先代」而將清代視爲「本朝」的情況下才會出現的舉動。

　　遺民士人對明政權的政治認同之所以在這一時期迅速鬆動，一方面固然是基於清室對漢人懷柔手段與高壓統治並用的政治現實；另一方面，也或許是受到晚明王學解構思潮的影響，導致遺民士人在面對此一身分認同的困局時，選擇以重新檢視並解構「君」概念的方式，來反思「君」概念的本質及「忠君」行爲是否必要。

〔註138〕王夫之《搔首問》（收於《船山全書》第十二冊（長沙：嶽麓書社，1992 年 12 月）），頁 627～628。

面對清廷統治的客觀現實，遺民士人爲了如何抒解這種「天崩地解」情緒，強化了明中後期以來的解構思潮，特別是對「君」概念的重新解構上。這樣的思潮，導致了君主權威性的沒落。對於政治認同附著在對「君」之效忠上（而非「國家」本身）的傳統中國社會而言，忠君事實上即意味著忠於國。而君主權威性的失落與「忠」概念的鬆動，事實上也暗示著政治認同的鬆動與轉移。如黃宗羲《明夷待訪錄》的〈原君〉，就反映了這種思考傾向，而這樣一種學術傾向也使逐漸接納新政權的遺民士人爲自己政治認同游移的行爲，找到了一個合理化的詮釋。又如顧炎武在《日知錄》〈正始〉條裡，對「保國」與「保天下」所表現出的差異心態，正反映出清初遺民士人中這種政治認同上的鬆動與轉移現象。在〈正始〉條中，他顯然認爲「保國」爲君臣之事，對士民百姓影響未深；但他卻對「敗義傷教」、相率無父無君的漢文化道德倫理秩序的失落的「亡天下」文化危機，有強烈的「保天下」文化使命感。這似乎意味著，對顧炎武而言，「尊王」、「保國」的重要性遠比不上「攘夷」與「保天下」。

「君」概念權威性的失落，使得《春秋》的「尊王」論調在清初這一時期的特殊歷史與學術背景下逐漸沒落。這種學術風潮或多或少影響了清初的《春秋》詮釋學，使這一時期的《春秋》學焦點由強調「尊王」轉爲強調「攘夷」。

《春秋》學核心問題意識由「尊王」向「攘夷」的轉化，是清初遺民士人《春秋》學的共同詮釋心態，無論王夫之或顧炎武皆然。王夫之的《春秋》學傾向於強調「攘夷」而非「尊王」，他甚至批判胡安國《春秋胡氏傳》中「兵權不可假人」的論點，認爲惟有「攘夷」方有「尊王」的可能。而顧炎武的《春秋》學則集中於《日知錄》卷四、卷五及對《春秋》及三傳的評述裡。顧氏對「尊王」之論述，事實上不僅條目甚少，內容也多半較爲簡短，這與他對「攘夷」議題的處理形成強烈的對比。《左傳杜解補正》一書，全書主要內容雖多在考證制度、補正杜預之說，但就其內容而言，對「攘夷」的論述也明顯多於論「尊王」，可見他對「攘夷」的興趣，遠多於對《春秋》「尊王」之探討的興趣。

王夫之與顧炎武對《春秋》學詮釋重心的轉變，事實上都反映出清初遺民士人重視「攘夷」更甚於「尊王」的心態，也意味著遺民士人對「華／夷之大別」與民族意識，凌越於政治認同之上。

二、「攘夷」與排滿：清初遺民士人的民族意識

如果只是「君」的權威性失落，也只能解釋清初遺民士人《春秋》學中

「尊王」論述的沒落，並不足以解釋清初「攘夷」論述何以取代「尊王」而成爲《春秋》學的重心。那麼，「攘夷」之說何以在這一時期勃興？而《春秋》的夷夏論在這一時期又是如何被詮釋？這個問題，同樣必須回歸到清初的歷史背景上來解釋。

清初滿洲政權統治的方式，和歷代異民族統治者十分不同。清政權不僅在政治上統治了漢人，官方更有意識地以透過強制改變漢人服飾、禮制、官僚體系等文化舉措，以「本朝」的「禮樂制度」來同化漢人，使人民在接受其政權統治的現實時，同時也在相當程度上被其文化所同化，並藉此進一步扭轉漢人的政治認同而「歸順」於清朝之統治。〔註139〕然而，服飾、禮義、制度文化，是傳統夷夏之辨的最基本內容。清廷這些強制性的同化舉措，對遺民士人而言，可說是「用夷變夏」，亦即遺民士人所認爲的文明程度較低的異文化同化了文明程度較高的漢文化，使他們深刻感受到面臨著空前的民族文化失落危機。這使他們得以察覺，他們所面臨的並不僅僅是一個政權上的改朝換代，而是民族文化覆亡或被改造的危機。因此，「攘夷」這一議題，很自然地成爲清初遺民士人的思考重心，因而導致他們或許可以不那麼介意政治認同的游移，但卻十分在意漢文化不可被異文化同化、「用夷變夏」、「從胡俗」等民族文化的存續問題。

隨著清政權日益穩定，以及懷柔高壓種種政治舉措，使得多數遺民士人的政治認同在順治後期、康熙年間逐漸轉變。雖然他們還是在以「攘夷」論來鼓吹排滿以反抗被異族同化，但多數遺民士人已漸漸接受了清政權。政治認同的轉變，勢必衝擊明末以來民族認同與政治認同結合的意識型態，也衝擊了結合民族認同與政治認同的「尊王攘夷」概念，這使得這些遺民士人們不得不調適自己原本民族與政治認同結合的思想，將政治認同與民族認同分離出來，以對自己政治認同轉變、而卻依舊主張「攘夷」以排滿的事實，爲自我行爲作一番合理化的解釋。但這同時也意味著，對遺民士人而言，「攘夷」與堅守「華夷之防」，是比「復明」或「尊王」更爲重要的價值。清初遺民士人《春秋》學中「攘夷」取代「尊王」的詮釋重心轉向，正反映了清初多數遺民士人身分認同的變化，政治認同逐漸由原本與民族認同結合的狀態下游離出來，使得他們雖然多半仍強調「攘夷」與嚴夷夏大防的論調，但卻逐漸在政治認同上實際傾向於清廷，而不再強調要興復明室。顧炎武對明鄭態度的轉變，正反映了這樣的一種

〔註139〕多爾袞《多爾袞攝政日記》，頁5。

趨勢。順治二、三年間，他在嗣母王氏殉節後作〈李定自延平歸賚至御札〉詩：「春風一夕動三山，使者持旌出漢關。萬里干戈傳御札，十行書字識天顏。身留絕塞援枹伍，夢在行朝執戟班。一聽綸言同感激，收京遙待翠華還。」極力推崇當時孤懸海外的明鄭政權，這本是明末清初遺民士人的共同心態。但在順治十二年與陸恩纏訟事件後，他對明鄭的態度顯然有極大轉變，不僅在詩文中避談鄭氏，甚至在康熙七年受姜元衡誣告黃培一案牽連時作〈與人書〉也極力「撇清」與「故明廢臣與招群懷貳之輩」的關係。〔註140〕對反清復明政治運動態度的轉變，也反映出顧炎武對明室忠誠的消逝。

　　君主權威性的解構與「攘夷」論述的興起，使得這一時期春秋學的詮釋重心由「尊王」向「攘夷」轉化。顧炎武《日知錄》、《左傳杜解補正》及王夫之的《春秋》學，都反映出這種幾乎全以「嚴夷夏大防」為《春秋》學核心的詮釋方向。這種經學詮釋重心的轉移，與清初這一特殊的歷史與學術背景密切相關，也因而導致這一時期的《春秋》學，呈現出與前代截然不同的特質。如南宋胡安國之《春秋胡氏傳》，由於受到南宋政局由北進轉為偏安的影響，雖重視「攘夷」，但在面對君權是否可以旁落、兵權是否可以為「攘夷」而假於人的問題時，便表現出較猶豫的態度。〔註141〕然而，清初遺民士人《春秋》學在處理《春秋》「尊王」與「攘夷」之詮釋態度上，幾乎都表現出一種忽略「尊王」而極端重視「攘夷」的詮釋路向，呈顯出與傳統《春秋》學截然不同的面貌。

　　除了詮釋重心的轉化之外，在「華／夷」問題的性質與定義上、以及「華夷之大別」的判準方面，清初遺民士人的《春秋》學也與傳統《春秋》學有很大的不同。傳統《春秋》學傾向於將「華／夷」論的性質設定為文化議題，因此在論及「華夷之大別」時也多傾向於以文化（或文明程度）作為判準，如胡安國《春秋胡氏傳》便認為華／夷之分野在於「禮」，〔註142〕而非血緣或是地域。同時，胡安國也傾向於將華／夷身分視為一種文化身分，可以透過文化行為的改變而更動，「中國而夷狄則夷之，夷狄猾夏則膺之，此《春秋》之旨也。」華夷之間的界限在於文化，而非血緣或地域。

〔註140〕見顧炎武《亭林佚文輯補》，〈與人書〉其一，頁 231～233
〔註141〕關於胡安國《春秋胡氏傳》強調「尊王」與「攘夷」並重的詮釋傾向，詳見本章第一節。
〔註142〕《胡氏春秋傳・大綱》引述二程之說：「《春秋》之法極謹嚴，中國而用夷禮則夷之。」又引韓愈〈原道〉：「孔子之作《春秋》也，諸侯用夷禮則夷之，進於中國則中國之。」詳見本章第一節

　　但，清初遺民士人的《春秋》學，對於「華／夷之別」的性質則更爲側重在血緣或地域上。如果說傳統《春秋》學傾向於將「華／夷」視爲一種文化論述，那麼清初遺民士人的《春秋》學則是傾向於將「華／夷」定義爲民族論述。從王夫之對華／夷的判分標準來看，華／夷之間無論在血緣、地域、文化等方面都有明確定義，他對「華／夷」的理解，顯然已經很接近於近代的「民族」定義了。至於顧炎武在「華／夷」的定義問題上較爲籠統，並不如王夫之般精確嚴謹，對異文化的態度也遠比王夫之開放。但，他同樣抱持「戎夏不襍」、「戎狄入居必生事變」的看法，認爲異族若「習中土之風，安中國之美」，則有「窺中國之心」。〔註143〕強調「華夷不襍」、並以血緣或地域作爲華／夷之間的主要分野或是極端重視「嚴夷夏之防」，都是清初遺民士人對《春秋》華夷觀詮釋中的最大特色。

　　綜上所述，清初遺民士人的《春秋》學反映出「尊王」論述的沒落及極端的「攘夷」論述，在「華夷」的定義方面，也一掃傳統春秋學以「禮」、文化作爲華夷之界限，轉而走向以血緣與地域作爲分野，並藉著詮釋春秋「攘夷」之說以強化民族認同的詮釋情況。傳統華夷論述的本身固然有其語意上的曖昧性，它既可理解爲一種文化認同，又可以被詮釋爲一種近似民族認同的概念。但，從清初遺民士人《春秋》學中的華夷論述來看，顯然較傾向於從「民族」的角度來解釋華夷問題。另一方面，清初滿洲官方如何看待遺民士人華夷觀中的強烈「攘夷」論調？又如何面對《春秋》經學文本中的「攘夷」意識與華夷問題？官方所編修刊行的《春秋》學經傳注釋中的華夷觀，與遺民士人的《春秋》學著作的華夷觀相較，二者之間存在著什麼樣的思想拉扯？這個部分，將在下一章仔細探討。

〔註143〕顧炎武《日知錄》，卷29，〈徙戎〉條，頁850～851。。

第三章 清初民族政策與官方《春秋》學中的華夷觀（1644～1735）

　　對遺民士人而言，滿洲統治中原有如「天崩地解」，造成了遺民士人文化危機感、身分認同與價值觀的失落。然而，文化與文化之間的交流，從來就難以只是單方面的獨白，而是一個對話的過程。它必然同時對兩個文化自身帶來或大或小的衝擊。滿洲入關所帶來的影響，並不只在於漢人社會。對漢人華夷觀、民族文化與身分認同問題，帶來鉅變，但清室入關也同時影響了以統治者姿態進入中原的滿洲人。從「企圖入關」、「入關」到「統治中原」的過程，滿洲統治者持續不斷地在與漢文化的對話、互動過程裡，「調整」滿洲自身的文化定位與身分認同，而滿洲官方也在與漢文化的持續對話之中，建構出滿洲官方立場的華夷論述，並反映在清初幾部由官方所編纂的《春秋》學著作裡。

　　滿洲自身的文化定位，在入關之前，事實上曾經過一段轉化的過程。在滿洲初興時，努爾哈齊認為滿洲與蒙古較為近似：「明國、朝鮮，語言雖異，然髮式、衣飾皆同，此二國算為一國也；蒙古與我兩國，其語言亦各異，而衣飾風習，盡同一國也」。〔註1〕顯然，努爾哈齊認為滿洲與蒙古雖語言不同，但文化風習較為相近，因而他傾向於將自身定位為風習與蒙古相近的北亞游牧民族。對於漢民族，努爾哈齊則視為一個與滿洲風俗、語言皆異的「他者」。〔註2〕日

〔註1〕　見《滿文老檔·太祖》（東京：東洋文庫，1955年），頁118～119,〈蒙古喀爾喀五部遣使謝宥齋賽不死之恩〉，此事發生於天命四年（1619）。

〔註2〕　葉高樹《清朝前期的文化政策》〈第一章　滿漢之人，均屬一體：滿洲統治中國的特色〉（臺北：稻鄉，2002年7月，初版），頁30～31。葉高樹指出對努爾哈齊而言，漢、蒙雖皆「非我族類」，不過顯然較為認同於蒙古的遊牧文化。但由他晚年引述儒家經典以訓誡諸貝勒來看，雖然他在文化認同上較接近於蒙古，但他對漢文化也應非全面否定。

本學者內藤湖南在研究滿洲初興時期與朝鮮往來的文獻——《崇謨閣文書》時，便注意到努爾哈齊當時是以「金國汗」自稱，〔註3〕並以「金國汗」之名義向朝鮮提出外交往來的要求。趙彥昌〈論清入關前的文書檔案工作〉中更詳細提到，在明萬曆四十四年（1616）努爾哈齊統一建州、海西及海東女眞諸部之後，八旗貝勒大臣共同進上「大授撫育列國關明汗」汗號，努爾哈齊用爲國名，當時文書中也稱努爾哈齊爲「金國汗」或「英明汗」。〔註4〕從稱謂的使用來看，在這一時期，努爾哈齊應較爲肯定自己作爲游牧民族領袖的身分，因此多使用「汗」來自稱。

但是，在崇德元年（1636）後，滿洲君主的稱謂使用卻開始有了變化。崇德元年，皇太極開始在官方文書上逐漸揚棄游牧民族君主的「汗」稱，轉而以「皇帝」之稱來取代。〔註5〕入關後，滿洲棄「汗」稱「帝」的情況更加明顯，甚至在編修《實錄》時，出現了帝王因忌諱「汗」稱，刻意將「滿洲汗」、「金國汗」等舊稱刪除的情形。〔註6〕清廷改「汗」稱「帝」的心態，固然出於滿洲統治者企圖統治中國的政治野心，但也反映了滿洲統治者的民族政策與文化認同逐漸發生轉變的情況。與同爲異民族統治者的元代蒙古政權相較，蒙古統治者終元之世都未曾放棄「汗」稱，而滿洲統治者卻在入關前便選擇以「皇帝」自居。從滿洲與元代統治者對「稱謂」的取捨來看，滿洲統治者對漢文化是較爲肯定的。除此之外，從努爾哈齊以「金國汗」自稱、入關前皇太極以「皇帝」自稱、入關後開始積極刪除《實錄》中「汗」稱的行爲來看，滿洲官方自身的文化認同，也呈現一種從重視騎射的游牧文化、轉而趨向漢文化的變化趨勢。

元代的蒙古政權和清代的滿洲政權，何以對漢文化的接受心態有如此大

〔註3〕 內藤湖南《清朝史通論》（收於氏著《中國史通論》下冊，北京：社會科學文獻出版社，2004 年），頁 515～518，〈第二章　異族統一與外交、貿易〉在論及《崇謨閣文書》中所保存滿洲崛起時與朝鮮往來之史料時也指出，努爾哈齊在滿洲建國之初對外自稱爲「金國汗」。

〔註4〕 趙彥昌〈論清入關前的文書檔案工作〉（《東北史地》，2007 年 6 月，2007 年 6 期）。

〔註5〕 內藤湖南《清朝史通論》〈第二章　異族統一與外交、貿易〉，收於氏著《中國史通論》下冊（北京：社會科學文獻出版社，2004 年 1 月，初版），頁 515～518。

〔註6〕 內藤湖南《清朝史通論》〈第二章　異族統一與外交、貿易〉，收於氏著《中國史通論》下冊（北京：社會科學文獻出版社，2004 年 1 月，初版），頁 515～518。

的差異？根據 Karl A. Wittfogel 與田村實造的看法，滿洲與蒙古對漢文化的不同接受態度，緣於蒙古與滿洲不同的生產型態。滿洲在征服華北之前的十九年，漢人的農業及禮儀已傳入滿洲，這使得滿洲在入關之前，已有某種程度的漢化傾向，〔註7〕並形成兼具「畜牧－農耕」兩種特徵的生產型態。〔註8〕這使得滿洲本身兼具農業文明與遊牧文明的特質——既「善馳獵，耐飢渴」，〔註9〕又「善耕種織紡，飲食衣服頗有華風」。〔註10〕正因滿洲文化有著兼具遊牧與農業文明的特質，〔註11〕導致清代的滿洲君主得以利用自身的文化特質，來面對境內以農業文明為主的漢文化以及以遊牧文明為主的蒙古文明，在處理疆域內的多元民族與多元文化問題時，也具備更強的文化包容力。

因此，清代歷任統治者雖然極力維持滿人在政治、軍事、社會上的優勢地位，〔註12〕但自皇太極以降，滿洲統治者在「尊滿」的同時，也能正視疆域內少數民族（滿）統治多數民族（漢）的現實狀況，多次提出「滿漢一體」、「勿歧視滿漢」的呼籲。如順治三年（1646）與順治六年（1649）的兩次科舉中，殿試策論都分別以「使滿漢官民同心合志」〔註13〕、「聯滿漢為一體」〔註14〕為

〔註7〕 參考 Karl A. Wittfogel 著，蘇國良、江志宏譯〈中國遼代社會史（907～1125）〉。K. A. Wittfogel 建立「征服王朝」理論，將中國王朝分為典型的中國王朝及征服王朝與滲透王朝兩類，以某一民族征服另一民族居住地之一部或全部所建立的王朝，如遼、金、元、清等，即為征服王朝。K. A. Wittfogel 分析滿洲入關前後之社會與政治型態（頁21～30），指出滿洲人「自認」與蒙古人和契丹人不同，他們將自己的族群祖源指向建立金朝的女真人，他並引述 Owen Lattimore「滿洲人入關時已很漢化」的觀點，認為滿洲人在入主中國人已深具類似中國人之思想，也鼓勵農耕。

〔註8〕 田村實造〈中國征服王朝——總括〉，收於鄭欽仁、李明仁編譯《征服王朝論文集》（臺北：稻鄉，2002年8月，二版），頁84～88。

〔註9〕 苕上愚公《東夷考略》，收入潘喆等編《清入關前史料選輯》第一輯（北京：中國人民大學出版社，1985年），頁61。

〔註10〕 海濱野史《建州私志》，收入《清入關前史料選輯》第一輯，頁261。

〔註11〕 參考林乾〈滿族形成時期的二元文化特質與清的統一〉（民族研究，1996年3期，1996年5月），頁93～97、葉高樹《清朝前期的文化政策》〈第一章 滿漢之人均屬一體：滿洲統治中國的特色〉，頁17～18。

〔註12〕 如《世宗實錄》雍正三年三月十三日，帝召諸王宗室入乾清宮，諭云：「……唯望爾等習為善人，如宗室內有一善人，滿洲內亦有一善人，朕必先用宗室；滿洲內有一善人，漢軍內亦有一善人，朕必先用滿洲。推之漢軍、漢人皆然。」

〔註13〕 見《世祖實錄》順治三年三月壬戌條：「欲定天下之大業，必一天下之人心，吏謹而民樸，滿洲之治也。今如何為政，而後能使滿漢官民同心合志歟？」

〔註14〕 見《世祖實錄》，卷31，頁14，順治四年四月十二日庚子條：「從古帝王以天下為一家，朕自入中原以來，滿、漢曾無異視，而遠邇百姓猶未同風。豈滿

題，營造出「滿漢一體」、多民族並治的氛圍。除此之外，滿洲統治者也透過學習漢語、大量翻譯漢文典籍，更積極地了解、掌握漢文化，並以祭祀孔子〔註15〕、恢復科舉〔註16〕、薦舉博學鴻儒〔註17〕、官方刊修纂輯經學理學典籍等舉措，諭示其「興文教」的政策走向，並藉以籠絡漢人士民。

即使如此，漢、滿之間的文化衝突依舊存在。清初官方表面上這些「興文教」政策的背後，事實上不只是清政權用以籠絡、統治漢民族的手段，同時也是清官方扭轉漢人「華／夷」印象的媒介。清初這些文教政策，事實上是清廷民族政策的一環。清廷一方面透過增改孔廟祭祀對象、科舉、薦舉博學鴻儒等政策籠絡漢人，促使漢人在政治心態上認同「本朝」、接受清政權；另一方面，也透過儒學經典的詮釋與刊行、科舉策論試題之制定等，試圖在經學教育上扭轉士人階層的華夷觀，改變漢人「尊夏卑夷」、以「夷狄」看待滿洲的心態。

除了科舉之外，在清初的諸多「興文教」政策中，對士子影響力最深的，首推對儒學經典的詮釋、整理與刊行。透過官方對經學、理學典籍的刊行、詮釋與編纂，並頒行至各府州縣國子監使士子教習，是改變士人華夷思想與政治認同的最有力的手段。在清初官方所刊刻、頒行的儒家經學、理學典籍裡，又以《春秋》與漢人士民「攘夷尊夏」的華夷思想最為相關。對清廷來說，「攘夷尊夏」的觀點極不利於滿洲對漢人之統治。且誠如上一章所言，《春秋》學「攘夷尊夏」的觀點往往為清初的遺民士人所援引，作為宣傳「排滿」思想的儒學經典論據，而遺民士人也透過對《春秋》經傳的詮釋，表達他們對「攘夷」的政治期待。

人尚質，漢人尚文，習俗或不同歟？音語未通，意見偶殊，抑或未化歟？今欲聯滿漢為一體，使之同心合力，歡然無間，何道而可？」

〔註15〕 滿洲入關後首次祭孔係於順治元年（1644）六月，事見《世祖實錄》順治元年六月十六日壬申條。同年十月丙辰，封孔子六十五代孫孔允植為衍聖公，事見《清史稿》，卷四，頁88。順治二年正月二十三日，改孔子神牌為「大成至聖文宣先師孔子」，事見《世祖實錄》順治二年正月二十三日甲辰條、《清史稿》卷四，頁93。同年六月初八，攝政王多爾袞亦親謁孔子廟行禮，並賜師生胥隸銀計二千二百餘兩，事見《世祖實錄》順治二年六月初八己未條。

〔註16〕 《清朝文獻通考》（杭州：浙江古籍，1988年），卷47，〈選舉考一·進士〉：「順治元年，定舉行鄉、會試年分，會試定於辰、戌、丑、未年；各直省鄉試定於子、午、卯、酉年。」

〔註17〕 參見孔定芳〈論清聖祖的遺民策略——以「博學鴻儒科」為考察中心〉（江蘇社會科學，2006年1期，頁206～212）。

作爲異民族統治者，清初官方無可避免的要面對自身在漢人眼中的「夷狄」身分，同時卻又必須向漢人解釋他們在中原地區統治的正統性。因此，清初統治者不得不正視遺民士人藉以批判滿洲政權的《春秋》中「攘夷」論述，並透過以官方角度來詮釋《春秋》的方式，重新定義其中的「夷夏」觀念、對《春秋》「微言大義」的重新定義、及強調「尊王」思想，以解決漢士人對滿洲民族統治中原的疑慮，並建立起清政權統治中原的正統性論述。對清廷而言，順治、康熙、雍正三朝官方所編修、刊佈的《春秋》學著作，事實上是透過對《春秋》學著作的編纂、詮釋及對相關傳注抉選刊行，以傳達出一套官方希望讓漢人士子接受的華夷觀與清政權的正統論述。

從某種程度上說，無論就遺民士人或清官方而言，這一時期的《春秋》學成爲民族理論的載體，也成爲清初的遺民與滿洲官方夷夏觀、民族意識拉扯的戰場。在前一章中，已對清初遺民《春秋》學的民族立場加以析述，因此，本章擬從清初官方對《春秋》學著作的編纂、刊行與流佈，及其中對華夷論述的詮釋，藉以觀察並析釋清初入關後順、康、雍三朝的民族政策與滿洲統治者的華夷觀。

第一節　清初文教與民族政策中的官方「教化」觀點

一、「興文教」：清初治漢政策與滿洲漢化

由於滿洲在生產型態上，具有「畜牧－農耕」兼具的特色，與其他東北亞遊牧民族相較，更接近於農業文明，因此也能對漢文化抱持較高的接受度。在入關之前，滿洲在政治組織與文化方面，便已表現出相當程度的漢化傾向。皇太極不僅在官僚人員的選用上大量拔擢漢官，甚至於當時滿洲官僚體系的建置，也是由擔任六部通事的漢官寧完我所擬就。寧完我於天聰七年（1633）八月九日，曾針對設置滿洲官僚體系之原則提出建言，主張滿洲官制之設，應以大明《會典》中的明朝官制爲基礎，並參酌滿洲民情而設：

> 我國六部之名，原是照蠻子家（按，即明朝）立的。其部中當舉事宜，僉官原來不知。漢官承政，當看《會典》上事體，某一宗我國行得，某一宗我國且行不得。某一宗可增，某一宗可減。參漢酌金，用心籌思，就今日規模立個《金典》出來。……獨不思有一代君臣，

必有一代制作。〔註18〕

寧完我強調滿洲官僚體系之設，在「參漢」之外也要「酌金」，強調制度必須適應滿洲之民情與時宜。儘管滿洲官制之設，仍有不少「酌金」的部分，但入關之前的滿洲，確實在政治體制上積極模倣漢人。陳捷先〈從清初中央建置看滿洲漢化〉一文裡便主張，入關前滿洲中央建制有著鮮明的漢化傾向。〔註19〕然而，清入關前後的滿洲漢化，動機或許並不全然出於對漢文化的肯定，而可能是清政府在「統治中原漢人」的政治企圖下不得不然的結果。

入關之後，滿洲統治者與漢人人數比例甚為懸殊，為了更有效地統治漢人，清官方自然有學習、熟悉漢文化的必要。因此清初的順治、康熙、雍正三朝，官方常推動鼓勵滿人學習漢文化的政策，也時時透過翻譯漢文經籍，讓滿洲官民了解漢文化。舉例而言，雍正三年（1725），便為了避免滿洲司官因不識漢字而為猾吏所欺隱，而下詔命令刑部司官應改任通曉漢文者，除此之外，也對「滿洲習漢文者」加以勉勵。〔註20〕為求瞭解漢人文化，順、康、雍三朝官方不僅在語言上推動「習漢文曉漢語」，以求「上意得達，而下情易通」，〔註21〕在文化政策方面，也實施獎掖漢文化的政策。大致而言，清初官方與漢文化相關的文教政策，可歸納為以下幾方面：

1. 在官方文書方面，明訂公文冊誥必須兼書滿漢文。如順治九年（1652），便下旨命滿漢冊文誥需兼書滿漢字，並著為令。〔註22〕這一項政策的實施，致使兼通滿漢文的人才需求大增。

2. 在人才培育方面，清廷廣開薦舉之路，並積極培育兼通滿漢語文、滿

〔註18〕《天聰朝臣工奏議》（收於潘喆等編《清入關前史料選輯》第二輯，北京：中國人民大學出版社，1989年），頁82，天聰七年八月初九，〈寧完我請變通《大明會典》設六部通事奏〉。

〔註19〕參見陳捷先〈從清初中央建置看滿洲漢化〉（收於氏著《清史論集》，臺北：東大圖書，1997年11月，初版），頁119～135。

〔註20〕雍正三年，吏部奏請揀選精通漢文官員時指出，因各省題奏之命案、盜案及刑部咨稿「俱係漢文」，滿洲司官若不識漢字，易為猾吏所欺隱而誤判。故奏請今後刑部「滿洲司官缺出」，而改任通曉漢文者補授，若「滿洲習漢文者，愈加勉勵矣。」雍正帝從之。可見在雍正初年，確實還存有因滿官不諳漢文而致為漢人下屬欺瞞之事。事見《世宗實錄》，卷35，頁2。

〔註21〕《世祖實錄》，順治二年三月十二日乙未條載，大學士馮銓、洪承疇以「一日之間，萬幾待理，必習漢文曉漢語，始上意得達而下情易通」，故請選派滿漢詞臣向順治帝進講六經。

〔註22〕見《世祖實錄》，順治九年三月初七戊寅條。

漢文化的滿洲人才。如順治元年（1644）時，便曾徵選滿洲子弟入國子監讀書，學習滿漢文典籍：「十一月乙酉朔，設滿洲司業、助教，官員子孫有欲習國書、漢書者，並入國子監讀書。」〔註23〕順治九年（1653），宗人府於每旗設宗學，令未受封之宗室子弟年十歲以上者俱入學，議定由滿漢官各一員以爲師，使宗室子弟得習漢書；〔註24〕雍正五年（1727）整頓八旗官學時，亦令官學生應「考課分習滿漢文」。〔註25〕

3. 在儒學與科舉方面，尊孔、鼓勵文教、大開滿洲科舉之路：此點又可析爲尊孔與鼓勵文教兩方面來談。

（1）尊孔：

清入關之初，攝政王多爾袞即親臨曲阜祭孔，賜師生胥隸銀。〔註26〕終順治一朝，「尊孔」之舉始終不輟，不僅賜孔子嫡裔孔允植襲封衍聖公，授「孔孟聖裔」世職，〔註27〕除此之外，也將孔子牌位改爲「大成至聖文宣先師孔子」，〔註28〕延請孔、孟、顏、曾之後裔入國子監爲「聖裔監生」，〔註29〕甚至建孔廟於滿洲發祥之地——盛京。〔註30〕康熙朝尊孔、重文教之舉措更勝

〔註23〕 清史稿卷四，頁92。事又見《皇朝賞故匯編》內編卷三、清世祖實錄卷11。

〔註24〕 見《世祖實錄》，卷七十，順治九年十二月初九丁未條，又見《清朝文獻通考》，卷六十三。時宗人府衙門因工科副理事官三都疏，議定：每旗設宗學，每學以學行兼優之滿漢官各一員爲師，凡未受封宗室之子年十歲以上者俱入學；親王、世子、郡王則選滿漢官各一員講論經史。得旨：每旗設滿洲官教習滿書，其漢書聽其自便。

〔註25〕 《世宗實錄》，雍正五年十月十三日乙未條。順天學政孫嘉淦奏請整頓八旗官學。帝從之。嗣後選官學生，務擇聰明雋秀子弟，考課分習滿漢文，每旗給官房一所爲學舍，以貢生五人爲教習，派定所教人數，優其廩給，專訓導，不時稽查勤惰，期滿分別議敘。

〔註26〕 順治二年六月，攝政王多爾袞謁孔子廟行禮，並賜師生胥隸銀計二千二百餘兩。見《清實錄》，順治二年六月初八己未條。

〔註27〕 《清史稿》，卷四，頁88：「（順治元年）冬十月……丙辰，以孔子六十五代孫允植襲封衍聖公，其五經博士等官襲封如故。」《世祖實錄》，順治三年六月初九甲申條記載，授「孔孟聖裔」世職，以孔允鈺、顏紹緒、曾聞達、仲于陛、孟貞仁等爲內翰林國史院世襲五經博士。

〔註28〕 《清史稿》，卷四，頁93：「二年春正月…丁未…更國子監孔子神位爲『大成至聖文宣先師孔子。』」

〔註29〕 《世祖實錄》，卷五十六，順治八年四月 15 辛酉條，順治帝行「臨雍」禮，以孔、顏、曾、孟、仲五代子孫觀禮生員十五人送監讀書，是爲「聖裔監生」，自是永著爲例。事又見《清朝文獻通考》，卷六十五。

〔註30〕 《清史稿》，卷四，頁102：「夏四月……甲辰，修盛京孔子廟。」

於順治，康熙帝不僅躬自對孔子牌位行三跪九叩之禮，也親書「萬世師表」匾以懸於曲阜孔廟大成殿，〔註 31〕另外，他也親撰孔廟、孟廟、周公廟之碑文，〔註 32〕並下諭明令凡官兵人等過文廟務須下馬。〔註 33〕到了雍正朝，更加封孔子先世五代為王爵〔註 34〕、於歸化建孔廟，〔註 35〕並將帝赴太學出「幸學」改稱「詣學」以示對學術之推崇，〔註 36〕又為了避孔子諱，令「丘」姓改為「邱」姓〔註 37〕等。由順治以至雍正，清室「尊孔」之舉措，可說臻中國歷代之極致。

（2）鼓勵文教、開宗室與滿洲科舉之路：

清入關前期，為了培養滿洲官僚人員，以避免政務在實際執行時為漢官

〔註 31〕 《聖祖實錄》，康熙八年四月十五日丁丑條載，是日帝赴太學。先一日於宮中吃齋，本日具禮服、乘輦，王、貝勒、貝子、公隨行，文武各官先於文廟丹墀下列。帝由大成中門步行至孔子牌位前，行二跪六叩頭禮，親釋奠畢，往彝倫堂，賜講官坐。滿漢祭酒以次講易經、司業講書經，四品以下翰林官、五經博士、各執事官、學官、監生等序立聽講畢，宣制曰：「聖人之道，如日中天，講究服膺，用資治理，爾師生其勉之。」又，康熙二十三年時，康熙亦親赴孔廟行三跪九叩禮，《聖祖實錄》，康熙二十三年十一月十八日己卯，帝至曲阜孔子廟，於大成殿行三跪九叩禮，親書「萬世師表」四字，命懸掛大成殿，又將曲柄黃蓋留於廟中，四時餐祀時陳列之，並免曲阜縣康熙二十四年地丁錢糧。

〔註 32〕 見《聖祖實錄》，康熙二十六年五月十五日壬辰條。

〔註 33〕 《聖祖實錄》，康熙二十九年九月十八日乙巳條，諭官兵人等，經過文廟，務須下馬。禁止於學宮放馬。

〔註 34〕 見《世宗實錄》，雍正元年六月十二日己未條。孔子先世是否加封為王爵？此事在康熙朝，四川提督學政宋衡已曾提出此請。據《康熙起居注》第三冊，康熙四十五年十二月初六庚寅條，四川提督學政宋衡題請封孔子四代，然帝駁之曰：「自古以來，未曾有封孔四代者，今當何以封之？將封之為王乎？……前封孔子為文宣王，俱未允當。至明季封為至聖先師，乃永不可易之正論。既不可減，亦不可增，此稱惟孔子足以當之，他人何可加此稱耶？」似未以封孔子王爵為妥。而至雍正朝方有封孔子先世五代為王爵之舉。這固然可以解釋為雍正帝個人的偏好，但似乎亦可解釋為「尊孔」意識在雍正朝又再次提昇。

〔註 35〕 見《世宗實錄》，雍正二年正月二十五日庚子條。

〔註 36〕 《世宗實錄》，雍正二年三月初一乙亥條。是日帝詣太學謁先師孔子，行禮畢，滿漢祭酒、司業講《大學》、《書經》。帝宣制曰：「聖人之道，如日中天，講究服膺，用資治理。爾師生其勉之。」先是，二月十七日，曾諭：為尊師重道，一應章奏、記注，將皇帝「幸學」改稱「詣學」，以伸崇敬。

〔註 37〕 《世宗實錄》，雍正三年十二月二十七日庚寅條。從禮部議，為避孔子諱，除祭天於圜丘之「丘」字不避外，凡係姓氏俱加偏旁為邱字；如係地名，亦更易為邱，讀期音。

把持或矇蔽，因而積極鼓勵八旗年少者於「藝業騎射之暇」兼「旁涉書史」。
〔註 38〕順治八年（1651）更廣開八旗科舉之路，〔註 39〕於同年議定八旗科舉之例，〔註 40〕凡通過科舉者皆賜進士及第，出身有差。這些政策導致滿洲人民風氣為之丕變，甚至出現了八旗子弟專習詩書、荒廢武事〔註 41〕的情形，迫使順治不得不再三對滿洲科舉員額加以限制。〔註 42〕由此可見，清入關之初鼓勵八旗子弟投入科舉與文事的政策，確實對滿洲風氣造成強烈影響，並加速了滿洲的漢化趨勢。即使順治於執政晚期再三申令修飭，但滿洲漢化已蔚然成風，難以用政令來遏止滿洲社會的漢化風氣。康熙即位未久後，非但重新恢復八旗鄉試，〔註 43〕又大增八旗之人科舉中式與生童入學

〔註 38〕《世祖實錄》，順治十年正月二十八日乙未條。順治帝諭滿洲、蒙古、漢軍及漢人之幼少年者，學習藝業騎射之暇，應旁涉書史。

〔註 39〕《清史稿》，卷五，頁 124：「三月……丙午(29 日)，許滿洲、蒙古、漢軍子弟科舉，依甲第除授。」

〔註 40〕順治八年禮部議定八旗科舉例一事，見《世祖實錄》，卷五十七，順治八年六月 27 壬申條。議凡應考年分，內院同禮部考取滿洲生員一百二十名，蒙古生員六十名，順天學政考取漢軍生員一百二十名；鄉試，取中滿洲五十名，蒙古二十名，漢軍五十名，各衙門無頂戴筆帖式亦准應試；會試，取中滿洲二十五名，蒙古十名，漢軍二十五名，各衙門他赤哈哈番、筆帖式哈番俱准應試，滿洲、蒙古同一榜，漢軍與漢人同一榜。事又見《清朝文獻通考》卷四十七、卷六十四。

〔註 41〕《世祖實錄》，順治十三年二月初七丙辰條，以八旗各令子弟專習詩書，未有講及武事者，命禮部「配量每年錄下當讀滿漢書子弟幾人，定為新例具奏，凡應試及衙門取用均在定數之內，其定數外讀書子弟各衙門無得取用，亦不許應試。」

〔註 42〕順治十三年二月，順治帝以八旗各令子弟專習詩書，未有講及武事者，命禮部「配量每年錄下當讀滿漢書子弟幾人，定為新例具奏，凡應試及衙門取用均在定數之內，其定數外讀書子弟各衙門無得取用，亦不許應試。」事見《世祖實錄》，順治十三年二月初七丙辰條。又，順治十三年八月二十一日丙申，減八旗科舉考試取中名額。減滿洲生員額四十名，舉人額十名，進士額五名；蒙古生員額二十名，舉人、進士額各五名；漢軍生員額二十名，舉人額五名。減後，滿洲生員額留八十名，蒙古生員留四十名，漢軍生員留一百名。事見《世祖實錄》卷一百三、又見《清朝文獻通考》卷六十四。又，順治十四年正月諭吏禮兵三部：「今見八旗人民崇尚文學，怠于武事，以披甲為畏途，遂致軍旅較前迥別。……今後限年定額考取生童，鄉會兩試俱著停止；各部院衙門取用人員，不必分別滿漢文學，初用授以筆帖式哈番，停其俸祿，照披甲例給以錢糧；任滿三年，如果勤敏，該堂官詳核，給以七品俸祿，照披甲例給以錢糧；任滿三年，如果勤敏，該堂官詳核，給以七品俸祿；再滿三年，果能稱職，升補他赤哈哈番。」事見《世祖實錄》，順治十四年正月二十一日甲子條。

〔註 43〕《聖祖實錄》，康熙二年九月初七日辛卯條，恢復八旗鄉試，取中滿洲齊蘭保

之名額，〔註44〕甚至開放宗室子弟參加科舉。〔註45〕這些舉措，都導致了康熙、雍正之後滿人迅速漢化的現象。

　　清入關前後滿洲統治者的漢化行為，一開始的確是在籠絡漢人與培養滿洲官僚人員的政治背景下展開，因此有著強烈的政治動機。〔註46〕然而，清廷對孔孟的極度推崇、對文教與科舉的提倡等文教政策逐漸改變滿洲對漢文化的印象，並加速了滿人漢化的趨勢。風潮所及，甚至也影響了邊區的滿洲。雍正二年（1724），竟有官吏上書奏請於滿洲烏喇、寧古塔等邊區興建文廟、設置學校，〔註47〕可見滿人漢化的現象甚至已逐漸影響到滿洲遊牧邊區。面對邊區「漢化」的建言，雍正下旨不許，並令當地人民「務守滿洲本習，不可稍有疑貳」。〔註48〕從雍正的反應看來，於滿洲邊區故地興建文廟顯然違背了官方「興文教」的真正初衷，也由此可知，雍正對於漢文化的提倡只是清廷統治漢人的民族政策之延伸。

　　滿洲邊區請建文廟之事，反映出滿洲人民確實已受到清初尊孔、興文教政策的影響，而在某種程度上也感受到漢化的社會氛圍。雖然這種漢化趨勢致使清廷不得不正視滿洲在入關後被同化、滿洲文化特色流失等問題，因而推行「國語騎射」等政策，但仍無法扭轉此一趨勢。〔註49〕

　　　　　　等二十一名，蒙古布顏等十七名，漢軍姚啟聖等一百一十八名，送吏部錄用。

〔註44〕《聖祖實錄》，康熙三十二年六月初三乙亥條，從國子監祭酒吳苑疏言，增八旗之人科舉中式名額。鄉試中額，滿洲、蒙古由十名增至十六名，漢軍由五名增至八名。會試中額，滿洲、蒙古由四名增至六名，漢軍由二名增至三名。又，康熙三十三年亦有增八旗童生入學額之事。見《聖祖實錄》，康熙三十三年九月初四日己巳條，是年增八旗童生入學額，滿洲、蒙古增二十名，共至六十名。漢軍增十名，共至二十名。

〔註45〕《聖祖實錄》，康熙三十六年十月初二己酉條，准許宗室子弟參加科舉，與八旗滿洲諸生一體應試，編號取中。

〔註46〕《太宗實錄》，卷23，頁9，天聰九年五月己巳條：「朕觀漢文史書，殊多飾辭，雖全覽無益也。今宜於《遼》、《宋》、《金》、《元》四史內，擇其勤於求治而國祚昌隆，或所行悖道而統緒廢墜，與夫用兵行師之方略，以及佐理之忠良、亂國之姦佞，有關政要者，彙纂翻譯成書，用備觀覽。」

〔註47〕《世宗實錄》，雍正二年七月二十三日甲子條載，給事中奏請於船廠地方建文廟、設學校，令滿漢子弟讀書。有旨不許。諭烏喇、寧古塔等處人等，並行黑龍江將軍，「務守滿洲本習，不可稍有疑貳」，並通行京城八旗人員：京城滿洲子弟雖教以讀書，亦不可棄置本習，勿但崇尚文藝，以致二者俱無成就。

〔註48〕見前註。

〔註49〕關於清代推行「國語騎射」政策，可參考葉高樹〈清雍乾時期的國語騎射政策〉（《第二屆中國邊疆史學術研討會論文集》，臺北：蒙藏委員會，1996年）。

二、官方漢文經學典籍編譯出版政策中的「教化」意味

　　滿洲的漢化趨勢肇端甚早，在入關之前即有「文館」的設置，負責官方的文書工作，並積極蒐羅、翻譯漢文典籍。〔註50〕皇太極天聰三年（1629）四月，將文館「儒臣分爲兩直」，分別職司「翻譯文字書籍」及「記注本朝政事」，〔註51〕以兼通滿漢文的巴克什與筆帖式擔任翻譯漢籍的工作，〔註52〕並「命達文成公海翻譯《國語》、《四書》及《三國志》各一部，頒賜耆舊，以爲臨政規範」，〔註53〕以漢籍作爲官員臨政之參考。當時滿洲翻譯者之中，以巴克什達海的譯作數量最爲豐富。達海所翻譯的漢籍，根據《清史稿‧達海列傳》所載，有：《明會典》、《素書》、《三略》等書的滿文譯本，除此之外，他也翻譯了《通鑑》、《六韜》、《孟子》、《三國志》、《大乘經》等書。〔註54〕由此看來，入關之前，滿洲對於吸收漢文化的態度十分積極，不僅已有負責翻譯刊行漢籍的「文館」建置，也大量翻譯漢文典籍。從其選譯書籍的性質看來，多爲經學、史書與兵書，顯示滿洲最初的翻譯事業，是在軍事與政治目的下而展開的。

　　滿洲統治者對經學與史學典籍的選擇性翻譯，很可能反映出他們的思想偏好與政治意圖。但從所譯書籍的性質看來，這似乎也影響了滿洲君主的「崇儒」思想傾向。早在入關之前，滿洲統治者的諭令中便時常援引儒學經典，以作爲論政的依據。如崇德二年（1637），皇太極諭諸親王、貝勒：「聖經（按，指《大學》）有曰：『欲齊其家，先修其身。身修家齊，而後國治。』爾等若謹好惡之

〔註50〕「文館」之設置，葉高樹認爲是在皇太極時設置（見葉高樹《清朝前期的文化政策》，〈第二章　彙纂翻譯，用備觀覽：譯書事業與文化溝通〉，頁53～60），但趙彥昌則主張在努爾哈赤時已有之（見趙彥昌〈論清入關前的文書檔案工作〉，《東北史地》，2007年6月，2007年6期）。

〔註51〕趙彥昌〈論清入關前的文書檔案工作〉，《東北史地》，2007年6月，2007年6期。

〔註52〕參見葉高樹《清朝前期的文化政策》，〈第二章　彙纂翻譯，用備觀覽：譯書事業與文化溝通〉，頁53～60。

〔註53〕昭槤《嘯亭雜錄》（北京：中華書局，1997年），《嘯亭續錄》，卷一，頁397，〈翻書房〉條：「崇德初，文皇帝患國人不識漢字，罔知治體，乃命達文成公海翻譯《國語》、《四書》及《三國志》各一部，頒賜者，以爲臨政規範。」

〔註54〕《清史稿》（北京：中華書局，1997年12月），卷二百二十八，〈達海列傳〉，頁9256：「達海幼慧，九歲即通滿、漢文義。……旋命譯《明會典》及《素書》、《三略》。太宗始置文館，命分兩直：達海及剛林、蘇開、顧爾馬渾、托布戚譯漢字書籍；庫爾纏、吳巴什、查素喀、胡球、詹霸記注國政。」頁9257：「是年（按，即天聰六年，1632）六月，達海病……數日遂卒，年三十八。時方譯《通鑑》、《六韜》、《孟子》、《三國志》、《大乘經》，皆未竟。」

施，審接物之道，御下以義，交友以信，如此則身修矣。」〔註55〕

　　入關前的滿洲已有專司翻譯漢籍的機構與翻譯、刊行漢籍的文化傳統。滿洲在入關前的翻譯事業與機構，都已有一定的規模，對漢籍的翻譯及選刊也是滿洲一貫的文教政策，因此入關後順治、康熙、雍正三朝推動崇文教、翻譯漢籍等文教事業，事實上都可以說是入關前滿洲文化政策的延續。入關之後，滿洲官方將既有的翻譯機構擴大設置，繼續進行原本已有的翻譯漢籍工作。〔註56〕除此之外，文館的功能也由刊刻漢籍的滿文譯本，擴大到刊行漢文儒學典籍上。總體而言，順、康、雍三朝，由官方所主導的儒學文獻編修與刊行活動，大致上可以分為「翻譯」、「編纂註釋」、「刊行」幾類，而在儒學文獻方面則以經學、理學為主。以下依照時序，將順、康、雍時期官方所主持的儒學文獻整理與刊行工作整理為簡表如下：

表一、順、康、雍三朝官方主持之儒學文獻修纂、刊行一覽表

紀　　年	西元	性質	文　　獻	事　　件
順治 10	1653	翻譯	滿文五經	二月十六日癸丑，命內院諸臣翻譯《五經》。〔註57〕
順治 11	1654	翻譯	滿文詩經	敕譯滿文《詩經》，命內府刊行。〔註58〕
順治 13	1656	編纂注釋	孝經衍義	正月初四癸未，命馮銓、馮溥、吳偉業、黃機、葉方藹等編《孝經衍義》。
		刊行	御注孝經	刊行御注孝經〔註59〕
順治 15	1658	翻譯	滿漢文十三經	五月二十四日庚申，修補刊行國子監藏十三經、二十一史等監板殘缺者，補成後各印一部收藏監內，俱翻譯滿文。
康熙 3	1664	刊行	四書五經	三月二十五日丁亥，刊國子監《四書大全》、《五經》，頒發順天府及各省布政使司以備科場之用。

〔註55〕《太宗實錄》，卷34，頁24～25，崇德二年四月丁酉條。
〔註56〕昭槤《嘯亭續錄》，卷一，頁397，〈翻書房〉條：「及定鼎後，設翻書房於太和門西廊下，揀擇旗員中諳習清文者充之，無定員。凡《資治通鑑》、《性理精義》、《古文淵鑒》諸書，皆翻譯清文以行。其深文奧義，無煩注釋，自能明晰，以為一時之盛。有戶曹郎中和素者，翻譯絕精，其翻《西廂記》、《金瓶梅》諸書，疏櫛字句，咸中綮肯，人皆爭誦焉。」
〔註57〕《世祖實錄》，順治十年二月十六日癸丑條。
〔註58〕據葉高樹《清朝前期的文化政策》頁68所列之表2-2-1「順、康、雍、乾四朝官方刊刻漢籍滿文譯本一覽表」。
〔註59〕據葉高樹《清朝前期的文化政策》頁195所列之表4-1-1「順、康、雍、乾四朝官方刊刻儒家典籍一覽表」。

康熙 10	1671	編纂注釋	孝經衍義	二月二十六日戊申，纂修《孝經衍義》，以熊賜履爲總裁官。〔註60〕
康熙 11	1672	翻譯	滿文本及滿漢文本大學衍義	七月十五日戊午，福達禮等奉敕翻譯《大學衍義》爲滿文，命內府刊滿文本《大學衍義》與滿漢合璧本《大學衍義》，四十三卷。〔註61〕
康熙 12	1673	刊行	性理大全	內府刊《性理大全》七十卷（據明永樂朝刻本重修）〔註62〕
康熙 16	1677	編纂注釋	日講四書解義	十二月初八庚戌，敕編《日講四書解義》書成，帝親作序。並於次年十二月十五日辛巳，頒此書予滿漢文武大臣。〔註63〕
康熙 19	1680	刊行	滿漢文本日講書經解義	刊《日講書經解義》滿、漢文本。〔註64〕
康熙 23	1684	刊行	日講易經解義	四月二十二日丁巳，《日講易經解義》刊成，頒行全國。〔註65〕
康熙 28	1689	刊行	孝經衍義	五月二十七日壬戌，內府刊順治十三年敕撰之《孝經衍義》一百卷。〔註66〕
康熙 38	1699	編纂注釋	欽定春秋傳說彙纂編成	《欽定春秋傳說彙纂》三十八卷編成〔註67〕
康熙 47	1708	翻譯	滿漢合璧本孝經	內府刊和素所譯之《孝經》，滿漢合璧本。〔註68〕
康熙 50	1711	校勘	朱子全書	四月初五日癸亥，命張玉書接替李光地校勘《朱子全書》。次年七月間編成。

〔註60〕《聖祖實錄》，康熙十年二月二十六日戊申條。
〔註61〕《聖祖實錄》，康熙十一年七月十五日戊午條。
〔註62〕據葉高樹《清朝前期的文化政策》頁195所列之表4-1-1「順、康、雍、乾四朝官方刊刻儒家典籍一覽表」。
〔註63〕《聖祖實錄》，康熙十六年十二月初八日庚戌條。
〔註64〕據葉高樹《清朝前期的文化政策》頁195所列之表4-1-1「順、康、雍、乾四朝官方刊刻儒家典籍一覽表」。
〔註65〕《聖祖實錄》，康熙二十三年四月二十二日丁巳條。
〔註66〕《聖祖實錄》，康熙二十八年五月二十七日壬戌條。
〔註67〕《書林清話》（臺北：文史哲出版社，1998），卷九，「內府刊欽定諸書」，頁457～458：「足本禮親王《嘯亭雜錄》續錄，載有本朝欽定各書一則，謹錄於右。……《欽定春秋傳說彙纂》三十八卷。」其下葉德輝自注云：「謹按：《四庫》同云康熙三十八年奉敕撰。」
〔註68〕據葉高樹《清朝前期的文化政策》頁68所列之表2-2-1「順、康、雍、乾四朝官方刊刻漢籍滿文譯本一覽表」。

康熙 53	1714	翻譯	薛文清先生要語	內府刊行福達禮譯《薛文清先生要語》，滿漢合璧本。〔註69〕
康熙 54	1715	刊行	朱子全書、周易折中	三月，《周易折中》書成，與《朱子全書》俱付直省分別刊行，以便士人講誦。〔註70〕
		刊行	性理精義	內府刊《御纂性理精義》十二卷（據《性理大全》刪節）〔註71〕
康熙 60	1721	刊行	欽定春秋傳說彙纂	內府刊王掞等奉敕撰《欽定春秋傳說彙纂》38卷。〔註72〕
雍正 5	1727	翻譯刊行	滿漢文孝經、滿漢文小學、滿文小學合解	十二月初三日甲申，內府刊雍正帝敕譯滿漢文合璧本《孝經》、《小學》、雍正帝敕撰《孝經集注》滿漢文本、滿文本《小學合解》（古巴岱譯）。〔註73〕
		刊行	欽定詩經傳說彙纂	《欽定詩經傳說彙纂》二十卷刻成〔註74〕
雍正 7	1729	校訂	日講春秋解義	命果親王允禮、大學士張廷玉、內閣學士方苞校訂康熙朝《日講春秋解義》。〔註75〕
雍正 8	1730	刊行	書經傳說	二月十三日壬子，康熙帝御纂《書經傳說》刊成，雍正帝親製序文頒行全國。〔註76〕
		刊行	性理精義、書詩春秋三經傳說彙纂	以康熙帝御纂之《性理精義》、書、詩、春秋三經傳說彙纂，頒發各省，每省各發兩部，一部令其重刊流布，一部以備校對。〔註77〕

〔註69〕據葉高樹《清朝前期的文化政策》頁 69 所列之表 2-2-1「順、康、雍、乾四朝官方刊刻漢籍滿文譯本一覽表」。

〔註70〕《清朝文獻通考》，卷六十五。

〔註71〕據葉高樹《清朝前期的文化政策》頁 195 所列之表 4-1-1「順、康、雍、乾四朝官方刊刻儒家典籍一覽表」。

〔註72〕據葉高樹《清朝前期的文化政策》頁 195 所列之表 4-1-1「順、康、雍、乾四朝官方刊刻儒家典籍一覽表」。

〔註73〕《世宗實錄》，雍正五年十二月初三甲申條。又據據葉高樹《清朝前期的文化政策》頁 69 所列之表 2-2-1「順、康、雍、乾四朝官方刊刻漢籍滿文譯本一覽表」、頁 195 所列之表 4-1-1「順、康、雍、乾四朝官方刊刻儒家典籍一覽表」。

〔註74〕《書林清話》，卷九，「內府刊欽定諸書」，頁 458「《欽定詩經傳說彙纂》，二十卷」其下葉德輝自注云：「謹按：《四庫》有序二卷，云康熙末，聖祖仁皇帝御定。刻成於雍正五年，世宗憲皇帝製序頒行。」

〔註75〕見《日講春秋解義》（景印摛藻堂《四庫全書薈要》（臺北：世界書局），經部第四二冊）頁 1～2。據〈日講春秋解義序〉，此書雖為康熙帝御定，然經雍正朝允禮、張廷玉、方苞之校訂，及雍正帝御覽後方告成，所以事實上反映了兩朝的官方春秋學觀點。此書直至乾隆二年方始刊行。

〔註76〕《世宗實錄》，雍正八年二月十三日壬子條。

〔註77〕《大清會典事例》，卷三百八十八。

| 雍正 9 | 1731 | 刊行 | 駁呂留良四書講義 | 十二月十六日乙巳，內府刊《駁呂留良四書講義》，頒布學官。〔註78〕 |
| 雍正 11 | 1733 | 翻譯刊行 | 滿文詩經 | 內府刊行順治帝敕譯《詩經》滿文本，二十卷。〔註79〕 |

　　典籍的翻譯、編纂與刊行，這些文教舉措看似客觀，但事實上，無論是在典籍的選擇、翻譯或詮釋用語的選擇、經學詮釋的內容等方面都有其立場，呈現著一種官方的「教化」取向，亦即清初統治者想要說服人民、讓滿漢人民接受的觀點。

　　從官方的角度而言，將儒學典籍翻譯為滿文，以及對儒學典籍進行選擇性編纂詮釋及刊佈（以漢文進行），二者所反映的，分別是清廷統治滿人與統治漢人兩種截然不同的心態。將漢文儒學典籍選擇性的翻譯為滿文，意味著清廷希望讓滿人能學習、接受的觀點。如順、康、雍三朝幾乎每朝都曾將《孝經》譯為滿文，〔註80〕可見「孝」是清廷亟欲對滿人宣傳的道德價值觀；至於滿洲官方以漢文將儒學典籍加以編纂、注釋、刊行，並頒佈於各省官學，其中隱含著清官方企圖讓漢人知識份子與士子生員接受的論點。如果我們仔細核對上表，將清初順、康、雍時期官方所翻譯、刊行、整理之書目分別參看，即可發現，滿洲官方選譯為滿文的典籍，與官方選釋、編纂、頒行的漢文典籍，兩者之間事實上並不盡然相同。

　　不過，無論是針對滿人抑或針對漢人而漢籍選譯為滿文或是選釋刊行漢籍，清廷這樣文教政策都饒富「教化」意味。特別是在清初官方對經學典籍的詮釋上，這種官方經學的「教化」傾向尤其鮮明。這些官修經學詮釋的編

〔註78〕《世宗實錄》，雍正九年十二月十六日乙巳條。
〔註79〕據葉高樹《清朝前期的文化政策》頁 69 所列之表 2-2-1「順、康、雍、乾四朝官方刊刻漢籍滿文譯本一覽表」。
〔註80〕在典籍的翻譯方面，順、康、雍三朝最為著重的，首推《孝經》。清初三朝九十餘年間，除了翻譯刊行十三經等大規模的重刊典籍之外，對《孝經》單獨進行翻譯、詮釋與刊行工作便多達五次。在《孝經》的詮釋方面，有順治十三年（1656）年曾刊行《御注孝經》，同年正月癸未，又命馮銓、馮溥、吳偉業、黃機、葉方藹等人編《孝經衍義》。編纂《孝經衍義》的工作由順治朝始，至康熙十年（1672）二月間又改命熊賜履為總裁官，直至康熙二十八年（1689）五月由內府刊行此本敕撰《孝經衍義》。而在《孝經》的翻譯方面，有康熙四十七年（1708）內府刊行由和素所譯之滿漢合璧本《孝經》，以及雍正五年（1727）十二月所刊之雍正敕譯滿漢文合璧本《孝經》。透過順、康、雍三帝對《孝經》翻譯與詮釋工作的重視，可知「孝」是清室所要向滿人揭示的主要道價值。

修目的，誠如雍正十一年（1733）八月，雍正在處理《駁呂留良四書講義》一書之刊行問題時所云：「令士子輩知所趨向」。〔註 81〕清初官方所編修刊行的經學詮釋典籍中，除了《孝經集注》有滿漢文本之外，其他諸書多半只刊行漢文本，且刊佈之後均頒行於各地府州縣學，俾使上子生員得以學習與誦讀。由此推論，清初官方對經學詮釋的編修工作，主要是針對「教化」漢人士子而進行的。從這個角度來說，官方對經學詮釋的編修與刊行政策，成為清廷宣傳統治者立場與教化的管道之一。官方經學既是以漢人士民作為主要的「教化」對象，那麼，官方對漢文經籍如《詩經》、《四書》、《春秋》等經書中華夷問題的詮釋，自然也成為這些官修典籍的重要「教化」內容。在這樣的基礎上，順、康、雍三朝，官方對於經學中「華夷」二字的使用、定義與詮釋，態度都十分審慎，這一點也反映在官方的經學詮釋裡。〔註 82〕從清初的文化政策與民族政策來看，他們不僅在政治上再三申明「滿漢一體」，在文化上，也極力透過官方對儒學經典的詮釋與編纂，教化漢人士民。滿洲官方面對夷夏民族問題的態度十分積極。

第二節 《欽定春秋傳說彙纂》與康熙朝官方《春秋》學華夷觀

　　順、康、雍三朝官方對於儒學典籍的詮釋、編纂、刊行等「興文教」政策，增加了士人對清政府的認同。但，正如前一小節所言，這些政策（特別是清廷編修、選譯儒學經典方面）的實施並不只在於「興文教」，而是有其教化意涵，冀使「令士子輩知所趨向」，並非僅單純地用來籠絡漢人、博取士人的輿論認同。宣傳官方學術與思想立場，才是清初三朝整理、刊行儒學典籍的最主要目的。雖然因統治者個人的學術偏好（如康熙對朱子學的偏好、雍正對佛學的偏好等等），使得順、康、雍三朝的官方經學在翻譯、詮解、刊行上，學術重心的確稍有別異。不過，儘管順、康、雍三朝君主的學術偏好有所不同，但，透過對儒學經籍的詮釋、編纂與刊行，以此來教化士民，並扭轉漢人的華夷觀與淡化「攘夷尊夏」的觀念，可說是康、雍兩朝的官方學術政策的共同方向。

〔註 81〕《世宗實錄》，卷一百十三，雍正九年十二月十六日乙巳條。朱批見《宮中檔雍正朝奏折》第二十一輯。

〔註 82〕關於此點，將於本章第四節中仔細探討，此處不擬贅述。

康、雍兩朝，清官方以詮釋、選刊儒學經籍的方式來重構一套有利於滿洲統治的華夷論述，特別是在對《春秋》學「尊王」思想的詮釋上著力甚深。這種官方經學態度的形成，很可能與清初遺民士人的《春秋》學極為攸關。清初遺民士人以《春秋》中的「攘夷」思想作為宣傳「華夷之防」與「排滿」的論據，藉由詮釋《春秋》「攘夷」之義以凝聚漢人的民族意識，甚至在漢人社會中引發實際的「排滿」、「抗清」行動。如雍正年間震驚一時的曾靜鼓動岳鍾琪起兵謀反事件，即是由曾靜閱讀呂留良《春秋》評註時所觸發：「《春秋》大義，未經先儒講討，有明三百年無一人深悉其故，幸得東海夫子（按：此指呂留良）秉持撐柱。」〔註83〕遺民士人的《春秋》學詮釋，確實成功地鼓動了漢人的華夷情緒，並在清初的漢人社會中造成政治影響，催化士人「排滿」的力量。

由於《春秋》成為遺民藉以宣傳民族意識與政治認同的工具，甚至具體引發了抗清事件，迫使官方不得不處理遺民士人《春秋》學「攘夷」的詮釋路向對清廷所帶來的政治衝擊。因此，他們轉而採取和遺民士人類似的方式，亦即透過重新詮釋《春秋》文本，掌握《春秋》的詮釋權，建立起有利於滿洲統治的華夷論述，並從經學詮釋裡積極論證滿洲統治中原的正統性，俾「令士子輩知所趨向」，讓士子不致因《春秋》的「攘夷尊周」而走向「排滿」。一部《春秋》經，遂成為遺民與滿洲官方各自表述華夷思想的場域，也成為闡述清初民族理論的實質載體。

嚴格說來，官修經學詮釋風氣之盛、以及《春秋》真正受到清官方的重視，始於康熙與雍正兩朝。順治時期，除了重新刊行明監本《十三經》之外，僅將《孝經》與《詩經》翻譯為滿文，並作《御注孝經》、命馮銓、吳偉業等人作《孝經衍義》，並未留意《春秋》中的「攘夷」論述。直到康、雍兩朝，滿洲統治者才真正將視野關注到《春秋》學詮釋上。

一、康熙朝之官方《春秋》學與《欽定春秋傳說彙纂》

康熙朝官方對儒學經典所作的詮釋，大致上可分為「日講解義」、「傳說彙纂」與「衍義」三類。其中「日講解義」一類，共有《日講四書解義》、《日講書經解義》、《日講易經解義》與《日講春秋解義》四部；而「傳說彙纂」一類，則有《欽定詩經傳說彙纂》、《欽定春秋傳說彙纂》與《欽定書經傳說

〔註83〕《大義覺迷錄》，卷一，頁292。

彙纂》三部（另有《周易折衷》）。

康熙本人對於《春秋》十分看重。康熙二十五年（1686）諭旨中，自陳：「《春秋》、《禮記》，朕在內每日講閱。」〔註84〕可見他對於《春秋》之重視。綜觀康熙朝由官方所纂修、與《春秋》學相關的經學著作，有《日講春秋解義》與《欽定春秋傳說彙纂》兩部。其中，《日講春秋解義》一書的性質較為特別。《日講春秋解義》雖是以康熙朝的經筵日講講義為基礎文本編寫而成，但此書之所以得以編纂成書並流佈刊行，實際上全是出自雍正的敕諭，與康熙本人的意向無關；另一方面，《日講春秋解義》在刊行面世之前，又歷經雍正朝胤禮、張廷玉、方苞及雍正本人的審閱校定，其內容已非康熙朝經筵日講之原貌。乾隆二年重刊此書時，乾隆也曾撰序直言此書涵攝「兩朝聖人（康熙、雍正）之心法、治法」，〔註85〕而不將此書視為康熙一朝的經學著作，其中所討論的《春秋》學議題，很可能也非康熙時的經學議題。

由於《日講春秋解義》的成書過程較為複雜，無論成書、編修與刊行都未曾經過康熙本人的正式授意，因此將之歸類為康熙時期的官方《春秋》學著作，恐未必適當。因此筆者將《日講春秋解義》一書，置於雍正朝來討論。至於康熙朝的《春秋》學著作，則以《欽定春秋傳說彙纂》為主。

康熙朝的三部「傳說彙纂」與四部「日講解義」的編撰與刊行之過程，據乾隆御製《日講春秋解義‧序》所言：

> 我聖祖仁皇帝，聰明天亶，自少時即篤好經書……裁決萬幾甫畢，即召儒臣講論經義，務抉其根源，參伍群言，以求至當。經筵所進，日講《四書》、《尚書》、《周易》解義，皆裁自聖心，以為無憾者，故即時刊布。及晚年，以明初《五經大全》收採討論尚未精詳，口授指畫，成《周易折衷》一書，《詩》、《書》、《春秋》則命重臣開館編次，而親釐定之。……《春秋傳說彙纂》成于（康熙）六十年，已經頒布。〔註86〕

根據乾隆所說，康熙晚年敕編《欽定春秋傳說彙纂》、《欽定詩經傳說彙纂》與《欽定書經傳說彙纂》的動機，是為了彌補明代《五經大全》不精詳之處

〔註84〕 《聖祖實錄》，卷一二六，康熙二十五年四月己未，頁336。
〔註85〕 見《日講春秋解義‧序》（《景印摛藻堂四庫全書薈要》（臺北：世界書局，1986年）），頁2。
〔註86〕 見《日講春秋解義‧序》，頁1～2。

而作。《四書大全》與《五經大全》爲明代的官方經學詮釋的代表性著作，影響明代科舉與士人極深。此時康熙敕編「日講解義」、「傳說彙纂」諸書，似乎有與明代《四書大全》、《五經大全》分庭抗禮、另建一代官方經學詮釋傳統的意味。從乾隆之序文中也可以得知，康熙本人對這些經學典籍的編修與刊行態度都十分審慎用心，不僅經過親自審閱，「親釐定之」、「裁自聖心」，直至「聖心以爲無憾」後，方始刊布。因此，這幾本官方經學作品，應能確實反映康熙本人的學術觀點。

儘管康熙時的經筵日講有《四書》、《尚書》、《春秋》及《周易》諸書，而廷臣當日所進講義也皆有記錄，但，康熙朝卻只從其中選擇《四書》、《尚書》與《周易》三部「日講解義」來刊行，獨漏《日講春秋解義》，反而命儒臣另編一部《欽定春秋傳說彙纂》。箇中的緣由，根據乾隆〈日講春秋解義‧序〉所云：

> 《欽定春秋》于胡氏之說既多駁正，則廷臣當日所進講義，一遵胡
> 氏之舊者，於聖心自多未洽，是以遲之又久，未嘗宣布。必將俟諸
> 經備成而後重加討論也。〔註87〕

由上述引文看來，康熙並不認同《春秋胡氏傳》的詮釋，對於當日廷臣所進講之《春秋》講義，顯然也是「於聖心自多未洽」，因此終其一生未嘗宣布。可見《日講春秋解義》的詮釋觀點，與康熙本人對《春秋》的評述意見不甚相合。比起《日講春秋解義》，經過康熙親自審閱核定的《御纂春秋傳說彙纂》（《欽定春秋傳說彙纂》），應更能代表康熙朝官方的《春秋》學論述態度。因此，以下即就《欽定春秋傳說彙纂》一書，來探討康熙朝之官方《春秋》學。

二、《欽定春秋傳說彙纂》之詮釋觀點

《欽定春秋傳說彙纂》成書於康熙六十年（1721），亦即康熙過世之前一年。書成時，康熙曾親自爲此書作序。〈春秋傳說彙纂序〉云：

> 六經皆孔聖刪述，而孟子特言孔子作《春秋》，左氏、公羊、穀梁三
> 家，各述所聞以爲傳。門弟子各衍其師說，末流益紛，以一字爲褒
> 貶，以變例爲賞罰。微言既絕，大義弗彰，至於災祥讖緯之學興，
> 而更趨於怪僻。程子所謂「炳若日星者，不因此而反晦乎？」迨宋
> 胡安國進《春秋解義》，明代立於學官，用以貢舉取士，於是四傳並

〔註87〕見《日講春秋解義‧序》，頁1～2。

行，宗其說者率多穿鑿附會，去經義逾遠。朕於《春秋》，獨服膺朱
子之論。朱子曰：「《春秋》明道正誼，據實書事，使人觀之以為鑒
戒。書名書爵，亦無意義。」此言真有得者。而惜乎朱子未有成書
也。朕恐世之學者牽於支離之說而莫能悟，特命詞臣纂輯是書。以
四傳為主，其有舛于經者，刪之；以《集說》為輔，其有畔於傳者，
勿錄。書成，凡四十卷，名之曰「傳說彙纂」。夫《春秋》之作，以
游夏之賢，不能贊一詞。司馬遷稱七十子之徒，口授其傳而人人異
端，當時已無定論。後之諸儒欲於千百年後懸斷聖人筆削之指，不
亦難乎？是書之輯，亦唯擇其言之當於理者，雖不敢謂深於《春秋》，
而辨之詳、取之慎，於屬辭比事之教，或有資焉。是為序。康熙六
十年夏六月朔。〔註88〕

康熙親撰的序言，揭示他對歷來《春秋》學研究的評論，也反映出他對
《欽定春秋傳說彙纂》的態度。大抵而言，重點有三：

1. 在傳統《春秋》學「筆削褒貶」之說方面——康熙反對「以一字為褒
   貶，以變例為賞罰」：康熙認為此種風氣實為三傳之末流，終將導致「微
   言既絕，大義弗彰」。〔註89〕

2. 對胡安國《春秋胡氏傳》的評釋態度上——康熙認為《春秋胡氏傳》
   影響深遠，宗其說者卻「去經義逾遠」。宋代胡安國《春秋胡氏傳》
   因「明代立於官，用以貢舉取士」，影響學風甚深，致使明以後《春
   秋》學儼然有「四傳並行」的態勢，而「宗其說者，率多穿鑿附會，
   去經義逾遠」。

3. 肯定朱子對《春秋》「據實書事」的評論，只是「惜乎朱子未有成書」：
   康熙認為，《春秋》的本質即為記事，「書名書爵」並沒有「一字褒貶」
   的意味，遣詞用語本身「亦無意義」。他服膺朱子對《春秋》「據實書
   事」的評述。以著墨於「一字褒貶」，只是「牽於支離」。

據〈欽定春秋傳說彙纂序〉，康熙十分肯定朱子將《春秋》定位為「據實
書事」的史書觀點。他認為「以一字為褒貶」的詮釋方式，是《左氏傳》、《公
羊傳》、《穀梁傳》、《春秋胡氏傳》「四傳」末流「穿鑿附會」之下的結果。詮

〔註88〕 見《欽定春秋傳說彙纂》（《景印文淵閣四庫全書》第一百七十三冊（臺北：
　　　　臺灣商務印書館，1983年）），〈聖祖仁皇帝御製春秋傳說彙纂序〉，頁1。
〔註89〕 《欽定春秋傳說彙纂》，〈聖祖仁皇帝御製春秋傳說彙纂序〉，頁1。

釋者若過份強調筆削褒貶，將導致「世之學者牽於支離之說，而莫能悟」。他雖然肯定朱子的《春秋》論述，但因朱子「未有成書」，而四傳又淪於支離，因此他「特命詞臣纂輯是書，以四傳爲主，其有舛于經者刪之」，「是書之輯亦唯擇其言之當於理者」。由此看來，《欽定春秋傳說彙纂》撰作動機之一，即在於修正前人傳注「舛于經」之內容。紀昀〈欽定春秋傳說彙纂提要〉也指出此書是針對四傳之失（特別是《春秋胡氏傳》）而來，將「其中有乖經義者，一一駁正，多所刊除」。〔註90〕

四傳的哪些部分「有乖經義」？康熙認爲主要在於「以一字爲褒貶，以變例爲賞罰」的《春秋》學筆削義例的詮釋傳統。《欽定春秋傳說彙纂》的詮釋態度，可說是對傳統《春秋》學及清初遺民士人《春秋》學「筆削義例」詮釋傳統的顛覆。從〈序〉及〈綱領〉看來，康熙對朱子不以義例褒貶論《春秋》的評論態度十分推崇，因而於《欽定春秋傳說彙纂》中也極力主張《春秋》並未在遣詞用語上施以褒貶、故詮釋者也不應遷就義例解經。

綜觀清代官方《春秋》學，對於傳統的四傳之解經——特別是針對胡安國《春秋胡氏傳》之解經路向，提出嚴厲的批判。從康熙朝敕編的《欽定春秋傳說彙纂》看來，清代官方《春秋》學這種「舍四傳以直指經義」的詮釋基調，大抵而言，應是在康熙時期便已奠定。但，康熙朝官方《春秋》學對胡《傳》解經的批判，是否真如康熙〈春秋傳說彙纂序〉所言，係出於胡安國解經之「支離」？關於此點，張素卿師曾建議，清代官方《春秋》學這種擺落四傳——特別是《春秋胡氏傳》——的詮釋路向，應是基於對胡安國《春秋胡氏傳》「攘夷」論之批判而來。筆者後來將宋刊本《春秋胡氏傳》與清代乾隆時官方敕修之文淵四庫全書本《胡氏春秋傳》略作比對，發現文淵閣四庫全書本《胡氏春秋傳》中確實有不少文句脫漏篡改之處，且有多與「攘夷」論述攸關。這顯然非版本傳抄的問題，而是清代官方對胡安國《胡氏春秋傳》「攘夷」相關論述的刻意刪削。應如張素卿師所說，清代官方《春秋》學對胡安國《春秋胡氏傳》的批判態度，與其中的「攘夷」論述有關。

《四庫全書》之敕修對《胡氏春秋傳》內文所做的更動，所反映的固然是乾隆時期的官方《春秋》學詮釋態度，但，從康熙朝的《欽定春秋傳說彙纂》看來，這種對胡《傳》的批判基調，特別是胡《傳》中「攘夷」相關論述的批判基調，應該在康熙時期已然奠定，並成爲日後清代官方《春秋》學

〔註90〕見《欽定春秋傳說彙纂》，紀昀〈欽定春秋傳說彙纂提要〉，頁12。

的一貫態度。由此可知，清代自康熙以來，官方經學便已出現了這種藉著詮釋《春秋》、編修前人經注以處理《春秋》中的華夷問題的傾向，並進而透過官方經學的教化與傳佈，淡化漢人士民的攘夷情緒。〔註91〕大抵而言，康熙時期《欽定春秋傳說彙纂》的詮釋方向，可以歸納爲以下幾點：

（一）筆削褒貶之說，流於穿鑿，「恐不是聖人之意」：

清初遺民士人的《春秋》學，並不將《春秋》視爲單純的歷史記述，而傾向於從孔子筆削褒貶的角度來解讀《春秋》。但，康熙對《春秋》性質的設定，與顧炎武、王夫之等遺民士人的《春秋》學有極大歧異。〈欽定春秋傳說彙纂・綱領二〉引述朱子之說：

> 《春秋》是聖人據魯史以書其事，使人自觀之，以爲鑒戒耳。……
> 若欲推求一字之間，以爲聖人褒善貶惡，專在於是，竊恐不是聖人
> 之意。〔註92〕

朱子認爲，《春秋》是孔子據魯史而作，因此其性質只是「據實書事」，並無意於文字上進行筆法義例的褒貶。《欽定春秋傳說彙纂》援引朱子的觀點，主張孔子述《春秋》既以魯史爲底本，若想要論證孔子是否有筆削褒貶於其間、辨明孔子是否藉筆削以言其微言大義，就必須將《春秋》與魯史舊文相互參較、比較其中的同異，才能明確地考知孔子褒貶之所在。如果不能與魯史互相查照即直言《春秋》中何處爲褒、何處爲貶，則所有的「微言大義」根本稱不上「詮釋」，而終究只不過是詮釋者個人的臆測而已：

> 若謂添一箇字，減一箇字便是褒貶，某不敢信。……《春秋》所書，
> 如某人爲某事，本據魯史舊文筆削而成。今人看《春秋》，必要謂某
> 字譏某人，則是孔子專任私意，妄爲褒貶。孔子但據事直書，而善
> 惡自著。今若必要如此推說，須是得魯史舊文參較，筆削異同然後
> 可見。而亦豈復可得也？〔註93〕

《欽定春秋傳說彙纂》主張魯史既已不可得，那麼，後世《春秋》學對孔子

〔註91〕關於宋刊本《春秋胡氏傳》與文淵閣四庫全書本《胡氏春秋傳》中的文句歧異等問題，雖與清代官方《春秋》學一貫的華夷詮釋攸關，但因涉及乾隆時期的官方《春秋》學心態與文化政策，因此將在下一章中進行比較詳細的討論。本章的討論範圍，仍是以清初順、康、雍三朝的官方《春秋》學爲主。

〔註92〕《欽定春秋傳說彙纂》，卷首上，〈綱領二〉，頁24～25。

〔註93〕《欽定春秋傳說彙纂》，卷首上，〈綱領二〉，頁25。

－98－

「一字褒貶」的論調又如何得知？孔子筆削之處爲何？在魯史已不可考的情況下，學者對《春秋》「微言大義」之詮釋都只可能是妄言褒貶。「須是己之心果與聖人之心神交心契，始可斷他所書之旨」，否則「未易言也」。〔註94〕

（二）「《春秋》本無例」，遷就義例以解經，則「其失拘而淺」

除了對傳統《春秋》學「筆削褒貶」之說提出批判之外，《欽定春秋傳說彙纂》也對於前人解經重於「義例」之說加以駁斥，在全書卷首論及「《春秋》大旨經傳義例」〔註95〕的〈綱領二〉中，引述朱子對《春秋》的評論：

> 《春秋》以形而下者，說上那形而上者去。……孔子當時只要備二、三百年之事，故取史文，寫在這裡，何嘗云某事用某法、某事用某例耶？……《春秋》只是直載當時之事，要見當時治亂興衰。初間王政不行，天下都無統屬，及五伯出來扶持，方有統屬，禮樂征伐自諸侯出。到後來五伯又衰，政自大夫出。到孔子時，皇帝王伯之道掃地，故孔子作《春秋》，據他事實寫在那裡，教人見得當時事是如此。……《春秋》是聖人據魯史以書其事，使人自觀之，以爲鑒戒耳……〔註96〕

《欽定春秋傳說彙纂》強調，《春秋》之旨不在於在經文字面上深究其「微言大義」，而在「書其事，使人自觀之，以爲鑒戒」。《彙纂》並援引朱子之說，認爲「《春秋》以形而下者，說上那形而上者去」。也就是說，《欽定春秋傳說彙纂》主張《春秋》本身並不對歷史事件加以評述，只單純地記錄「形而下者」，但卻又藉著「直載當時之事」（形而下），以「使人自觀之以爲鑒戒」，讓閱讀者根據其中所記之事，自行判斷其善惡是非及天理所在（形而上）。因此，朱子認爲孔子「述而不作」，僅根據魯史舊事以「述」《春秋》，「何嘗云某事用某法、某事用某例耶？」在這樣的基礎上，《欽定春秋傳說彙纂》（以下略稱《彙纂》）對於《春秋》是否有「義例」一事，傾向於否定。全書中駁斥「義例」之處頗多，如〈綱領二〉：

> 或人謂《春秋》，以爲多有變例，所以前後所書之法多有不同。曰：此烏可信！聖人作《春秋》，正欲褒善貶惡，示萬世不易之法。今乃忽用此說以誅人，未幾又用此說以賞人，使天下後世皆求之，而莫

〔註94〕《欽定春秋傳說彙纂》，卷首上，〈綱領二〉，頁26。
〔註95〕《欽定春秋傳說彙纂》，卷首上，〈綱領二〉，頁19。
〔註96〕《欽定春秋傳說彙纂》，卷首上，〈綱領二〉，頁24～25。

識其意。是乃後世弄法舞文之吏之所爲也。曾謂大中至正之道而如
此乎！〔註97〕

《彙纂》在探討「傳注得失及讀《春秋》之法」的〈綱領三〉裡，〔註98〕也援
引朱子對書日書月之義例的看法，來批判義例之說：「或有解《春秋》者，專以
日月爲褒貶。書時月則以爲貶，書日則以爲褒。穿鑿得全無義理！」〔註99〕認
爲前人在解讀《春秋》時，往往妄論「義例」，導致對《春秋》的穿鑿與誤讀。

除了朱子之外，爲了論證傳統《春秋》學以「義例」論斷之非，《欽定春秋
傳彙纂》也引述了洪興祖、吳澂等人的觀點。如引洪興祖：「《春秋》本無例，
學者因行事之迹以爲例。猶天本無度，治曆者即周天之數以爲度。然獨求於例，
則其失拘而淺；獨求於義，則其失迂而鑿。」〔註100〕又引劉永之語：「《春秋》
因乎魯史，而筆之傳之，而王法由諸而明，亂逆由諸而章也。『言之重，辭之複，
必有大美惡焉』，此先儒之說也。抑嘗考之，蓋史冊之實錄，而其紀載之體異焉
耳。其凡有五：有據事之離合而書之者，有重其終而錄其始者，有重其始而錄
其終者，有承赴告之辭而書之者，有非承赴告之辭聞而知之而書之者。此五者，
其凡也，而皆所以紀實也。……皆實之紀也，非惡之大而詳其辭也。曰『言之
重，辭之複，必有大美惡焉』者，先儒之過也。」〔註101〕

從《欽定春秋傳說彙纂·綱領》所引諸文來看，康熙並不認爲《春秋》的
核心思想表現在於聖人「書爵書名」、「書日書月」之例或者「筆則筆，削則削」
上。《彙纂》傾向於認定《春秋》透過具體的史事來呈顯褒貶善惡是非的「大義」，
而非拘泥於遣詞用字中的一字褒貶。基於這樣的詮釋綱領，《彙纂》在實際解經
時多駁斥「義例」之說，且批判所及也不只針對胡安國《春秋傳》。如：

1. 《經》隱公五年「螟」，《彙纂》案語云：「《春秋》記災，或月或時，
   皆據實書之，非有義例也。若計其久暫，則時甚於月，乃謂甚則月，
   不甚則時，何耶？《穀梁》之說非也。」〔註102〕認爲《春秋》只是忠
   實地將當時發生的災患記錄下來，記月記時，全與義例無涉。

2. 《經》莊公十三年，「夏六月，齊人滅遂」。《彙纂》案語云：「《穀梁》

〔註97〕《欽定春秋傳說彙纂》，卷首上，〈綱領二〉，頁25～26。
〔註98〕《欽定春秋傳說彙纂》，卷首上，〈綱領三〉，頁33。
〔註99〕《欽定春秋傳說彙纂》，卷首上，〈綱領三〉，頁29。
〔註100〕《欽定春秋傳說彙纂》，卷首上，〈綱領二〉，頁27
〔註101〕《欽定春秋傳說彙纂》，卷首上，〈綱領二〉，頁28
〔註102〕《欽定春秋傳說彙纂》，卷二，頁125。

云：『不日微國也。』非也。《經》書滅而不書日者多矣，亦有書時而不書月者矣，蓋皆因史舊文也。」〔註103〕傳統《春秋》學詮釋往往藉「書日」、「書月」以言褒貶，如此處《穀梁傳》便以「齊人滅遂」不書日，而認為《春秋》「不日微國」。但，《彙纂》顯然不贊同這樣的論點，而主張「書日」、「書時」、「書月」的經文本身並無特殊意涵，純粹係因魯史之舊文而已。

3. 《經》莊公十三年，「多，公會齊侯盟于柯」，《彙纂》案語云：「朱子謂『以日月為褒貶，穿鑿無義理』者，此類是也。夫日與不日，皆因舊史。假使舊史所無，則聖人安得而強加之乎？故凡以日月為例者，皆不錄。」〔註104〕

4. 《經》僖公元年，「齊師、宋師、曹師次于聶北，救邢」。《公羊傳》詮釋為：「救不言次，此其言次，何？不及事也。不及事者何？邢已亡矣。孰亡之？蓋狄滅之。曷為不言狄滅之？為桓公諱也。曷為為桓公諱？上無天子，下無方伯，天下諸侯有相滅亡者，桓公不能救，則桓公恥之。曷為先言次而後言救？君也。君則其稱師，何？不與諸侯專封也。曷為不與？實與，而文不與。文曷為不與？諸侯之義不得專封也。諸侯之義不得專封，則其曰『實與之』，何？上無天子，下無方伯，天下諸侯有相滅亡者，力能救之，則救之可也。」《彙纂》案語云：「《春秋》據事直書，釋經者因文考實，以見褒貶之意。若文既不與，何由知其實與乎？《公羊》謂『實與，而文不與』者，非也。」〔註105〕《彙纂》再次重申《春秋》「據事直書」的論點，認為詮釋者應當「因文考實，以見褒貶」，若經文本身不加以申說，則不應妄自臆測經文之意。如此處經文只是單純地陳述齊師、宋師、曹師行軍，駐留於聶北以救助邢國，並未對此事件加評述，而《公羊傳》卻硬是將經文解說為《春秋》在此事件中對齊桓公「實與，而文不與」，則未免有過度詮釋之嫌。

筆削義例是傳統《春秋》學的詮釋取向，但《欽定春秋傳說彙纂》的解經態度，卻否定「以一字為褒貶，以變例為賞罰」〔註106〕筆削義例的《春秋》

〔註103〕《欽定春秋傳說彙纂》，卷八，頁270。
〔註104〕《欽定春秋傳說彙纂》，卷八，頁271。
〔註105〕《欽定春秋傳說彙纂》，卷十二，頁271。
〔註106〕《欽定春秋傳說彙纂》，〈聖祖仁皇帝御製春秋傳說彙纂序〉，頁1。

學詮釋傳統，轉而以「據實書事」的史學角度來解讀《春秋》。雖然《彙纂》在實際解經時，仍有許多未能擺脫傳統義例之處，〔註107〕但《彙纂》在御製〈序〉文、全書〈綱領〉中批判傳統《春秋》學「筆削義例」之說，在解經時多次透過大量考證來批駁前人以筆削與義例論斷經義之非，卻也提供了一個反思傳統《春秋》學詮釋方向的視野。

　　表面上看來，康熙朝《欽定春秋傳說彙纂》對「筆削義例」說提出批判、並以「據實書事」來論《春秋》，這樣的主張似乎是一個學術取徑上的問題。但事實上，清官方之所以會走上這樣的詮釋路向，或許並不只是出於純粹的學術立場考量。《欽定春秋傳說彙纂》裡所指出前人以「筆削」「義例」誤讀《春秋》的幾個段落，有不少與夷夏議題、正朔議題有關。而「華夷」、「正朔」等問題，卻恰巧是清初遺民士人《春秋》學裡極為側重的部分。清初遺民士人的《春秋》學往往特別強調這種「筆削褒貶」的傳統，並藉此以論證《春秋》「攘夷」論述中的「微言大義」。在這樣的經學詮釋傾向之下，他們對於《春秋》中的「一字褒貶」著墨甚深，並對《春秋》經傳的用字遣詞也有十分細膩的分析，特別是在關於「戎狄」稱「人」與否、「正朔」、「楚」之稱爵稱人等等方面。如顧炎武在《左傳杜解補正》「三十三年，晉人及姜戎敗秦師于殽」條，即從書法褒貶論《春秋》之「別華夷之異」：「解云：『不同陳，故言及。』非也。及者，殊夷狄之辭。」〔註108〕又，王夫之《春秋家說》：「吳楚僭號，杞淪夷，情異而罪同，《春秋》兩狄之，其科一也。」〔註109〕將《春秋》學的書法褒貶之說，視為強化《春秋》「攘夷」色彩的詮釋論據。凡此種種，都使得他們的《春秋》學詮釋具有宣示「攘夷」與「排滿」立場的政治意味。

　　《欽定春秋傳說彙纂》之所以要極力批判「筆削褒貶」之說，除了康熙本人對朱子的推崇之外，也很可能是他已意識到傳統《春秋》學這種以「筆法褒

〔註107〕如《欽定春秋傳說彙纂》，卷三，頁 151，隱公十一年「冬，十有一月壬辰，公薨」條下，《彙纂》案語云：「隱元年書正月，餘皆不書正月。《公羊》謂隱不有其正，《穀梁》亦謂隱不自正，皆非也。隱在位十一年，王命凡五至，身既不朝，又無一介之使報禮於京師，是列公之不奉正朔自隱始。故不書正，以示義焉。非居攝之謂也。」《彙纂》雖然批判四傳筆削褒貶之說，並認為詮釋《春秋》應「據實書事」，但此處卻又藉著《春秋》對隱公「不書正」之事大加評述，顯然仍未能完全擺脫傳統《春秋》學以筆削義例解經的詮釋路向。
〔註108〕《左傳杜解補正》，卷上，頁 17。
〔註109〕王夫之《春秋家說》（收於《船山全書》第五冊，長沙：嶽麓書社，1993 年），頁 171，卷上，〈僖公〉。

貶」來詮釋《春秋》的方式，將成為渲染《春秋》中「攘夷」意識的土壤。因此《彙纂》之所以企圖淡化《春秋》「筆削褒貶」之說，或許也出於避免詮釋者在解讀《春秋》時以「筆削褒貶」來渲染《春秋》「攘夷」之說的考量。

（三）「黜吳楚」之因，在於「僭王」

除了批判以筆削義例解經的《春秋》學詮釋傳統之外，康熙朝的官方《春秋》學似乎也有藉著將詮釋重心由「攘夷」轉向「尊王」、淡化《春秋》學中「攘夷」思想的詮釋傾向。《欽定春秋傳說彙纂》於經文各條援引各家傳注之後，往往會以案語對經文加以評述。不過凡是經文涉及「攘夷」的相關論述時，《彙算》大多會將詮釋焦點轉移到「尊王」上，而以「僭王」故「攘」的角度來解讀（也就是說，以「黜僭王」的角度來解讀《春秋》中的「攘夷狄」）。如對於《春秋》中貶黜吳、楚之事，《彙纂》便轉而詮釋為因吳、楚「僭號」而貶黜，而非因吳、楚之「夷狄」身分而「攘」之。如《經》宣公十八年秋，「甲戌，楚子旅卒」條，《彙纂》案語云：

> 案：楚不書葬。胡《傳》從《公羊》，以為避其號者是也。謂楚、吳、徐皆降稱子，與滕侯、杞伯之稱子同例，則義有未安。蓋滕、杞爵本侯伯，為時王所黜，故皆書子，非聖人降之也。楚、吳、徐，僭號稱王，乃時王之所不能禁者，於是從其始封之爵而書子，以正其僭逆之罪，亦非聖人降之也。〔註110〕

貶吳抑楚，原是傳統《春秋》學中「攘夷」思想的表現。但《欽定春秋傳說彙纂》卻將貶吳黜楚的原因指向吳、楚之君的「僭號稱王」，因此《春秋》才必須貶黜，以「正其僭逆之罪」。《彙纂》不以傳統華夷架構來論述《春秋》貶黜吳、楚，而是批判其「僭王」。這樣的詮釋方式，就將原本貶吳、抑楚的「攘夷」論述，轉化為「正其僭逆」的「尊王」論述，而淡化了《春秋》經傳本身的攘夷色彩。

相較於對《春秋》中「攘夷」思想的淡化處理，《彙纂》對於「君臣之大分」或「尊王」問題的申論頗多，且多集中於「君臣之大分」、「臣不可僭君」等論點上。如桓公十五年《經》「五月，鄭伯突出奔蔡」條，《彙纂》案語云：

> 不書仲逐其君，而書鄭突出奔者，《春秋》誅討亂賊，嚴君臣之大分，不使賊臣得以逞志於其君，故以自奔為文也。〔註111〕

〔註110〕《欽定春秋傳說彙纂》，卷二十一，頁615～616。
〔註111〕《欽定春秋傳說彙纂》，卷六，頁211、212。

《彙纂》對於君臣之間的分際極為看重，對於「僭禮」、「僭王」等種種踰越之事，往往多所批判。如《經》隱公五年秋，「初獻六羽」，《彙纂》案語云：

> 案：妾不可僭嫡，猶臣不可僭君。以用六為善，蓋本孔穎達「善其復正」之說。不知書初獻所以明八佾之僭，書六羽所以明妾母之僭而已，無所謂也。〔註112〕

透過對「君臣之大分」的強調，《彙纂》將《春秋》中「攘夷」問題的重心由「嚴夷夏之大防」轉而為「嚴君臣之大分」，亦即轉移到「僭王」問題上。這顯然是將「攘夷」論述附著在「尊王」論述之下，而這也是清初官方《春秋》學與清初遺民士人《春秋》學最大的歧異之處。

清初遺民士人的《春秋》學強調極端的「攘夷」論與「華夷不可褻」的觀點。但，《欽定春秋傳說彙纂》一書卻企圖淡化遺民士人甚至《春秋》經文本身的「攘夷」色彩，而著力於將《春秋》學的詮釋重心移回「尊王」論述裡來。《彙纂》所強調的「《春秋》之大義」在於「嚴君臣之大分」，而不再是清初士人一再強調的「嚴夷夏之大防」，這就將《春秋》的宗旨定位於「忠君」而非「攘夷」，也強化《春秋》中對君主的忠君意識（「尊王」），而淡化了《春秋》中的華夷問題與民族認同（「攘夷」）色彩。

綜上所述，從《欽定春秋傳說彙纂》解經特色看來，作為一本官方所編修的經學傳注，《彙纂》並不只是一本純粹的學術性質的經學詮釋著作。康熙對《欽定春秋傳說彙纂》編纂態度之審慎、對筆削義例的批判、避談「攘夷」問題、對「尊王」與「君臣之大分」的強調，甚至是書中對胡安國《春秋胡氏傳》時時表現出的批判姿態，都顯示這本書的編纂動機似乎並不如康熙御製〈序〉文中所說「恐世之學者牽於支離之說而莫能悟」般單純。無論如何，作為一部官方經學著作，它的成書與頒行學官都有著「教化」的意味。此書的纂修不僅反映了康熙自身對《春秋》的學術意見，也呈顯出清官方強調「尊王」而淡化「攘夷」的思想傾向。

但不可否認的是，《欽定春秋傳說彙纂》的編纂仍有其學術意義。至少，就學術路數來看，在考據學逐漸興盛的清初經學思想裡，《彙纂》反映出清初康熙朝官方《春秋》學詮釋，仍然不出朱子學矩矱。不過，《彙纂》所代表的政治與社會意義，顯然遠大於它的學術意義。畢竟，官方經學詮釋的書寫，本身就有其政治性。從《欽定春秋傳說彙纂》一書對《春秋》華夷論述的詮

〔註112〕《欽定春秋傳說彙纂》，卷二，頁124。

釋綱領與具體評注的細節看來，便可發現康熙朝官方《春秋》學與遺民士人《春秋》學之間所呈現的，是兩種截然不同的詮釋取向。官方所編修的《欽定春秋傳說彙纂》一書，企圖將《春秋》學的重心由「攘夷」向「尊王」、「君臣之倫」轉移，同時也透過對「筆削」、「義例」之說的否定，淡化傳統《春秋》學藉「書人書爵」以尊夏卑夷的詮釋觀點。無論對「尊王」之義的重視、對「筆削」與「義例」的否定，其中的動機，都很可能出於康熙對淡化傳統《春秋》學「攘夷」思想所做的努力。

第三節　雍正朝官方《春秋》學中的夷夏論述

在清初順、康、雍三朝中，「尊孔」政策推動最力、將孔子的學術地位提升到前所未有的高度者，首推雍正朝。與順治、康熙、乾隆年間相較，雍正在推動「尊孔」政策上，可稱不遺餘力：雍正元年（1723）時加封孔子先世五代俱爲王爵〔註113〕、雍正二年（1724）建孔子廟於歸化並設滿漢教員以求廣佈聖教〔註114〕、並親詣太學會見孔顏孟諸氏子孫〔註115〕、雍正三年（1725）命「丘」姓改爲「邱」以避孔子諱〔註116〕、雍正四年（1726）親詣孔廟釋奠並定春秋二祀之親祭制〔註117〕、雍正五年（1727）定八月二十七日爲先師誕

〔註113〕事見《世宗實錄》，雍正元年六月十二日己未條。

〔註114〕《世宗實錄》，雍正二年正月二十五日庚子條。

〔註115〕《世宗實錄》，雍正二年三月初一乙亥條載，帝行禮畢，滿漢祭酒、司業講《大學》、《書經》。宣制曰：「聖人之道，如日中天，講究服膺，用資治理。爾師生其勉之。」先是，二月十七日，曾諭：爲尊師重道，一應章奏、記注，將皇帝「幸學」改稱「詣學」，以伸崇敬。本日，以皇帝親詣太學，釋奠先師孔子，於彝倫堂講經論學。典禮完成，命九卿等議應入崇聖祠祔享之先賢，先賢、先儒之後，孰當增置五經博士。增各省之府州縣學取中額數。鄉試中額，酌議增加。國子監貢生、監生，本科鄉試中額增加十八名。本年八月，准禮部議，從祀孔廟宜復祀者，有顏回等六人，宜增祀者，有萬章等二十人。入崇祀者一人：張迪。宜增置博士者：冉雍、冉伯牛、子張、有若等四人。又，《世宗實錄》，雍正二年三月初四戊寅條，因皇帝詣學禮成，行慶賀禮。雍正帝召見孔、顏、孟諸氏子孫入見。諭以恪守先聖先賢之訓，「慎修厥德，以繼家聲」。各賜墨及貂皮有差。

〔註116〕雍正三年（1725），從禮部議，命丘姓改爲邱以避孔子諱，除祭天於圜丘之「丘」字不避外，凡係姓氏俱加偏旁爲「邱」字；如係地名，亦更易爲「邱」，讀期音。《世宗實錄》，雍正三年十二月二十七日庚寅條。

〔註117〕雍正四年，雍正親詣孔廟釋奠，並定春秋二祀之親祭制。《清史稿》，卷84，〈禮志〉，頁2535：「四年八月仲丁，世宗親詣釋奠。初，春秋二祀無親祭制，

辰命官民軍士於孔子聖誕致齋一日〔註118〕、雍正十年（1732）頒〈御製重修
聖廟碑文〉收藏闕里以爲世守〔註119〕等等。凡此種種，表面上看來，雍正似
乎極爲推崇孔子，並透過各種尊孔、封孔子先世、避孔子諱等政策，使孔子
與儒學的地位在雍正朝大幅提升，並營造出重視文教、獎掖學術的社會氛圍。
但，與此同時，雍正朝也有數起株連甚廣的文字獄、以及頻繁的禁教事件。
由此可見，這一時期官方對學術的獎掖是有選擇性的。

　　雍正時期文字獄事件雖不多，但幾乎每一件都株連甚廣。雍正朝的文字
獄多集中於雍正四年（1726）至雍正八年（1730）之間。其中有：

1. 汪景祺文字獄（雍正三年，1725）〔註120〕
2. 查嗣庭文字獄（雍正四年，1726）〔註121〕

至是始定。犧牲、籩豆視丁祭，行禮二跪六拜，奠帛獻爵，改立爲跪，仍讀
祝，不飲福、受胙。尚書分獻四配，侍郎分獻十一哲兩廡。」

〔註118〕 雍正五年（1727）定八月二十七日爲先師誕辰，命官民軍士於孔子聖誕致齋
一日，並以爲常。事見《清史稿》，卷84，〈禮志〉，頁2535：「明年（雍正五
年），定八月二十七日先師誕辰，官民軍士，致齋一日，以爲常。」又見《世
宗實錄》雍正五年二月初七日甲子條。

〔註119〕 雍正十年（1732）頒〈御製重修聖廟碑文〉，收藏闕里，以爲世守。事見《世
宗實錄》，雍正十年五月二十八日甲申條。

〔註120〕 汪景祺文字獄，事見《雍正朝漢文朱批奏摺匯編》（六）、《朱批諭旨》、《掌故
叢編》第二輯、蕭奭《永憲錄》卷3～4、吳振棫《養吉齋餘錄》卷四、汪祺
《讀書堂西征筆記》、《清史列傳》卷十三。汪景祺於雍正二年赴陝西謁年羹
堯，其〈上撫遠大將軍、一等公、川陝總督年公書〉中稱年爲「詞林之眞君
子，當代之大丈夫」、「宇宙之第一偉人」、「聖賢豪傑備於一身」。雍正二年五
月，著《讀書堂西征筆記》，於時政多有抨擊，並譏聖祖謚法、雍正年號，言
「正」字有「一止」之象，前代如正隆、正大、至正、正德、正統，凡有正
字者皆非吉兆。作〈功臣不可爲論〉，又以檀道濟、蕭懿比年羹堯，言「鳥盡
弓藏，古今同慨」。於〈高文恪遺事〉中，言高士奇因奴事索額圖得顯官，旋
合明珠傾索，又合徐乾學以傾明珠，又合明珠、王鴻緒以傾徐，「市井小人，
出自糞土，致身軒冕，烏知所謂禮義廉恥哉！」雍正三年九月間，福敏等於
杭州搜查年羹堯家，有家人供，年羹堯已於九月十二日將一應書札盡行燒毀，
福敏等細搜，於亂紙中發現手抄書二本，即《讀書堂西征筆記》，以書中言論
「甚屬悖逆」，本日奏聞，朱批：「若非爾等細心搜撿，幾致逆犯漏網。其妄
撰妖辭二本，暫留中摘款發審。」

〔註121〕 《世宗實錄》，雍正四年九月二十六日乙卯條。帝以查嗣庭「向來趨附隆科多」，
所出試題「顯露心懷怨望、譏刺時事之意」，遣人搜查其寓所，得《日記》二
本，其中「悖亂荒唐、怨誹捏造之語甚多」，雍正四年任江西鄉試主考時，江
西科場中又有關節作弊等事，本日將查嗣庭革職拿問，交三法司審擬。諭稱：
查嗣庭所出試題與國家取士之道相背謬，《日記》中其他譏刺時事、幸災樂禍

3. 曾靜〔註122〕呂留良〔註123〕嚴鴻奎〔註124〕案（雍正六年～七年，1728～1729）

4. 謝濟世「注釋《大學》，毀謗程朱」案〔註125〕（雍正七年，1729）

5. 陸生楠論史案〔註126〕（雍正七年，1729）

6. 徐駿「譏乩悖亂」案〔註127〕（雍正八年，1730）等。

之語甚多。十月初九日命杭州將軍鄂彌達、浙江巡撫李衛派人往查嗣庭原籍家中搜查。雍正五年二月，先處理科場弊案，副主考俞鴻圖、布政使丁士一俱革職，巡撫汪澂降級調用。雍正五年五月，結查嗣庭案，其子查斬監候，兄查嗣瑮及其餘子侄俱流三千里，家產變價修海塘。兄查慎行因年已老邁，家居日久，相隔路遠，並不知情，連同其子俱釋放回籍。

〔註122〕 曾靜一案，事見《宮中檔雍正朝奏折（十一）》、《宮中檔雍正朝奏折（十五）》、《清代文字獄檔（九）》、《大義覺迷錄》、《清史稿》卷291實錄雍正六年九月二十八日乙亥，以曾靜遣其徒張熙遊說岳鍾琪反叛朝廷，其〈上岳鍾琪書〉中自稱「南海無主游民夏靚」，稱岳鍾琪為「天吏元帥」，斥清室為「夷狄乘虛，竊據神器」，張熙於雍正六年九月二十六日投書岳鍾琪，岳鍾琪會同西琳、碩色等審訊，本日岳鍾琪奏聞，帝得報命各省按張熙供出名單密行緝捕。

〔註123〕 呂留良文字獄，係受曾靜一案牽連而來。事見《清代文字獄檔（九）》、《宮中檔雍正朝奏折（十五）》、包賚《呂留良年譜》，曾靜、張熙案發展為呂留良文字獄。呂留良《呂用晦文集》語多涉「夷夏之防」，曾靜因尊呂留良，嘗遣其徒張熙往江浙訪書交友，因張熙被捕，帝令李衛緝拿張熙所供名單並查抄書籍。本年十一月間，李衛遵旨將呂留良第九子呂毅中、第四子呂黃中、孫呂懿歷及嚴廣臣、沈在寬等密捕。《呂子文集》等書亦均查獲。

〔註124〕 雍正七年六月十三日丙戌，帝命九卿等議呂留良弟子嚴鴻奎罪，有旨宣布其罪狀。隔二日（雍正七年六月十五日戊子），帝又命將嚴鴻奎弟子沈在寬交刑部治罪。諭稱：沈在寬年未滿四十，而亦效其師之狂悖，肆詆本朝。事見《世宗實錄》。

〔註125〕 《世宗實錄》，雍正七年六月二十八日辛丑，命九卿等議謝濟世罪。謝濟世以雍正四年科目朋黨案被遣至軍前效力，順承郡王、振武將軍錫保參奏其「注釋《大學》，毀謗程朱。」帝諭：「觀謝濟世所注之書，意不止毀謗程朱，乃用《大學》『見賢而不能舉』兩節，言人君用人之道以抒寓其怨望誹謗之私也。」又云：李紱、蔡珽、黃振國等結黨行私，謝濟世聽其指使，被革職發往軍前效力，尚可謂之「見不善而不退，退而不能遠」乎？謝濟世「仍懷怨望，恣意謗訕」，甚為可惡。

〔註126〕 陸生楠撰《通鑑論》十七篇，順承郡王、振武將軍錫保以其「抗憤不平之語甚多」，顯係非議時政，參奏。帝以其為廣西人，疑與謝濟世同黨。本日諭：「陸生楠素懷逆心，毫無悔悟，怙惡之念愈深，奸惡之情益固。借托古人之事幾，誣引古人之言論，以泄一己不平之怨怒，肆無忌憚。」「朕意欲將陸生楠於軍前正法，以為人臣懷怨訕者之戒。」事見《上諭內閣》。

〔註127〕 《世宗實錄》，雍正八年十月初四日己亥條。故尚書徐乾學之子、翰林院庶吉士徐駿，以上書言事忤帝意，立斥放歸，命檢查其詩文。至是，大學士張廷

　　這四年之間，堪稱文獄連年。雍正在極力尊孔、提倡文教的同時，卻又大興文字獄。乍看之下，似乎是彼此衝突的矛盾舉措，但事實上，無論是尊孔、獎掖文教，或是興文字獄，都反映出官方參與、介入文化活動與學術圈的積極心態。

　　不過，雍正之所以對官方勢力介入學術與文化領域表現得如此積極，或許與他自己對儒學的基本定位有關。雍正十年（1732）五月二十八日甲申，雍正從衍聖公孔廣棨之請，爲之親撰〈御製重修聖廟碑文〉〔註128〕時提到：

> 至聖先師孔子，以仁義道德啓迪萬世之人心，而三綱以正、五倫以明。後之繼天御宇兼君師之任者，有所則傚，以敷政立教，企及乎唐虞三代之隆。大哉聖人之道，其爲福於群黎也甚溥，而爲益於帝王也甚隆，宜乎尊崇之典，與天地共悠也。〔註129〕

雍正本人篤信佛教，故他在位時所刊諸典籍中，亦以佛教典籍爲多。至於儒學方面，他表面上雖極力尊孔，以表示對儒學的肯定，但從〈御製重修聖廟碑文〉可以看出，他之所以推重儒學，在於儒學的政治影響力。雍正認爲，君主可藉著儒學以「敷政立教」，因此推廣儒學有助維持政權穩定，「爲益於帝王也甚隆」。他認爲儒學是君主藉以統治黎民的政治手段，基於「爲益於帝王」的功利角度，「宜乎尊崇之典，與天地共悠」。

　　由於雍正推崇儒學是出於政治上的功利心態，因此當時官方對儒學典籍的編校、刊行等文教活動表面上雖看似十分頻繁，但若仔細分析，即可發現雍正時期官方在儒學文教政策上並無太多建樹，多半只是重刊順治、康熙時期所整理的滿漢文圖籍而已。實際上眞正在雍正朝所編輯、修纂的儒學典籍，爲數並不多。歸納起來，雍正朝所編校、刊行之儒學典籍，約有以下幾部：

　　1. 雍正五年（1727）刊行滿漢文《孝經》、《小學》、《小學合解》。〔註130〕

玉、蔣廷錫奏：徐駿著有《堅蕉詩稿》二本、《戊戌文稿》一本、《雜錄》一本，詩文「輕浮狂縱」，「語含譏諷」，並無感恩懷德一語，《雜錄》中有譏刺升朱子於十哲爲非，「悖逆狂妄，罪不容誅」。本日，以其「狂誕居心，背戾成性」，照大不敬律，處斬立決，其文稿盡行燒毀。事又見《宮中檔雍正朝奏折》第二十七輯。又，黃鴻壽《清史紀事本末》卷二十，徐駿詩作中，尚有「清風不識字，何得亂翻書」之句，被斥爲「譏訕悖亂」。

〔註128〕事見《世宗實錄》，雍正十年五月二十八日甲申條。

〔註129〕《世宗憲皇帝御製文集》（《景印文淵閣四庫全書》（臺北：商務印書館，1986年），卷十六，〈碑文‧修建闕里聖廟碑文〉。

〔註130〕《世宗實錄》，雍正五年十二月初三甲申條。

又刊康熙朝所定《欽定詩經傳說匯纂》。〔註131〕

2. 雍正六年（1728）命將《四書》、《五經》譯為蒙文。〔註132〕頒順治帝御製《人臣儆心錄》予滿漢文臣。〔註133〕

3. 雍正七年（1729）將康、雍二朝御纂書冊頒賜衍聖公，「藏之闕里，昭示來茲」。〔註134〕是年又敕命果親王胤禮、大學士張廷玉、內閣學士方苞校訂《日講春秋解義》。〔註135〕同年又命匯編刊刻《大義覺迷錄》，頒行全國各府州縣，俾讀書士子及鄉曲小民共知之。

4. 雍正八年（1730）刊行康熙朝所定《書經傳說》〔註136〕、《性理精義》、《欽定書經彙纂》、《欽定詩經彙纂》、《欽定春秋彙纂》。〔註137〕

5. 雍正九年（1731）命大學士朱軾等作《駁呂留良四書講義》，刊刻頒布學官。〔註138〕

6. 雍正十一年（1733）帝編《御選語錄》、刊順治帝敕譯之滿文《詩經》，〔註139〕是年並命著述毋需避忌「夷」、「虜」字。〔註140〕

從上述資料來看，雍正除了敕譯《孝經》和《小學》為滿文、並將《四書》《五經》譯為蒙古文之外，基本上，雍正朝對漢文儒學典籍之整理工作大多只是對順、康二朝時所編纂、整理的圖籍再次刊行（如重刊《書經傳說》、《性理精義》、《欽定書經彙纂》、《欽定詩經彙纂》、《欽定春秋彙纂》、滿文《詩經》等），而鮮少真正對儒學經典進行重新編校、纂輯之事。綜觀雍正時期由官方敕修編纂之儒學典籍，除了雍正七年敕命張廷玉、方苞重修之《日講春

〔註131〕《書林清話》，卷九。

〔註132〕《雍正上諭》，雍正六年十二月十一日丁亥，帝命將《四書》、《五經》譯為蒙古文。

〔註133〕《世宗實錄》，雍正六年九月十九日丙寅條，頒順治帝御製《人臣儆心錄》予滿漢大學士以、四品京堂以上，及同閣、翰、詹等官，人各一部。

〔註134〕《世宗實錄》，雍正七年正月二十六日辛未條。

〔註135〕見《日講春秋解義》（景印摛藻堂《四庫全書薈要》（臺北：世界書局），經部第四二冊）頁 1～2。據〈日講春秋解義序〉，此書雖為康熙帝御定，然經雍正朝允禮、張廷玉、方苞之校訂，及雍正帝御覽後方告成，所以事實上反映了兩朝的官方春秋學觀點。此書直至乾隆二年方始刊行。

〔註136〕《世宗實錄》，雍正八年二月十三日壬子條。

〔註137〕《大清會典事例》，卷三百八十八。

〔註138〕《世宗實錄》，雍正九年十二月十六日乙巳條。

〔註139〕據葉高樹《清朝前期的文化政策》頁 69 所列之表 2-2-1「順、康、雍、乾四朝官方刊刻漢籍滿文譯本一覽表」。

〔註140〕《世宗實錄》，雍正十一年四月二十八日己卯，命著述不必忌諱「夷、虜」等字。

秋解義》與雍正九年命大學士朱軾等所作之《駁呂留良四書講義》二書之外，並未對儒學典籍進行大規模的編修工作。雍正對於整理、詮釋儒學經典的熱忱及其成果，其實遠不如康熙時期。

　　但，也正因為雍正對於官方在儒學經典詮釋工作方面並不積極，因此雍正七年（1729）時，一連敕令重新修訂《日講春秋解義》、敕命撰著《駁呂留良四書講義》兩本經學著作的行為就顯得十分特別。這兩本書的特別之處，在於它們不僅是雍正朝少見的官方經學詮釋論著，另一方面，它們編修、刊行的時機與動機，又與雍正六年年底所發生的文字獄 —— 曾靜、呂留良一案息息相關。雍正九年所編著的《駁呂留良四書講義》一書，顧名思義，即是針對呂留良文字獄一案而來；而《日講春秋解義》一書原在康熙朝陳封多年，終康熙之世絕無編修刊行之迹象，乾隆甚至曾提到康熙對這部《日講春秋解義》「於聖心自多未洽」。〔註141〕卻在發生判決呂留良案後，雍正旋即敕命重臣張廷玉、方苞對此書重新修訂，原本對儒學並沒有太大興趣的雍正，最後甚至親自審閱此書，可見雍正對重新修訂此書之事十分留心。因此《日講春秋解義》一書，應能反映雍正及當時清官方對《春秋》學的心態。

　　除了《日講春秋解義》之外，雍正朝也編刊了另一部雖未與《春秋》直接相關，但其中內容卻有多處探討《春秋》經義的典籍 ——《大義覺迷錄》。在曾靜案後，雍正敕撰《大義覺迷錄》並頒行至各府州縣學，雖然主要目的是在於消弭謠言以正視聽，但其中有相當多涉及《春秋》經義之討論，且對於《春秋》之評述觀點與《日講春秋解義》頗為類似，對當時社會（特別是庶民社會）影響亦深，因此有必要在此處一併探討其中涉及《春秋》經義的部分。以下將以《日講春秋解義》及《大義覺迷錄》為主，探討雍正時期官方《春秋》學中的華夷觀。

一、何為「《春秋》大義」？—— 曾靜案後雍正學術政策之轉向及《大義覺迷錄》中的夷夏觀

　　雍正執政的前五年間，對儒學文獻的整理工作多集中於翻譯漢籍上。對漢文經籍的翻譯，是從滿洲文化的角度來觀看、解讀漢文化，其目的則在於讓滿蒙人民得以瞭解、學習漢文化。雍正時期雖然在將漢籍翻譯為滿蒙文的工作上

〔註141〕見《日講春秋解義・序》，頁 1～2。

頗有建樹，且這樣的政教舉措對於滿洲漢化有相當程度的影響，但清初官方這種「翻譯漢籍」的政策，對漢人社會的實質影響並不大。然而，清官方若以漢文來進行對儒學經典加以詮釋、編修、選輯等工作，並將之刊刻頒佈到各府州縣學俾使士子誦讀，那麼，這樣的文教工作不僅可能影響士人的學術走向，也會在某種程度上對漢人社會的華夷觀、思想風俗產生影響。因此，對滿洲政權而言，將漢籍儒學經典加以詮釋並刊刻頒佈的工作，並不僅只是學術文化政策而已，它同時也必然是清官方統治漢人的民族政策的一環。

　　不過整體而言，雍正朝官方並未以漢文對儒學經典作大規模的編纂與詮釋。至少在雍正執政的前五年，並未積極進行這些整編儒學經典的工作，除了重刊順治、康熙時期所編修之漢文經學著作之外，看不出他有透過編纂與詮釋儒學經典以影響士人思想的企圖。因此在這一時期，雍正重刊前朝所編之儒學文獻的心態，應只是在儒學「為益於帝王」的考量下，單純地「宜乎尊崇之典，與天地共悠」獎掖儒學、興文教，藉以攏絡漢人士民的舉措。

　　然而，從雍正七年（1729）至九年（1731）的短短三年之間，雍正不僅重新修訂《日講春秋解義》、敕撰《大義覺迷錄》、命朱軾作《駁呂留良四書講義》，另外也重刊了康熙朝的《欽定春秋傳說彙纂》諸書，下詔將上列諸書頒予各州府縣學，以令漢人士子熟讀誦習。相對於前五年對修纂官方經注的消極態度，雍正七年至九年這短短三年之間，雍正何以突然福至心靈，對修纂與刊行漢文經學詮釋變得如此積極？何以開始對《春秋》、《四書》產生強烈興趣？又，何以在這幾年之間，突然開始正視儒學經典詮釋對漢人社會的影響力，進而開始藉由編纂、刊行官方經學詮釋的方式，以影響士人思想？從時間點看來，或許可以大致推斷，雍正儒學政策與經學態度的轉向，確實與雍正六年（1728）、七年（1729）之間發生的「曾靜逆書」案與「謝濟世注《大學》諷時政」案兩個事件有關。

　　關於曾靜逆書事件，史景遷（Jonathan Spence）〔註142〕、王汎森〔註143〕都有十分詳盡的研究。由於曾靜案導致雍正經學態度的轉向，因此有必要根據《清史編年》、《世宗實錄》及史景遷之整理，對曾靜案始末作一番簡單的陳述與釐清。

〔註142〕見史景遷《雍正王朝之大義覺迷》（臺北：時報出版社，2002年2月）。
〔註143〕王汎森〈從曾靜案看十八世紀前期的社會心態〉，《大陸雜誌》85卷4期，1992年。

整起曾靜逆書事件，肇始於湖南郴州鄉間。曾靜本為湖南郴州永興縣的縣學生員。在應試之時因緣際會閱讀了浙江理學名儒呂留良的著作，並對呂留良夷夏、井田、封建之說甚表傾服，因而派遣自己的學生張熙至江尋訪呂留良致意。當時呂留良雖已辭世，但張熙卻因而結識呂留良之子呂毅中、呂留良之學生嚴鴻逵、嚴鴻逵之徒沈在寬等人。

另一方面，雍正初年部分康熙末年皇子鬥爭事件中支持皇子允禩之人被充軍至廣西，在充軍途中，沿途散佈不利於雍正的奪嫡傳言。先前已受呂留良夷夏論鼓動、本來就對「夷狄乘虛竊據神器，乾坤反覆」感到不滿的曾靜，聽聞這樣的謠言之後，認為可藉此事來遊說朝中的漢人將領反清。為了貫徹他的策反行動，曾靜選擇當時頗受官方器重的川陝兩省總督與寧遠大將軍岳鍾琪進行遊說。曾靜認為，岳鍾琪既身為漢人，同時又是抗金名將岳飛之後，應能認同攘夷抗清的觀點，因此於雍正六年時，派遣其學生張熙挾帶所著的《知新錄》，自稱「南海無主游民夏靚」，至西北投書岳鍾琪，遊說岳鍾琪反清。

對於張熙的策反活動，岳鍾琪與雍正的處理十分迅速明快。雍正六年九月二十六日張熙投書岳鍾琪，岳鍾琪審訊張熙，質問其師姓名、居址與平素往來交好、詆毀朝廷之人等，二日後即將此事奏聞雍正。雍正得報之後，隨即依據張熙之口供下令緝捕曾靜、呂留良等人。唯當時因呂留良已逝世，便轉而緝拿呂毅中、沈在寬、劉之珩、嚴鴻逵諸人。從事件發生到開始緝捕相關人等，在短短數日之間即已完成。雍正不僅於數日之內（十月初九日）旋令浙江總督李衛緝捕有關人員並查抄書籍，同年十二月，又命刑部侍郎杭奕祿、副都統海蘭會同湖南巡撫王國棟於長沙會審曾靜，並傳諭各省，將本案所有相關人犯押解至京審理。隔年（1729）五月二十一日，雍正就此案作長篇諭旨，定呂留良之罪，嚴懲呂毅中、沈在寬、劉之珩、嚴鴻逵諸人。〔註144〕此案之懲處，至此遂告一段落。〔註145〕

然而，雍正對於實際進行遊說策反的曾靜，不僅並未治罪，甚至還下旨永不可殺；反而是對未曾實際參與反叛活動、僅只是著書論夷夏、議政事的呂留良及其子孫弟子諸人治以重罪並嚴加懲處。乍看之下，雍正對曾靜逆書

〔註144〕見《世宗實錄》雍正七年五月二十一日條、《大義覺迷錄》（四部禁燬書叢刊本，史部第二十二冊，據清雍正朝內府刻本景印，北京：北京出版社，2000年），卷四，頁371～372。

〔註145〕關於此案之詳細始末，可見雍正《大義覺迷錄》卷二、《清史稿》卷291、史景遷《雍正王朝之大義覺迷》第二章及第三章。

策反事件的處理態度可說甚爲「出奇」且有違常理。在此事件中，雍正甚至爲呂留良親撰長篇諭旨，駁斥其說爲「邪說」，並自陳他之所以嚴懲呂留良、不處置曾靜的原因：

> 曾靜之謗訕，由於誤聽流言；而呂留良則自出胸臆，造作妖妄。況曾靜謬執中國夷狄之見，胸中妄起疑團，若不讀呂留良之書、不見呂留良之議論蜂起，快心滿意，亦必有所顧忌而不敢見之文辭。是呂留良之罪大惡極，誠有較曾靜更爲倍甚者也。……朕因浙省人心風俗之害，可憂者甚大，早夜籌畫，仁育義正，備極化導整頓之苦心，近始漸爲轉移，日歸於正。若使少爲悠忽，不亟加整頓，則呂留良之邪說誣民者，必致充塞膠固於人心而不可解，而天經地義之大閑泯没淪棄，幾使人人爲無父無君之人矣！……且呂留良動以理學自居，謂己身上續周、程、張、朱之道統。夫周、程、張、朱，世之大儒，豈有以無父無君爲其道，以亂臣賊子爲其學者乎？此其狃侮聖儒之教，敗壞士人之心，真名教中大罪魁也。而庸流下愚，不能灼知其心跡行藏，乃以一不解天經地義之匪類，猶且群然以道學推之，則斯文掃地矣。〔註146〕

從雍正親撰的長篇諭旨來看，他對曾靜、呂留良的裁決標準，在於曾、呂兩人心態之別。雍正認爲，曾靜本爲湖南村儒，他對雍正自身及清廷的謗訕，必是出於庸流下愚之人「誤聽流言」、受他人謠言與「邪說」鼓動所致，曾靜本人並非這些「邪說」的主動散佈者；至於呂留良的論著，則是「自出胸臆」的刻意毀謗，有意識地「造作妖妄」以鼓動社會上的庸流下愚進行反清活動。

　　從雍正的角度來看，就動機而言，呂留良比曾靜這一類的「庸流下愚」更爲可議。何況呂留良藉以「誤導」庸流下愚的，在於渲染社會上的「中國夷狄之見」，傳佈這一類的華夷論述，將致使曾靜一類的「庸流下愚」生起叛逆之心：「曾靜謬執中國夷狄之見，胸中妄起疑團，若不讀呂留良之書、不見呂留良之議論蜂起，快心滿意，亦必有所顧忌而不敢見之文辭。」雍正承認「謬執中國夷狄之見」的人確實存在，但存在此種想法未必會實際有所行動，不過若放任呂留良之流「嚴夷夏之防」的言論，則必然將鼓動部分漢人既有的「攘夷」觀點，渲染漢人社會中的「排滿」情緒，進而擴大社會上的滿漢

〔註146〕見《世宗實錄》雍正七年五月二十一日條、《大義覺迷錄》，卷四，頁 371～372。

衝突、影響漢人對滿洲統治中國之合理性的觀感，使清政權受到威脅。因此對雍正而言，「呂留良輩，又借明代為言，肆其分別華夷之邪說，冀遂其叛逆之志」，〔註147〕處清而思明，借明代為言而論華夷之別，心態上已起了叛逆之心。「其心可議」，這才是雍正所真正無法忍受的部分。

除此之外，嚴懲呂留良的另一個原因，在於呂留良的身分。呂留良為當時江南重要理學家，「動以理學自居，謂己身上續周、程、張、朱之道統」，士民「群然以道學推之」。他的學術地位，使得他的言論對於漢人士民社會而言，具有相當大的影響力，而他的言論也確實成功激起曾靜等「庸流下愚」進行策動反清的活動。因此，雍正在這次的事件中，意識到呂留良等具有士林清望的士人言論與經學詮釋對漢人社會所造成的影響，而重判呂留良諸人之罪，對其著作——特別是呂留良所著、廣受士人稱許的《四書講義》——逐條嚴審，並隨即敕命胤禮、張廷玉、方苞校訂康熙年間並未編校刊行的舊作——《日講春秋解義》，又詔命大學士朱軾作《駁呂留良四書講義》，以遏止呂留良「分別夷夏」的思想及其《四書講義》對漢人社會的影響力。

不過雍正朝的曾靜、呂留良案並非獨立事件。與曾靜案約莫同時，還有另一樁性質與曾靜、呂留良案很類似、但影響層面較小的文字獄——謝濟世藉注釋《大學》以毀謗程朱、怨諷時政事件。謝濟世案發生於雍正七年（1729）五、六月間，亦即呂留良案嚴鴻逵、沈在寬等人論罪確定之時。此案之案主謝濟世，曾於雍正四年時（1726）受到「科目朋黨」案牽連而被發配到阿爾泰軍，〔註148〕謝濟世於軍中期間注釋《大學》，由於其中言語對政治頗涉譏諷，並暗批雍正拒諫，而被振武將軍錫保所參劾。因此案發生在曾靜呂留良案之後，而兩案的性質都是以經學詮釋批判時政，這使得雍正不得不注意到士人藉解經以議政事的現象，以及士人託解經以諷時政、別夷夏之風氣對漢人社

〔註147〕《大義覺迷錄》，卷一，頁263，引雍正上諭。

〔註148〕見《世宗實錄》，雍正四年十二月初七日甲子條。因李紱、田文鏡互參，田文鏡奏李紱與科甲同年，朋比為奸。後監察御史謝濟世參奏田文鏡「營私負國，貪虐不法」十款，帝以謝濟世所言與李紱前奏相吻合，又以謝濟世、李紱必早有結納，命將謝濟世革職嚴訊。謝濟世自認所參各款「風聞無據」，問何人指使，答曰：「孔、孟」，又大呼「聖祖仁皇帝」，王大臣等皆瞿然起立，乃罷訊。刑部等以「要結朋黨，擾亂是非」罪名擬斬，帝以「不教而誅，實所不忍；教而不久，朕亦不忍誅也」姑寬之，命往阿爾泰軍前效力。事又見《上諭內閣》、《宮中檔雍正朝奏折（七）》、《清史稿》卷293、陳康祺《郎潛紀聞二筆》卷四。

會所造成的影響。爲此，雍正對於此案十分留心，不僅詳細批閱謝濟世之《大學》注，並下諭旨指示：「觀謝濟世所注之書，意不止毀謗程朱，乃用《大學》內『見賢而不能舉』兩節，言人君用人之道以抒寓其怨望誹謗之私也。其注有『拒諫飭非，必至拂人之性，驕泰甚矣』等語，則謝濟世之存心，昭然可見」，以謝濟世藉注《大學》而抒寓怨望誹謗，故命九卿治其罪。〔註149〕

　　雍正六、七年間接連出現的呂留良、謝濟世事件，反映出經學詮釋已成爲當時部分士人藉以批判時政、甚至鼓動士子排滿情緒的手段，而經學文本也成爲士人渲染排滿思想、批判時政的論據。這兩次事件很可能改變了雍正對經學詮釋的看法。在曾靜案發生之前，他對官方漢文經學詮釋的修纂工作並不積極。直至這些事件發生後，才使雍正意識到「此其狎侮聖儒之教，敗壞士人之心，眞名教之罪魁也」，並進而開始針對與華夷思想相關的《春秋》及《四書》，進行官方觀點的經學詮釋編修工作。

　　雍正批判呂留良等人的經學論點「狎侮聖儒之教」，但，在批判呂留良之經學詮釋不合於「聖儒之教」的同時，也必須建立官方所認定的「聖儒之教」與儒學正統性論述，以掌握儒學經典的詮釋權，並遏止當時藉著詮釋經典而論議時政的學術風氣，進而從經典中尋繹符合清官方觀點的華夷論述，建構滿洲統治中國的正統性與合理性。如此一來，則可將遺民士人藉以論證「排滿」的經典文本，轉化爲勸說士人效忠清室、以及證成滿洲統治中國合理性的重要論據，同時又可透過頒行於各地學宮，讓士子知所趨向。在這樣的基礎上，雍正七年（1729），雍正敕命將其與曾靜對《春秋》經義與時政的詰問對答，匯編刊刻爲《大義覺迷錄》一書。其書無論從刊刻與頒行層面而言，都帶有鮮明的官方觀點經學「教化」意味。《大義覺迷錄》中雍正與曾靜對《春秋》經義的詰問對答裡，就表現出清廷透過《大義覺迷錄》裡對《春秋》思想的評述，以淡化漢人士民間「攘夷」情緒的企圖。

　　雍正在《大義覺迷錄》對《春秋》經義的意見，大致上可歸納爲「《春秋》大義」在君臣而非夷夏、析論《春秋》所「攘」之「夷」、華夷之分聖人原不在地上論等幾個方面：

〔註149〕見《世宗實錄》，雍正七年六月二十八日辛丑條。時謝濟世於軍前效力，順承郡王、振武將軍錫保參奏其「注釋《大學》，毀謗程朱。」諭：「觀謝濟世所注之書，意不止毀謗程朱，乃用《大學》內『見賢而不能舉』兩節，言人君用人之道以抒寓其怨望誹謗之私也。」

1. 「《春秋》大義」在君臣父子之大倫而非華夷之分

　　清初遺民士人在尋繹「嚴華夷之防」的經典論據時，往往會援引《春秋》或《四書》之說，以強化漢人的「攘夷」意識與政治認同，顧炎武、王夫之、曾靜、呂留良諸人皆然。從雍正七年的曾靜案來看，這種方式確實有效的達到渲染「排滿」思想的效果，也成功鼓動了士人的反清情緒。曾靜《知新錄》中，即援引《論語》典故以論證聖人嘉許管仲能辨華夷：

> 如何以人類中君臣之義，移向人與夷狄大分上用？管仲忘君事仇，
> 孔子何故恕之，反許以仁？蓋以華夷之分，大於君臣之倫。華之與
> 夷，乃人與物之分界，為域中第一義，所以聖人許管仲之功。〔註150〕

曾靜《知新錄》將「華夷之分」凌越於「君臣之倫」上，認為華夷之別，遠勝於政治上的君臣倫理。他以「華夷之分」為「域中第一義」，並舉管仲為例，認為管仲棄公子糾之仇而奉桓公的行為雖堪稱「忘君事仇」，但因管仲能嚴守「華夷之分」，因此孔子「恕之」。「人與夷狄，無君臣之分」，〔註151〕所以曾靜認為由夷狄所把持的朝廷，漢人並沒有效忠的必要。

　　《知新錄》裡的華夷論述，比王夫之近乎種族主義的華夷論述更為極端。王夫之至少猶以夷狄在仁、智上「愈於禽獸」，〔註152〕而曾靜則以華夷之間為「人與物之分界」，甚至主張：

> 中國人之詭譎反覆無恥無狀者，其行習原類夷狄，只是惡亦是人之
> 惡，天經地義，究竟不致掃滅。若是夷狄，他就無許多顧慮了，不
> 管父子之親、君臣之義、長幼之序、夫婦之別、朋友之信。〔註153〕

《知新錄》認為夷狄不具父子、君臣、長幼、夫婦、朋友等倫理觀，完全將「中國／夷狄」之分視為「人」與「物」之分。

〔註150〕《大義覺迷錄》，卷二，頁302，引曾靜《知新錄》。
〔註151〕《大義覺迷錄》，卷二，頁302，引曾靜《知新錄》。
〔註152〕王夫之《春秋家說》（收於《船山全書》第五冊，長沙：嶽麓書社，1993年），頁145～146，卷上，〈莊公〉：「立人之道，仁智而已。仁顯乎禮，智貞乎義。故夫禽獸者，仁智之介然或存者有矣，介然之仁弗能顯諸禮，介然之智弗能貞諸義，斯以為禽心。夷狄之仁，視禽廣大矣；夷狄之智，視禽通明矣，亦唯不義無禮，無以愈於禽也，斯以為狄道。雖然，義以貞智，智以立義；事以備功，功以免敗。是故狄之免於敗也，必有功矣。功必因智，智之倚叛於義，則亦以召敗而墮功，其功免於敗，則其義猶參差遇之也。若夫介然之仁，不準諸禮，而亦有以動愚賤。故狄雖假義，終必棄禮，棄禮以為功，是之謂狄。」。
〔註153〕《大義覺迷錄》，卷二，頁310，引曾靜《知新錄》。

　　正因曾靜及其他遺民士人習於引述儒學文獻典故以論證華夷意識凌越政治倫理的觀點，而《春秋》也成為清初士人「排滿」思想的主要言論依據，因此雍正在曾靜被拘執至京問供時，便不得不就「《春秋》大義」與曾靜詳細論辨。在「《春秋》大義」的問題上，曾靜對呂留良的《春秋》評論十分推崇，認為呂留良真正掌握了《春秋》大義」的思想核心：「《春秋》大義，未經先儒講討，有明三百年無一人深悉其故，幸得東海夫子（按：即呂留良）秉持撐拄。」〔註154〕他甚至認為，有明三百年間無人真正觸及「《春秋》大義」的本質，唯有呂留良的「仁」即「尊攘」之說合於《春秋》之義。因此，他由此推論出「《春秋》大義」也只是「尊周攘夷」：

> 彌天重犯（按：即曾靜）…………就正因應試州城，得見呂留良所選本朝程墨及大小題房書評，……而中間有論管仲九合一匡處，他人皆以為「仁」只在不用兵車，而呂《評》大意獨謂「仁」在「尊攘」。彌天重犯遂類推一部《春秋》也只是「尊周攘夷」。〔註155〕

從清初的士人《春秋》學裡看來，遺民士人的《春秋》學詮釋重心確實重「攘夷」甚於「尊王」。無論是王夫之、顧炎武，抑或是雍正時期的曾靜、呂留良，都出現了在評述《春秋》時，將《春秋》學的核心內容的定位，由「尊王攘夷」轉向單重「攘夷」的傾向。從曾靜「一部《春秋》，也只是尊周攘夷」一語看來，曾靜和大多數的遺民一樣，認為「《春秋》大義」在「尊周攘夷」——特別是「攘夷」上。

　　清初遺民士人《春秋》學既以「攘夷」為其經學詮釋的重心，並成為遺民士人藉以「排滿」的民族論述載體，這樣的經學詮釋路向對清廷而言，自然對建立清政權的正統性有所威脅。因此，對於「《春秋》大義」的定位，究竟在「尊王」或是在「攘夷」？便成為雍正在與曾靜針對經義進行論辯對話之時的核心問題。雍正認為，遺民士人以「攘夷」來論斷「《春秋》大義」的詮釋路向，事實上只是這些遺民的個人意見，並非《春秋》本意。《大義覺迷錄》中，他以相當多的篇幅來討論何為「《春秋》大義」。面對曾靜「一部《春秋》，也只是尊周攘夷」的說法，雍正數度在與曾靜的對答中針對此點加以質問，〔註156〕並直斥「曾靜狂言，以『《春秋》大義』自居」。〔註157〕在《大義

〔註154〕《大義覺迷錄》，卷一，頁292，引曾靜《知新錄》。

〔註155〕《大義覺迷錄》，卷一，頁292～293，引曾靜口供。

〔註156〕《大義覺迷錄》，卷一，頁292引雍正問曾靜語：「旨意問你，書內云：『《春

覺迷錄》裡，雍正對曾靜及遺民將「《春秋》大義」定位爲「尊周攘夷」的說
法提出嚴正駁斥，並進一步將「《春秋》大義」的焦點由「尊攘」轉向「君臣
父子之大倫，扶植綱常，辨定名分」上：

> 孔子成《春秋》，原爲君臣父子之大倫，扶植綱常，辨定名分，故曰
> 「孔子成《春秋》，而亂臣賊子懼」。今曾靜以亂臣賊子之心，託《春
> 秋》以爲説，與孔子經文判然相背，無怪乎明三百年無一人能解。
> 不但元明之人，即漢唐宋以來之儒，亦無人能解也。惟逆賊呂留良
> 兇悖成性，悍然無忌，與曾靜同一亂賊之性，同一亂賊之見，所以
> 其解略同耳。曾靜之惡逆大罪，肆詆朕躬，已爲自古亂臣賊子所罕
> 見。而呂留良譸張狂吠，獲罪於聖祖，其罪萬死莫贖，宜曾靜之服
> 傾倒，以爲千古卓議。可問曾靜，呂留良所説《春秋》大義，如何
> 昭然大白於天下？呂留良還是域中第一義人？還是域中第一叛逆之
> 人？〔註158〕

雍正與遺民士人之間對「《春秋》大義」或《春秋》學詮釋重心問題的探討，反
映出清初官方與明遺民之間爭取「《春秋》大義」詮釋權的傾向。客觀地看來，
曾靜、呂留良案發生後，雍正所採取的應對方式，和遺民藉詮釋《春秋》以寄
寓華夷論述的方式是一致的。他透過對《春秋》文本的官方經學詮釋，批判遺
民士人《春秋》學中將「華夷之分」凌越於「君臣之倫」上的「攘夷」論述是
「狃侮聖儒之教」，並主張「《春秋》大義」並不如遺民士人所稱之「攘夷（尊
周）」，而是在「君臣父子之大倫，扶植綱常，辨定名分」等「尊王」意識上。

　　《大義覺迷錄》中雍正將原本不利於清政權的《春秋》「攘夷」論述轉而
詮釋爲對統治者有利的「君臣綱常」與「尊王」，並直斥曾靜、呂留良等人以
夷夏之別論《春秋》大義是出於叛逆與「僭王」的政治動機，不僅是「自
古亂臣賊子所罕見」，也有違於《春秋》經文本身懲戒「亂臣賊子」的本意，
因此呂、曾堪稱「域中第一叛逆之人」。清官方透過對「《春秋》大義」的重
新定義，將《春秋》學的核心問題由原本遺民士人的「華夷」論述，轉向官
方所要強調的「君臣」論述，而遺民士人與官方之間對「《春秋》大義」在「尊

秋》大義，未經先儒講討……」」又，卷一，頁 293，引雍正問曾靜語：「可
　　問曾靜，呂留良所説《春秋》大義如何昭然大白於天下？」
〔註157〕《大義覺迷錄》，卷一，頁 290。
〔註158〕《大義覺迷錄》，卷一，頁 292～293。

王」與「攘夷」之間的爭論拉扯，可說是這一時期《春秋》學最重要的思想問題。

2. 重新定義所「攘」之「夷」：攘者止指吳、楚

清初遺民士人對於《春秋》中荊蠻之「楚」的定位十分特別。在本文第二章中已提及，王夫之在《春秋稗疏》中，曾極力論證《春秋》中之楚與中夏的淵源，認為「楚」不能以一般的塞外之虜來看待，並認為楚為周元德之裔，不宜徑視為蠻夷。事實上，清初士人中，除了王夫之外，毛奇齡也有同樣的論點。《春秋屬辭比事記》隱公二年《經》「春，公會戎於潛」條：

> 古夷狄雜處中國，如西南之猺獠然。自秦始盡毆之塞外，而築長城
> 以截之。夫然後中國夷狄，永有分別。其在秦郡縣之外，凡漢武所
> 開之土，未經毆逐者，則諸夷尚存。今之西南猺獠所稱土官、土民
> 皆是也。《春秋》開卷即與戎盟，此亦不得已，而以與國禮相待故然。
> 胡氏誤以楚為夷狄而攘之。夫蠻夷猾夏，所在都有，徒攘荊楚，無
> 為也！況荊楚本先王所封國，實五等諸侯，非夷狄也。《魯詩》曰：
> 「戎狄是膺，荊舒是懲。」戎狄指淮夷、徐戎，非荊舒也。〔註159〕

毛奇齡認為楚為「先王所封國，實五等諸侯，非夷狄也」，完全不將「楚」視為「夷狄」，甚至批評胡安國《春秋胡氏傳》以楚為夷狄、攘夷攘楚之論為非。

但，雍正朝官方《春秋》學對「楚」的態度顯然與清初遺民士人大相逕庭。《大義覺迷錄》中不僅將「《春秋》大義」由遺民所論述的「攘夷」轉移到「尊王」與「君臣」上，同時雍正也對《春秋》所攘之「夷」下了明確的定義。他在《大義覺迷錄》中明確提到，《春秋》中所「攘」之「夷」只限於「吳楚」；而《春秋》「攘吳楚」的原因，在於吳楚二國「僭王」之行：「《春秋》所擯，亦指吳楚僭王。」〔註160〕雍正對《春秋》所「攘」之「夷」的定義提出了與傳統《春秋》學截然不同的新詮釋。這種詮釋觀點，也表現在《大義覺迷錄》裡：

> 曾靜供：……今日伏讀皇上諭旨……義更精實，理更顯明，雖頑石
> 無知，亦應震動了。……只為向見《春秋》有華夷之辨，錯會經旨，
> 所以發出誕妄狂悖言語，其實到今日方曉得經文所說，只因楚不尊

〔註159〕毛奇齡《春秋屬辭比事記》（收於《皇清經解春秋類彙編》（臺北：藝文印書
　　　　館，1986 年），《皇清經解》，卷一百五十九，頁 347。
〔註160〕《大義覺迷錄》，卷一，頁 293，引曾靜口供。

王，故攘之。〔註161〕

上述引文，為曾靜在讀畢雍正諭旨後，對《春秋》「攘夷」看法之轉變。從曾靜所供的原文看來，可以發現雍正是以「錯會經旨」的角度來駁斥遺民的「攘夷」之論，亦即以否定遺民士人《春秋》學詮釋路向的方式（「錯會經旨」），間接地批判遺民士人以「《春秋》大義」在於對「攘夷」的錯誤詮釋。至於《春秋》「攘楚」之原因，雍正也指向「楚不尊王，故攘之」，而非因楚國的夷狄身分。

這樣的論述，變相地強化雍正「《春秋》大義」在「尊王」而不在「攘夷」的論點。類似的論述，在《大義覺迷錄》中不斷被強調。《大義覺迷錄》中另有一段提及曾靜在面對雍正詰問《春秋》時回應：

> 彌天重犯（按：即曾靜）遂類推一部《春秋》也只是「尊周攘夷」，卻不知《論語》所攘者，止指楚國而言。謂僭王左衽，不知大倫，不習文教，而《春秋》所擯，亦指吳楚僭王，非以其地遠而擯之也。〔註162〕

從曾靜的回應裡可以看出，雍正將《論語》、《春秋》「攘夷」論中之「夷」限定於吳、楚，且攘楚之原因並非因楚國之「地遠」，而在於「僭王左衽」、「不知大倫」與「不習文教」等行為。從上下文句來看，此處的「大倫」為「君臣之大倫」。這段話再次指出，「攘楚」之因在於不明「君臣之義」，楚國「僭王」、不知「君臣之大倫」，故而應「攘」。如此一來，雍正便成功地將原本傾向於民族論述的《春秋》「攘夷」之說，轉移到「君臣之義」的政治論述上來。

除了以「攘僭王之楚」來詮釋《春秋》之「攘夷」說之外，雍正也將「攘楚」的詮釋觀點貫徹在所有其他經學文本關於「攘夷」的詮釋裡。在針對曾靜案發佈的上諭裡，雍正便指出：

> 《詩》言：「戎狄是膺，荊舒是懲」者，以其僭王猾夏，不知君臣之大義，故聲其罪而懲艾之，非以其為戎狄而外之也。若以戎狄而言，則孔子周遊，不當至楚應昭王之聘；而秦穆之霸西戎，孔子刪定之時不應以其誓列於周書之後矣。〔註163〕

〈上諭〉中，雍正特別引述《詩經》「戎狄是膺，荊舒是懲」之語，以證明「攘

〔註161〕《大義覺迷錄》，卷一，頁287，引曾靜口供。
〔註162〕《大義覺迷錄》，卷一，頁293，引曾靜口供。
〔註163〕《大義覺迷錄》，卷一，頁261，雍正上諭。

楚」之原因在於「僭王猾夏，不知君臣之大義」。也就是說，《大義覺迷錄》不僅在「《春秋》大義」的探討上，由強調「華夷之分」的「攘夷」論述轉向重視「君臣大倫」的「尊王」思想；另一方面，「非以其地遼而擯之」、「非以其爲戎狄而外之」的觀點，也說明了《大義覺迷錄》將原本經學中的「華夷」問題定位爲文化論述而非爲民族論述，如此也淡化了《春秋》「華夷」論中的民族意識色彩。

雍正將《春秋》之「攘夷」轉而詮釋爲「攘楚」，更進一步的說，是「攘僭王之吳楚」。遺民士人《春秋》學以民族認同來詮釋《春秋》中的「攘夷」，而《大義覺迷錄》則巧妙地將「攘夷」的原因由血緣（「以其爲戎狄而外之」）、地域（「以其地遼而擯之」）等民族問題，轉而詮釋爲「以僭王故攘之」的政治倫理問題，並企圖透過這樣的詮釋來扭轉《春秋》中的「攘夷」觀念，以淡化「華／夷」概念中的民族主義意味。

3. 華夷之分，聖人原不在地上論

清初遺民士人《春秋》學在論及「夷夏之辨」時，往往以種族、地域作爲華夷之分界。如王夫之《春秋世論》便以「代、粵、海、磧」作爲華夷地理上之分界，認爲華夷各有其活動地域，因而彼此都不宜強求而治之。〔註164〕以地域論華夷的看法，是清初遺民士人對夷夏分判的共識，這種共識同樣表現於曾靜的《知新錄》裡：「天生人物，理一分殊，中土得正而陰陽合德者爲人，四塞傾險而邪僻者爲夷狄」〔註165〕、「中華之外，四面皆是夷狄。與中土稍近者，尚有分毫人氣，轉遠與禽獸無異」。〔註166〕遺民傾向於以地域作爲分判華夷的標準，以此申論《春秋》「攘夷」之說。這樣的華夷論述，威脅滿洲政權統治「中土」的正統性。爲了駁斥類似的觀點，雍正一方面指出《春秋》、《論語》所「攘」之「夷」僅限楚國，將「攘夷」之原因轉移到「僭王」上，使「攘夷」論述轉化爲「尊王」論述；另一方面，他也極力駁斥清初遺民士人以地域界定「中華」與「夷狄」的華夷意識。《大義覺迷錄》中所載的〈雍正上諭〉裡，雍正即以實際的政治與疆域層面，批判中國傳統的夷夏論述：

〔註164〕王夫之《春秋世論》（收於《船山全書》第五冊（長沙：嶽麓書社，1993年1月）），卷一，頁390：「王者不治夷狄，謂夫非所治者也。代之北，粵之南，海之東，磧之西，非所治也。故漢之涉幕北，隋之越海東，欻已以強求于外，與王道舛而速禍。」。

〔註165〕《大義覺迷錄》，卷一，頁286，引曾靜《知新錄》。

〔註166〕《大義覺迷錄》，卷二，頁304，引曾靜《知新錄》。

> 自古中國一統之世，幅員不能廣遠。其中有不向化者，則斥之爲「夷
> 狄」。如三代以上之有苗、荊楚、玁狁，即今湖南、湖北、山西之地
> 也。在今日而目爲夷狄，可乎？至於漢、唐、宋全盛之時，北狄西戎，
> 世爲邊患，從未能臣服而有其地，是以有此疆彼界之分。自我朝入主
> 中土，君臨天下，并蒙古極邊諸部落俱歸版圖，是中國之疆土開拓廣
> 遠，乃中國臣民之大幸，何得尚有華夷中外之分論哉！〔註167〕

雍正先從政治層面來批判中國將「不向化」者斥爲「夷狄」的傳統，認爲這
是在對外政策上自限疆界。「至於漢唐宋全盛之時，北狄西戎，世爲邊患，從
未能臣服而有其地，是以有此疆彼界之分」，致使中國即使在一統之世，幅員
也未能廣遠，無助於「中華」之向外拓展。對於經學中華夷分論、「嚴華夷之
防」的觀點，雍正基本上抱持著否定與批判的心態。他認爲正是這樣的心態，
限制了中國政治與外交的發展。《大義覺迷錄》是從批判《春秋》華夷論述的
角度來詮釋、理解《春秋》學的華夷論述的。這一點，可說是雍正時期官方
《春秋》學一項十分重要的思想特色。

除此之外，他也指出「華」與「夷」二者只是一個相對的概念，而「華
／夷」之間的地域分界更會隨著歷代中華疆域的延展而擴張，許多過去被視
爲夷狄之地如湖南、湖北、山西等地，今日早已不再被視爲「夷狄」。「今日
目爲夷狄，可乎？」雍正認爲華夷中外之分論，不僅不利於中華文化疆域與
政治疆域的擴張，同時也不符合歷史事實。因此，他肯定清政權不強調華夷
中外之分、不自限疆域的治邊政策與對外政策，認爲只有在不自限其「華夷
中外之分」的狀況下，才得以使「中國之疆土開拓廣遠」。也就是說，他的華
夷論述，基本上是以「打破華夷之分」爲基礎而建立的，這使得官方《春秋》
學的華夷論述與遺民士人的華夷論述在態度上有著本質上的區別：遺民士人
的華夷論述是以「嚴夷夏之防」、強調「華夷之分」的立場演繹立論，而雍正
則是以「泯華夷之分」的角度立言。

雍正一方面從歷史上指出「中國」的文化與政治疆域不斷擴大的事實，
另一方面，他也從政治現實的角度來探討中國不應強調華夷之分、更不應以
地域論華夷，藉以顛覆遺民士人以地域論「華／夷」的觀點。除此之外，他
也積極在儒學經典中尋繹夷狄亦可承繼中國之統的相關文本，作爲建構滿洲
統治中國合理性的論據。《大義覺迷錄》載雍正上諭云：

〔註167〕《大義覺迷錄》，卷一，頁262，雍正上諭。

在逆賊（呂留良）等之意，徒謂本朝以滿洲之君入爲中國之主，妄
生此疆彼界之私，遂故爲訕謗詆譏之說耳。不知本朝之爲滿洲，猶
中國之有籍貫。舜爲東夷之人，文王爲西夷之人，曾何損於聖德乎！
〔註168〕

「舜爲東夷之人，文王爲西夷之人」之說，出於《孟子·離婁下》。〔註169〕
這一段文字，也是康、雍、乾諸朝在面對華夷問題與滿洲政權正統性時，最
常援引的儒學經典論據。雍正在《大義覺迷錄》裡即反覆引述此語，以論證
夷狄之人可繼承中國之統，且亦絲毫無損於聖德。他藉此證成滿洲統治中國
的合理性，並將「滿洲」視同「中國之有籍貫」，認爲「滿洲」只是出身地域
的標記，人們不應因此而「妄生此疆彼界之私」。

雍正並進一步指出，華夷有殊之說是出於呂留良等人因「本朝以滿洲之
君入爲中國之主」，因而「故爲訕謗詆譏之說」。也就是說，雍正以「籍貫」
不同的角度來解釋「滿洲」之於「中國」的關係，並說明清初社會的滿漢衝
突問題。雍正認爲華／夷二者之間本身並不存在著「此疆彼界」的地域之分，
只是在呂留良等遺民士人的刻意訕謗之下，華夷之間差異才被強調出來。他
以此曉諭曾靜，致使曾靜最後也改變了原本「中土得正而陰陽合德者爲人，
四塞傾險而邪僻者爲夷狄」〔註170〕的看法。《大義覺迷錄》載：

> 曾靜供：……豈知華夷之分，聖人原不在地上論。若以地論，則「舜
> 生於諸馮，東夷之人也；文王生於岐周，西夷之人也」都不通了。
> 將謂大舜與文王不是人，可乎？且更不是聖人，可乎？況由舜、文
> 以下，不知更有幾多行爲師表、道高百世如周子、張子、陳良者，
> 俱生於四裔之地，猶歷歷可數者乎！……至皇上德化之盛，且曉得
> 本朝之得統，全是仁義。〔註171〕

這種「華夷之分，聖人原不在地上論」的觀點，是爲了論證「本朝之得統，
全是仁義」的基礎上而被提出的。《大義覺迷錄》又載：

> 彌天重犯（按：即曾靜）……若以地而論，則陳良不得爲豪傑，周

〔註168〕《大義覺迷錄》，卷一，頁260～261，雍正上諭。
〔註169〕《孟子·離婁下》：「孟子曰：『舜生於諸馮，遷於負夏，卒於鳴條；東夷之
　　　　人也。文王生於岐周，卒於畢郢，西夷之人也。地之相去也，千有餘里；
　　　　世之相後也，千有餘歲；得志行乎中國，若合符節。先聖後聖，其揆一也。』」
〔註170〕《大義覺迷錄》，卷一，頁286，引曾靜《知新錄》。
〔註171〕《大義覺迷錄》，卷二，頁303，引曾靜口供。

> 子不得承道統。律以《春秋》之義，亦將擯之乎？況舜爲東夷之人，
>
> 文王爲西夷之人，其說載於《孟子》，更大昭著者也。〔註172〕

從以上兩段《大義覺迷錄》所載錄的曾靜口供看來，雍正說服了曾靜，並推翻遺民士人以地域論華夷的說法，認爲「華夷之分，聖人原不在地上論」，最後更以舜、文王、周子等人爲例，證成即使出身於被視爲夷狄的地域，但終究仍無礙於他們繼承中國的治統與道統，藉此以證明外夷之人不僅能承繼道統、治統，亦可成聖，因此雍正認爲以地域論「華／夷之別」並不合適。

最後，在雍正對曾靜、呂留良案的長篇上諭裡，他也從政治現實的角度勸諭漢人士民應正視政治現實，不宜再拘泥於華／夷之見，對於外國之君也應給予公正和合理的評價：

> 且如中國之人輕待外國之入承大統者，……此特懷挾私心、識見卑鄙之人，不欲歸美於外來之君，欲貶抑淹沒之耳。……而論於外國入承大統之君，其善惡當秉公書錄，細大不遺，庶俾中國之君見之以爲外國之主且明哲仁愛如此，自必生奮勵之心。……倘故爲貶抑淹沒，略其善而不傳，誣其惡而妄載，將使中國之君以既生中國，自享令名，不必修德行仁以臻郅隆之治，而外國入承大統之君以爲縱能夙夜勵精、勤求治理，究無望於載籍之褒揚，而爲善之心因而自息，則內地蒼生其苦無有底止矣。其爲人心世道之害，可勝言哉！
>
> 〔註173〕

雍正在此處指出，士人應以秉公紀實的態度來記述歷史，不宜以「攙挾私心」的以民族立場來書寫歷史。他批判充滿民族立場的歷史書寫，認爲史家如果對入承大統之外國明君事跡的記載未能秉公持正，則將使「既生中國」的「中國之君」不需致力於修德行仁也得「自享令名」，這必然將使得外國入承大統之君沒有「夙夜勵精、勤求治理」的動機。他認爲呂留良這種以民族立場評論政治的論點，終將導致「內地蒼生其苦無有底止」。

不過，《大義覺迷錄》中雍正之所以會特別點明史論加以批判，主要在於遺民士人除了藉《春秋》學中的華夷論述以申抒「攘夷」情緒之外，史論書寫也成爲清初遺民士人另一個發抒民族情緒的場域。如王夫之《讀通鑑論》、《宋論》，或顧炎武《日知錄》中對歷史事件的評述，都有這種藉評史以論華

〔註172〕《大義覺迷錄》，卷一，頁 293，引曾靜口供。
〔註173〕《大義覺迷錄》，卷一，頁 263～264，雍正上諭。

夷、議政事的傾向，雍正七年（1729）時，陸生楠更因撰《通鑑論》藉評史以議時政，而身陷囹圄。〔註174〕

雍正對曾靜、呂留良案，處置迅速卻影響深遠。他不僅嚴審呂留良之著作、銷毀其書，又「戮留良尸」，還「誅毅中（呂留良之子）並鴻逵（嚴鴻逵）、在寬（沈在寬）等，戍留良子孫」，懲處極為嚴厲。〔註175〕雍正七年（1729）九月諭示刊刻《大義覺迷錄》，隔年（雍正八年，1730）五至八月間各地學政、總督便已紛紛上奏回報已接到欽頒《大義覺迷錄》之事。〔註176〕此書頒行至

〔註174〕陸生楠撰《通鑑論》十七篇，順承郡王、振武將軍錫保以其「抗憤不平之語甚多」，顯係非議時政，參奏。帝以其為廣西人，疑與謝濟世同黨。本日諭：「陸生楠素懷逆心，毫無悔悟，怙惡之念愈深，奸惡之情益固。借托古人之事幾，誣引古人之言論，以泄一己不平之怨怒，肆無忌憚。」「朕意欲將陸生楠於軍前正法，以為人臣懷怨訕者之戒。」事見《上諭內閣》。

〔註175〕《清史稿》（北京：中華書局，1998年1月），卷二百九十一，〈杭奕祿傳〉，頁10289：「上命編次為大義覺迷錄，令杭奕祿以靜至江寧、杭州、蘇州宣講。事畢，命并熙釋勿誅，戮留良尸，誅毅中並鴻逵、在寬等，戍留良諸子孫。」又據辜鴻銘、孟森等編《清代野史》（成都：巴蜀書社，1998年9月，初版）第二卷〈康雍乾間文字獄‧曾靜、呂留良之獄〉頁622所載：「雍正十年十二月，刑部等衙門議奏逆賊嚴鴻逵，梟獍性成，心懷叛逆，與呂留良黨惡共濟，誣捏妖言，實復載所難容，為王法所不貸。嚴鴻逵應凌遲處死，已伏冥誅，應戮尸梟示。其祖父、父、子、孫、兄、弟及伯叔父兄弟之子男，十六以上，皆斬立決。男十五以下，及嚴鴻逵之母、女、妻、妾、姊、妹、子之妻妾，俱解部給功臣之家為奴。財產入官。沈在寬傳習呂留良、嚴鴻逵之邪說，猖狂悖亂，附會詆譏，允宜速正典刑，凌遲處死。其嫡屬等，均照律治罪。又呂留良案內黃補庵，自稱私淑門人，所作詩詞，荒唐狂悖，車鼎丰、車鼎賁刊刻逆書，往來契厚，孫用克陰相援結，周敬輿甘心附逆，私藏禁書。黃補庵應斬立決，妻、妾、子、女給功臣之家為奴，父、母、祖、孫、兄、弟流二千里。車鼎丰等但擬斬監候。又呂留良案內，被惑門徒房明疇、金子尚應革去生員，杖一百，僉妻流三千里。陳祖陶、沈允懷、沈成之、董呂音、李天維、費定原、王立夫、施子由、沈斗山、沈惠侯、沈林友應革去教諭舉人監生生員，杖一百，徒三年。朱霞山、朱芷年從學嚴鴻逵時年尚幼小，張聖範、朱羽采令伊等幼子從沈在寬附學訓蒙，審無與沈在寬交好之處，應無庸議。得旨：嚴鴻逵著戮尸梟示，其孫著發寧古塔給與披甲人為奴，沈在寬著改斬立決，黃補庵已伏冥誅，其嫡屬照議治罪。車鼎丰、車鼎賁、孫用克、周敬輿具依擬應斬，著監候秋後處決。房明疇、金子尚俱僉妻流三千里。陳祖陶等十一人著杖責完結。張聖範、朱羽采、朱霸山、朱芷年著釋放。」

〔註176〕據中研院史語所藏內閣大庫檔案：雍正八年五月一日，山東兗州總兵官岳含奇即上奏揭報奉到欽頒《大義覺迷錄》一部。又，雍正八年五月八日，廣東廣州左翼總兵官李惟揚也上奏已於四月十九日經廣東駐省提塘王齋送到《大

各總督、總兵及各府州縣學宮，並向全國紳、士、兵、民宣諭，〔註 177〕可見影響層面之廣。

雍正對呂留良案的反應如此強烈，也導致某些有意逢迎之徒藉機取巧生事，以迎合上意。雍正七至九年之間此類事例甚多，聊舉數例於下：雍正七年（1729）十月二十六日，提督廣東學政上奏言連州生員陳錫等不為呂留良邪說所惑，士習淳良可嘉；〔註 178〕再如雍正八年（1730）正月，福建人諸葛際盛作聲討呂留良之《檄文》；〔註 179〕又如雍正九年（1731）五月四日，提督湖北學政上奏揭報湖北八府一州各學生監不下數萬人，其照議出具結狀，眾口一詞，請速將逆賊呂留良等查照部議、按律正法、所著逆書盡行燔燬等。〔註 180〕可見雍正對呂留良、嚴鴻逵等人的處置及《大義覺迷錄》的頒行，都對當時的漢人社會形成極大影響。雖然華夷之辨並不是此書的全部內容，但對「華夷」的疏釋及對「《春秋》大義」的探討，確實是《大義覺迷錄》極重要的部分。從《大義覺迷錄》中的「華夷」論述看來，雍正確實企圖疏解漢人士人中的民族意識與排滿思想。書中多處對《春秋》之義旨加以疏釋，並重新詮釋了「《春秋》大義」、「攘夷」等概念，由此看來，雍正已意識到漢人民族意識的文本論據在於《春秋》，因此他也藉著重新詮釋經文，將《春秋》中的「春秋大義」、「尊攘」諸說轉化為有利於滿洲統治的方向，以此抨擊曾靜、呂留良等人之說「錯解經義」，意圖遏止部分士人藉「《春秋》大義」宣傳「攘夷」與排滿思想的情況。

二、《日講春秋解義》與雍正時期官方《春秋》學之華夷詮釋

雍正時期，除了《大義覺迷錄》之外，與《大義覺迷錄》、《駁呂留良四

義覺迷錄》一部。李惟揚上奏雍正八年七月四日，福建漳州總兵官上奏揭報已於雍正八年七月初二日奉到特頒《大義覺迷錄》。

〔註 177〕《世宗實錄》，雍正七年九月十二日癸未條。

〔註 178〕據中研院史語所藏內閣大庫檔案，雍正七年十月二十六日，提督廣東學政奏摺。事亦見《清史稿》，卷一百八，〈選舉志〉：「（雍正）七年，廣東連州知州朱振基私祀呂留良，生員陳錫首告，上嘉之。令是科連州應試完場舉子，由學政遴取優通者四人賞舉人。」

〔註 179〕雍正八年正月，閩人諸葛際盛作聲討呂留良之《檄文》，浙江紹興人唐孫鎬見之，作《揭帖》為呂留良辯護。後《揭帖》為湖北通山知縣井浚所見，並向巡察湖廣給事中唐繼祖檢舉，二月十三日唐繼祖奏報，請將唐孫鎬「立置重典」事見《史料旬刊》，第五期。轉引自《清史編年》（北京：中國人民大學出版社，2004 年 4 月，初版二刷），第四卷，〈雍正朝〉，頁 429。

〔註 180〕中研院史語所藏內閣大庫檔案，雍正九年五月四日，提督湖北學政奏摺。

書講義》二書約莫同時敕修編纂的另一部經學著作，則爲《日講春秋解義》。

　　《日講春秋解義》的底本，原是康熙朝經筵日講官在進講時所呈之講義。嚴格來說，此書並非純粹屬於雍正朝的《春秋》學作品。但據乾隆〈日講春秋解義・序〉所述，由於《日講春秋解義》的底本「一遵胡氏之舊者，於聖心自多未洽，是以遲之又久，未嘗宣布，必將俟諸經備成而後重加討論也」，〔註181〕因「聖心未洽」，所以終康熙之世，《日講春秋解義》未曾刊行，僅編修《日講四書解義》、《日講書經解義》、《日講易經解義》等書而已。

　　此書在雍正即位之初，也未曾受到太多關注。但雍正七年（1729），也就是雍正在處置曾靜、呂留良案、刊行《大義覺迷錄》之時，雍正卻突然決定將這本沉寂多年的康熙朝《日講春秋解義》重新編修、校訂。受到敕命編修校訂此書的相關人士，除了果親王允禮之外，大學士張廷玉、內閣學士方苞等人，又都是當時的朝中重臣及碩儒，〔註182〕校訂之後又再經雍正的親自審閱。無論從編修校訂的時機、修校的人選、過程之謹慎來看，都可以發現雍正對《日講春秋解義》一書的編修與刊行異常重視。

　　然而，在此書刊行以前，雍正對漢文經學詮釋的編修與刊印事業可以說並不積極。雍正七年（1729）裁決曾靜、呂留良案並編刊《大義覺迷錄》後，雍正隨即敕命重新編校《日講春秋解義》，而其態度又異常審慎。從這些迹象來看，因此雍正時期《日講春秋解義》的編校，很可能與曾靜案有直接而密切的關係。雍正重編《日講春秋解義》的契機，應始於曾靜案中雍正與曾靜多次關於「《春秋》大義」與「攘夷」議題的詰問，而這些論題都與《春秋》學息息相關。這很可能觸發雍正想要重新以官方的觀點來詮釋《春秋》經義的想法，而這也許正是雍正七年時敕命將陳封多年的康熙朝《日講春秋解義》重新校訂編修的眞正原因。

　　關於《日講春秋解義》究竟應定位爲康熙時的官方經學著作？抑或是雍正時的官方經學著作？對此，筆者傾向於將此書定位爲雍正時期的官方經學著作。主要原因在於，此書的底本雖成於康熙朝，但卻「於聖心自多未洽」，〔註183〕故終康熙朝未曾修訂與刊行，可見此書與康熙的經學意見並不相同。

〔註181〕見《日講春秋解義・序》，頁1～2。
〔註182〕見《日講春秋解義》，頁1～2。據〈日講春秋解義序〉，此書雖爲康熙帝御定，然經雍正朝允禮、張廷玉、方苞之校訂，及雍正帝御覽後方告成，所以事實上反映了兩朝的官方春秋學觀點。此書直至乾隆二年方始刊行。
〔註183〕見《日講春秋解義・序》，頁1～2。

其次，雍正對《日講春秋解義》的校修態度十分審慎，乾隆曾在御製《日講春秋解義‧序》中稱雍正在校修此書時「再三考訂」，〔註184〕而就奉敕編修者的學術身分及政治身分來看都是一時之選，書成之後雍正還親自批示審閱，對此書的重新修訂十分重視。〔註185〕除了上述兩點之外，從《日講春秋解義》中的《春秋》學的詮釋觀點來看，《日講春秋解義》也確實與雍正朝《大義覺迷錄》對《春秋》詮釋論點較為接近。因此，與其將《日講春秋解義》定位為康熙朝官方《春秋》學著作，不如說此書的《春秋》學詮釋更接近於雍正的官方《春秋》學詮釋觀點。乾隆也在御製《日講春秋解義‧序》中，稱觀此書可睹「兩朝聖人之心法、治法」，直陳此書兼容康、雍兩朝統治者之政治理念：「觀皇祖之久不宣布，可以徵望道未見之心；觀皇考之再三考訂而後命刊，可以知善繼善述之義，豈惟是經之奧突，將由是以開通哉！即兩朝聖人之心法、治法，亦於斯可睹矣！」〔註186〕或許也正說明了《日講春秋解義》與雍正之間的關聯。

由於《日講春秋解義》之所以得以重新修訂，緣於雍正和曾靜對《春秋》中「華夷之別」問題的論辯，因此全書的修訂與詮釋有其華夷立場。《日講春秋解義》的《春秋》學詮釋傾向，大致上分為「言尊王而略攘夷」、「華夷之別在文化」兩方面析論：

（一）言「尊王」而略「攘夷」：《春秋》大義在「君臣」而非「華夷」

《日講春秋解義》的解經方式，是在《經》之各條下引述三傳之說，並於其後稍作詮釋。但是，凡《左氏》、《公羊》、《穀梁》三傳中中涉及夷狄中國之論時，《日講春秋解義》（以下略稱「《解義》」）卻往往對其中「中國夷狄之別」的內容略過不提，而只選擇性的強調其中所涉及的「君臣」倫理。書中此類例證甚多，茲舉數例於下：

《經》昭公二十三年，「戊辰，吳敗頓、胡、沈、蔡、陳、許之師于雞父，胡子髡、沈子逞（按：《左氏》作「逞」，《公羊》作「楹」，《穀梁》作「盈」）滅獲陳夏齧」條，記述吳國攻州來、楚國薳越率楚國與六國之軍援救，而吳國

〔註184〕見《日講春秋解義‧序》（《景印摛藻堂四庫全書薈要》（臺北：世界書局，1986年）），頁1～2。

〔註185〕其成書刊行過程，可見乾隆御製《日講春秋解義‧序》（《景印摛藻堂四庫全書薈要》（臺北：世界書局，1986年）），頁2。

〔註186〕見《日講春秋解義‧序》（《景印摛藻堂四庫全書薈要》（臺北：世界書局，1986年）），頁1～2。

運用謀略大敗頓、胡、沈、蔡、陳、許聯軍之事。《公羊傳》云：「此偏戰也，曷爲以詐戰之辭言之？不與夷狄之主中國也。然則曷爲不使中國主之？中國亦新夷狄也。其言滅獲，何？別君臣也。君死于位曰滅，生得曰獲，大夫生死皆曰獲。不與夷狄之主中國，則其言獲陳夏齧，何？吳少進也。」〔註187〕《公羊傳》指此處經文用詐戰之辭記事，書法中對吳有貶義，原因即在於「不與夷狄之主中國」。但《公羊傳》也並非全然貶抑吳國。在這次的戰役裡，胡國國君髡、沈國國君楹戰死，而陳國之臣夏齧爲吳軍所擄獲。因吳與諸侯能期日而戰，因此《公羊傳》表示《春秋》在記述吳國俘獲夏齧時以「獲陳夏齧」記之，以示「吳少進也」。《穀梁傳》則云：「中國不言敗，此言敗，何也？中國不敗，胡子髡、沈子盈其滅乎？其言敗，釋其滅也。獲陳夏齧，獲者，非與之辭也，上下之稱也。」〔註188〕《穀梁傳》對此條經文的解釋，也是以《春秋》書法「中國不言敗」的角度來詮釋，認爲此處《經》以「吳敗頓、胡、沈、蔡、陳、許之師」記敘此事，是因胡、沈二國國君戰死，因此不得不以「敗」記之。

　　傳統《春秋》學多半將這段經文的詮釋重心放在《春秋》以書法分別華／夷上，如《公羊》、《穀梁》二傳的詮釋即是如此。但，《解義》對此事的評述角度卻明顯與二傳有別：

> 楚以諸侯之師與吳戰，六國先敗楚師，遂奔，故不書楚。諸侯之師略而不序者，頓、胡、沈，則君將；陳、蔡、許則大夫將。言戰則未陳，言敗績則滅獲不同，故總言吳以詐取勝於前，而以君與大夫序六國於後。或曰滅，或曰獲，別君臣也。國君，社稷之主，與宗廟共存亡，是以稱滅。大夫輕，故言獲。獲，生得也。〔註189〕

《日講春秋解義》在詮釋此條經文時，對《公》、《穀》二傳以書法「別夷夏」的觀點全不採納，反而將詮釋的重心轉移到「別君臣」之上。以《經》中諸侯之師的順序，來強調「君將」、「臣將」之別，又以「滅」、「獲」等等不同的詮釋用語來強調「別君臣」，並以「國君，社稷之主，與宗廟共存亡，是以稱滅。大夫輕，故言獲。獲，生得也」論證君權的重要性。

　　又如《經》昭公十一年「夏四月丁巳，楚子虔誘蔡侯殺之于申」條。此條所述，爲楚國國君虔將蔡侯般誘至申地，進而殺蔡侯及隨行七十人之事。對於

〔註187〕《日講春秋解義》，卷五十四，頁743～744。
〔註188〕《日講春秋解義》，卷五十四，頁744。
〔註189〕《日講春秋解義》，卷五十四，頁744。

此段經文，《穀梁傳》解讀爲：「何爲名之也？夷狄之君，誘中國之君而殺之，故謹而名之也。稱時稱月稱日稱地，謹之也。」〔註190〕但《解義》卻認爲：

> 蔡般覆載不容之賊，人人得而誅之，聖人乃名楚虔而爵蔡般，何也？
> 楚虔身爲篡弑，《春秋》之義，不以亂治亂，且既與般會申，又再
> 會伐吳，豈以般爲賊哉？今謀取其國，重幣甘言，誘以會而殺之，
> 則爲誘蔡侯殺之于申而已。至般之罪，已前見。苟有人心者，皆知
> 其宜絕也。而蔡之臣子奉以爲君，魯弔其喪，諸侯數與之會，成其
> 爲君久矣，故不從州吁無知之例，而以爵書，所以著諸侯之罪也。
> 〔註191〕

對於《春秋》直書楚子之名、而書蔡侯之爵之事，《穀梁傳》與《日講春秋解義》分別呈現截然不同的詮釋觀點。《穀梁傳》認爲楚子身爲「夷狄之君」，竟「誘中國之君而殺之」，所以《春秋》才會以直書其名的書法來貶抑楚君。

《穀梁傳》以「別夷夏」的角度來說解「楚子虔誘蔡侯殺之于申」，但《秋解義》卻全然不採取這種「別夷夏」的觀點，反而將詮釋焦點轉移到蔡般篡逆之事上。《解義》認爲，襄公三十年蔡國世子般弑其父蔡景侯固之後，自己繼位爲君，這是「覆載不容之賊，人人得而誅之」的篡弑之事。但，由於楚子虔自己也「身爲篡弑」，而「《春秋》之義，不以亂治亂」，且楚子殺蔡侯般的目的非爲伐罪，而在於謀取其國，因此《春秋》此書才直書楚虔之名。

《日講春秋解義》對此事的評注，則強調《春秋》「不以亂治亂」。對蔡侯以弑逆之人而稱爵之事，《穀梁傳》並未著墨，而《日講春秋解義》卻用了不少篇幅來探討弑逆之非，認爲蔡侯弑父弑君之罪「苟有人心者，皆知其宜絕也」。《解義》並指出，《春秋》將蔡侯般書其爵，只是爲了彰顯、諷諭蔡國臣子與各國諸侯包庇接納蔡侯般篡弑君之罪。

由《穀梁傳》與《日講春秋解義》對此條的詮釋看來，《穀梁傳》的詮釋重點在「攘夷」，而《解義》卻將詮釋重心轉移至對「君臣父子之大倫」的討論上。由此觀之，《解義》的詮釋角度，與雍正在《大義覺迷錄》中「孔子成《春秋》，原爲君臣父子之大倫，扶植綱常，辨定名分」〔註192〕將「《春秋》大義」定位在「君臣父子之大倫」而非「華夷之分」的觀點，是一致的。

〔註190〕《日講春秋解義》，卷五十，頁684。
〔註191〕《日講春秋解義》，卷五十，頁684。
〔註192〕《大義覺迷錄》，卷一，頁292～293。

（二）華夷關係：華夷之別在文化、倫理而非血緣地域

　　「華夷之大別」，是清代官方《春秋》學不得不處理的棘手問題。在不得已論及「華夷之分」的問題時，清官方往往選擇以文化、倫理的角度，來剖析華／夷之間的區別，而非以血緣、地域等條件來分判華夷，以淡化「華夷」一詞的民族色彩。雍正在《大義覺迷錄》中，便以「華夷之分，聖人原不在地上論」，〔註193〕將「華夷」議題的重心由民族問題轉向文化、倫理問題。《日講春秋解義》中的華夷論述也有類似的詮釋傾向，而將《春秋》中的「華夷」論定位為文化與倫理問題。也就是說，在《春秋》華夷論述的詮釋上，《日講春秋解義》傾向於將「華／夷」視為「文化身分」的區別，而非「民族身分」的區別。至於《解義》究竟如何界定華夷之間的界域？以下將就禮制、僭王弒逆、能否在軍事、外交與政治活動中「附中國」等，來探討《解義》中的華夷概念：

1. 用夷禮則夷之

　　《經》僖公二十一年冬「公伐邾」條，《日講春秋解義》引述《左傳》云：「任、宿、須句、顓臾，風姓也，實司太皞與有濟之祀，以服事諸夏。邾人滅須句，須句子來奔，因成風也。成風為之言于公曰：『崇明祀、保小寡，周禮也。蠻夷猾夏，周禍也。』」在此段之下，《解義》以小注說明：「邾曰蠻夷，蓋近諸戎，雜用夷禮，故極言之。」〔註194〕邾本為周武王時期所封的曹姓之國，為魯國附庸。《左傳》此處記成風之言，卻將邾人滅須句國之事稱為「蠻夷猾夏」，顯然將邾視為夷狄。按照《解義》的說法，邾之所以被視為夷狄，是因邾國地近諸戎，「雜用夷禮」，在受夷狄禮俗之熏染才被成風以「蠻夷」稱之。由此段文字看來，《解義》在此處顯然將華夷之分的判準設定在禮儀、制度等文化表現上。

2. 僭王、弒逆則夷狄之

　　遺民士人《春秋》學在詮釋上極為側重「攘夷」，但雍正在《大義覺迷錄》與《日講春秋解義》裡，則表現出一種以強調「尊王」來淡化「攘夷」的詮釋傾向，並對「僭王」者亟稱其罪。《大義覺迷錄》卷一〈雍正上諭〉裡引《詩》「戎狄是膺，荊舒是懲」時，雍正將此句解釋為：「以其僭王猾夏，不知君臣之大義，故聲其罪而懲艾之。非以其為戎狄而外之也。」〔註195〕雍正這種將

────────────

〔註193〕《大義覺迷錄》，卷二，頁303，引曾靜口供。
〔註194〕《日講春秋解義》，卷十九，頁255。
〔註195〕《大義覺迷錄》，卷一，頁261。

「攘夷」轉為「攘僭王」的經學詮釋觀點，也同時反映在《解義》裡。《解義》對《春秋》中「弒逆」、「不尊王」的行為加以撻伐、貶抑。如桓公十五年《經》：「邾人牟人葛人來朝。」《公羊傳》注：「皆何以稱人？夷狄之也。」將邾、牟、葛三國之君貶以夷狄。而《解義》則詳述之所以貶抑邾、牟、葛之原因，在於「其稱人何？天王崩，不奔喪，而相率以朝弒逆之賊，且行旅見之禮，故特文以見義也」。〔註196〕由於邾、牟、葛三國之君不奔天王之喪，反而相率朝弒逆之賊，有失「尊王」之義，因此「特文以見義」。

3. 能附中國則稱「人」

《大義覺迷錄》中，〈雍正上諭〉曾引韓愈之言：「中國而夷狄也，則夷狄之；夷狄而中國也，則中國之」，〔註197〕將中國夷狄的差異定位於文化（「禮」）上。《解義》在論及華夷之分時，也有類似的詮釋傾向。如《經》文公七年，「冬，徐伐莒」條，《解義》詮釋為：「徐，僭號，即戎。後自進於中國，數從會伐，《經》皆稱人，以其能附中國也。今以中國無霸，興兵伐莒，故復以號舉。」〔註198〕《解義》認為因徐戎能夠「自進於中國」、「能附中國」，能附從於中國諸侯之會伐，因此「《經》皆稱人」。華夷身分並非無法更易，《解義》主張，只要能在文化、制度上「自進於中國」，並在政治上認同中國（「數從會伐」），則「夷」亦可進於「華」。也就是說，華與夷之間的身分認同性質在於文化、制度，而非血緣與地域。「華／夷」的本質是一種文化身分，而非依血緣與地域作區隔的種族身分。《解義》認為「夷」亦可「自進於中國」，這就為建構滿洲統治中原的合理性開啟一個理論上的窗口。這與《大義覺迷錄》中「華夷之分，聖人原不在地上論」的論點是相符的。

4. 王者之治外夷，應惇信明義以柔服遠人

在華夷關係上，遺民士人《春秋》學多傾向於認為華夷之間彼此對立，因夷狄「非我族類」，故不僅可以施之以「譎謀」，甚至「多殺而不傷吾仁」。〔註199〕《日講春秋解義》認為，諸夏對於外夷應以「惇信明義」、「柔服遠人」

〔註196〕《日講春秋解義》卷八，頁112。
〔註197〕《大義覺迷錄》，卷一，頁263。
〔註198〕《日講春秋解義》，卷二十四，頁328。
〔註199〕如王夫之即認為夷狄對漢而言是「非我族類」，因此「多殺而不傷吾仁」（王夫之《讀通鑑論》，臺北：里仁書局，1985年，卷十二，頁379，〈晉懷帝〉）。對《春秋》經傳僖公三十二年「衛人侵狄，秋，衛人及狄盟」一事，王夫之《春秋家說》，卷上，頁190，〈僖公〉條，論衛人侵狄以盟狄時指出：「衛

的態度來處理彼此間的外交關係，而非設以詐僞。如：《經》成公元年，「秋，王師敗績於茅戎」條，記述周王背盟攻茅戎而大敗之事，《穀梁傳》將此事解釋爲：「不言戰，莫之敢敵也。爲尊者諱敵不諱敗，爲親者諱敗不諱敵。尊尊親親之義也。」《穀梁傳》從「爲尊者諱」的角度來析述王師的敗績，然而《解義》卻從「王者之師，有征無戰」的角度來解釋：「王者之師，有征無戰。書敗不書戰，以茅戎不得與天子抗也。柔服遠人，惟在惇信明義。而設詐相邀，是失其所以馭戎之禮。故以自敗爲文，亦自反之道也。」〔註200〕《解義》認爲，天子對外夷的態度，應用「惇信明義」以「柔服遠人」。但此處周天子背棄盟約而攻茅戎，設詐相邀，顯然「失其所以馭戎之禮」，所以《春秋》「以自敗爲文」。雍正在《大義覺迷錄》裡，即批評中國《春秋》學中的「嚴夷夏之防」傳統是在對外政策上自限疆界，他對經學中的華夷思想傳統基本上抱持著否定的態度，也反對「嚴夷夏之防」的論點。此處《解義》全以「柔服遠人，惟在惇信明義」的角度來論華夷，全不言及華夷大別，其實也反映了雍正泯華夷之防的心態。

（三）書人書爵、筆削義例，義常不通

　　康熙朝《欽定春秋傳說彙纂》的〈御製序文〉裡，康熙駁斥歷來《春秋》學講究書法與義例的解經傳統，〔註201〕認爲《春秋》中的用字只是因襲魯史之舊，並不具有「筆削褒貶」的意涵。〔註202〕對於以書法與義例解經的詮釋路向，他認爲這是「專任私意，妄爲褒貶」，〔註203〕將導致《春秋》之

人侵狄，因以盟狄，于是乎終春秋之世而衛無狄患，盟不地於狄也。于狄，而衛恥免矣，我以知《春秋》之許衛也。乘人之亂，師臨其境，脅以與講，諼謀也：諼謀而許之，狄之於我非類也，而又被其毒幾亡，若此者而弗諼之，是宋襄公之於楚矣。」他認爲，衛乘狄之亂而侵狄之舉，實爲欺詐之「諼謀」，但《春秋》卻「許衛」，肯定衛人詐狄之行爲，即因「狄之於我，非類也」。爲了避免「被其毒」而「幾亡」，對狄的「諼謀」是可以被接受並足以被肯定的。

〔註200〕《日講春秋解義》，卷三十一，頁425。
〔註201〕《欽定春秋傳說彙纂》，〈聖祖仁皇帝御製春秋傳說彙纂序〉，頁1，康熙對「以一字爲褒貶，以變例爲賞罰」的《春秋》學解經傳統提出批判。
〔註202〕《欽定春秋傳說彙纂》，卷首上，〈綱領二〉，頁25：「《春秋》所書……本據魯史舊文筆削而成。」
〔註203〕《欽定春秋傳說彙纂》，卷首上，〈綱領二〉，頁25：「《春秋》所書，如某人爲某事，本據魯史舊文筆削而成。今人看《春秋》，必要謂某字譏某人，則是

「微言既絕，大義弗彰」。〔註204〕《欽定春秋傳說彙纂》傾向於以「據事直書而善惡自著」〔註205〕的角度來解讀《春秋》，亦即將《春秋》定位為史學，〔註206〕而《日講春秋解義》基本上也繼承此一論點，對書法、義例之說提出批判。

　　無論是康熙朝的《欽定春秋傳說彙纂》或雍正朝的《日講春秋解義》，清代的官方《春秋》學都呈現出以「據實書事」的觀點來解讀《春秋》的詮釋傾向，並批判筆削義例之說。《解義》中，有多處對《三傳》以書法、義例解經致使經義不通提出批判。略舉數例於下：

　　1. 《經》定公四年「冬十有一月庚午，蔡侯以吳子及楚人戰于柏舉，楚師敗績，楚囊瓦出奔鄭」條，《公羊傳》釋云：「吳何以子？夷狄也，而憂中國。」《穀梁傳》：「吳其稱子，何也？以蔡侯之以之，舉其貴者也。蔡侯之以之則舉貴者，何也？吳信中國而攘夷狄，吳進矣。其信中國而攘夷狄，奈何？子胥父誅于楚也。」無論《公羊傳》或《穀梁傳》，在詮釋時都認為《春秋》定公四年「蔡侯以吳子及楚人戰于柏舉」之事，稱吳為「子」，是孔子藉著「書爵（子）」來稱許吳國雖身為夷狄而能「信中國而攘夷狄」、「夷狄也，而憂中國」，從為中國「攘夷狄」的角度來肯定吳君與楚人戰的行為。

　　《解義》在詮釋此段時，提出不同的看法：「荊楚橫暴，蔡尤被毒……今復興師圍其國，陵暴極矣，晉不足恃，故蔡侯不得已而乞師於吳，吳子為之大敗楚師，囊瓦奔鄭，《春秋》據事直書，而蔡人累世之仇賴吳以復。晉失其政，不足以宗諸侯，舉可見矣。吳子親行君重於師，故不得不書爵，傳以為進之，非也。諸侯積忿於楚，吳能敗之，故舊史喜其事而稱爵，或未可知。以為孔子特起褒進之文，則於通經之義皆不可通矣。」〔註207〕《解義》在解經態度方面，傾向以於還原當時的歷史現實來詮釋整個事件。當時楚國勢力日張，「諸侯積忿於楚」，蔡侯因楚國之威脅不得已而乞師於吳，而「吳子親行君重於師，故不得不書爵」，吳師敗楚，書寫魯國舊史之史官在記述其事時

　　　孔子專任私意，妄為褒貶。孔子但據事直書，而善惡自著。今若必要如此推
　　　說，須是得魯史舊文參較，筆削異同然後可見。而亦豈復可得也？」
〔註204〕《欽定春秋傳說彙纂》，〈聖祖仁皇帝御製春秋傳說彙纂序〉，頁1。
〔註205〕《欽定春秋傳說彙纂》，卷首上，〈綱領二〉，頁25。
〔註206〕見《欽定春秋傳說彙纂》（《景印文淵閣四庫全書》第一百七十三冊（臺北：
　　　　臺灣商務印書館，1983年）），〈聖祖仁皇帝御製春秋傳說彙纂序〉，頁1。
〔註207〕《日講春秋解義》，卷五十七，頁797。

很可能因「喜其事而稱爵」。因此，《解義》認爲《春秋》中稱「吳」爲「子」只是孔子傳抄魯史之舊文所致，並不意味孔子「特起褒進之文」。若以爲孔子在此段經文中有意褒貶，「則於通經之義皆不可通矣」。學者若拘泥於筆法褒貶之說，則事實上不僅無助於經義，且只會導致對《春秋》之誤讀。

2. 《經》僖公二十七年冬，「楚人、陳侯、蔡侯、鄭伯、許男圍宋」條，論楚成王率楚軍，與陳、蔡、鄭、許四國之聯軍圍攻宋國，宋國公孫固求助於晉，晉擬出兵攻曹、衛，使楚分兵救之而無力繼續攻衛之事。《穀梁傳》釋以「楚人者，楚子也。其曰人，何也？人楚子所以人諸侯也。其人諸侯何也？不正其信夷狄而伐中國也。」認爲楚子因擅興征伐，因此《經》將楚子貶抑爲「楚人」，以書人書爵暗喻褒貶，並諷刺陳、蔡、鄭、許等四國助長夷狄而征伐中國。

《日講春秋解義》則指出，此處將楚子書爲「人」，事實上完全無涉於褒貶：「《傳》稱楚子及諸侯圍宋，十二月，公會諸侯盟于宋，就楚子而受盟也。然則楚子在師，明矣。其書楚人，以明年晉興楚屈，故舊史以公之就見楚子爲諱，而書人也。先儒謂書人爲貶，書爵爲褒，觀楚穆、楚靈之侵伐皆書爵，而其義不通矣。」〔註208〕《解義》舉楚成王、楚穆王、楚靈王同行侵伐之事爲例，說明《春秋》對穆王、成王之征伐「皆書爵」，而僖公二十七年冬楚成王率諸侯圍宋一事卻「書人」，若以對征伐行爲的褒貶來詮釋，則「其義不通」。因此《解義》認爲此應與「書人爲貶，書爵爲褒」無關，《春秋》之所以「書人」，很可能只是因襲魯國史官之記載而已。僖公二十七年十二月，魯僖公見楚國勢力強大而與之結盟，次年晉軍城濮之戰大勝楚軍，晉國勢力大興，魯國舊史以魯僖公曾與楚國會盟爲諱，故將楚子書爲「楚人」，而《春秋》據魯史直書其事，因而沿用了魯史的文句，經文本身並無筆削褒貶的深意。

3. 《經》襄公二十九年「吳子使札來聘」，《公羊傳》云：「……致國乎季子，季子不受，曰：『爾殺吾君，吾受爾國，是吾與爾爲簒也。爾殺吾兄，吾又殺爾，是父子兄弟相殺，終身無已也。』去之延陵，終身不入吳國。故君子以其不受爲義，以其不殺爲仁。賢季子，則吳何以有君、有大夫？以季子爲臣，則宜有君者也。札者何？吳季子之名也。《春秋》，賢者不名，此何以名？許夷狄者不壹而足也。季子者，所賢也，曷爲不足乎季子？許人臣者必使臣，許人子者必使子也。」《公羊傳》指出，《春秋》有「賢者不名」之例，

〔註208〕《日講春秋解義》，卷二十，頁275～276。

但此處卻直稱吳公子季札之名，是以季札雖賢，然終爲吳國「夷狄」之人，而《春秋》「許夷狄者，不壹而足也」，「許人臣者必使臣，許人子者必使子」，故以季札之名書之。

對於《公羊傳》這種「孔子特稱名以貶札」的說法，《解義》則加以批判：「札稱名，稱吳子使，本與楚子使椒來聘、秦伯使術來聘同。秦楚之使再而後書名，稱使初通於魯。……故始通（按：指吳始遣使通於魯）而舊史所書一同於秦楚耳。先儒乃謂孔子特稱名以貶札，而推原其故，以爲辭國而生亂。不思札之辭國，乃在聘魯之後，而預貶之，何義乎？自盟宋以後，中夏諸侯盡朝於楚，吳楚方鬨，故歷聘上國以聯遠交，且以觀諸侯之鄉背。而其後楚求諸侯于晉以伐吳，此當日邦交之情實也。」〔註209〕《解義》認爲「吳子使札來聘」一語與「楚子使椒來聘」、「秦伯使術來聘」的用法相同，都是魯國舊史在記述各國諸侯「初通於魯」時的書寫習慣——先稱國君之爵，再記使臣之名。此處之所以書季札之名是由於吳國「始通」於魯，故「舊史所書一同於秦楚耳」，本身不具任何褒貶意涵。因此《解義》批判「先儒」因季札「辭國而生亂」而「孔子特稱名以貶札」之說，並指出襄公二十九年季札聘魯時，季札讓國之事根本尚未發生，孔子不可能以未發生之事來「預貶」季札，因此傳統《春秋》學者往往認爲此處以「書名」貶札的說法並不可信。

4. 《經》文公九年冬，「楚子使椒來聘」條，《公羊傳》：「椒者何？楚大夫也。楚無大夫，此何以書？始有大夫，則何以不氏？許夷狄者，不一而足也。」《穀梁傳》：「楚無大夫，其曰萩，何也？以其來，我褒之也。」

《公羊》、《穀梁》兩傳都認爲此處《經》文書楚大夫椒之名，是因承認楚國有大夫，因此此處有稱許楚國之深義。但《日講春秋解義》對此卻不以爲然：「先儒皆謂《春秋》與楚慕義，能以禮交諸侯，故褒進之，乃樂與人爲善之義。此大非也。商臣負覆載不容之罪，乘晉霸之衰，圍江、圍巢、滅江、滅六、滅蓼、伐鄭、侵陳、侵宋。其聘魯，乃遠交近攻之術，亦所以窺伺東夏耳。《春秋》乃用此褒之而赦其大惡，逆天理、悖人情矣，而謂孔子有是乎！蓋中國無霸，楚勢日張，魯人畏其憑陵，喜於來聘，而以待齊晉之禮待之，故舊史備其辭，孔子仍而不革，以著諸侯畏楚之情實耳。觀十年冬，楚次厥貉，亦書爵，則以書爵爲褒，其不可通也審矣。」〔註210〕

〔註209〕《日講春秋解義》，卷四十五，頁 614。
〔註210〕《日講春秋解義》，卷二十四，頁 333。

雍正《大義覺迷錄》曾指出「《論語》所攘者，止指楚國而言……《春秋》所擯，亦指吳楚僭王」，[註211] 將《論語》、《春秋》中所論述的「攘夷」觀念中所「攘」之對象，由所有的夷狄異民族縮減爲單指楚國或吳國，並將「攘夷」之原因指向「僭王」。《解義》此處對《春秋》的詮釋裡，也有這種貶抑楚國的傾向。「楚子使椒來聘」，二傳都認爲是「《春秋》與楚慕義」，但《解義》提出不同於二傳的觀點，認爲以當時情勢觀之，楚國勢力大勝，遣越椒來魯國是因「遠交近攻之術」，魯君之所以「喜於來聘」也只是畏於情勢，《春秋》「楚子使椒來聘」之辭若眞有褒楚之意，則是「逆天理、悖人情」。魯國舊史如實記載當時之事，因而《春秋》「楚子椒來聘」也只是沿襲舊史之辭，並不具「以書爵爲褒」之意。

第四節　小　結

綜觀清初三朝的文教政策與官方《春秋》學詮釋，可以發現，至少從雍正時期曾靜案開始，清廷已經很明確地意識到《春秋》學詮釋及《春秋》「攘夷」之說對漢人社會造成的影響。在此之前，康熙雖曾留心於《春秋》學詮釋，並有否定「筆法義例」、強調「據實書事」、在《春秋》大義」上重「尊王」而略「攘夷」等種種涵蘊政治立場的詮釋傾向，似乎確實有著與遺民《春秋》學分庭抗禮的意味，但畢竟並沒有直接的文獻論據可以證成康熙朝官方《欽定春秋傳說彙纂》的編纂與遺民士人《春秋》學有關。康熙究竟是否有明確地藉官方《春秋》學詮釋來扭轉漢人社會中的「排滿」思想的企圖？這一點，由於文獻不足徵而不能驟下定論，只能說康熙時期官方《春秋》學的觀點，確實與清初遺民士人《春秋》學的詮釋觀點彼此對立。

但我們至少可以確知，雍正朝的官方《春秋》學很明顯是針對曾靜、呂留良案及遺民士人的《春秋》學華夷論述而來。雍正時期重修《日講春秋解義》、編撰《大義覺迷錄》等，事實上都是由雍正處置曾靜、呂留良案的延伸。曾靜一案，使滿洲統治者開始正視官方經學詮釋及其對士子的「教化」功能，進而有意識地透過詮釋《春秋》、探討《春秋》經義的方式，來扭轉漢人士民的「排滿」民族意識與華夷觀。

正因清初三朝的官方《春秋》學的編纂與刊布，其核心目的並不是在於

〔註211〕《大義覺迷錄》，卷一，頁293，引曾靜口供。

學術意見上的經義探討，而在於對社會上民族與文化衝突問題與政治問題上。因此，康熙朝《欽定春秋傳說彙纂》、雍正朝《日講春秋解義》及《大義覺迷錄》對《春秋》之詮釋，都多少反映了清廷的政治與民族立場。綜觀以上三部清初官方的《春秋》學著作，大致歸納出清初三朝的官方《春秋》學的詮釋特色如下：

一、令士子輩知所趨向──康雍時期官方經學的教化傾向

清初的遺民士人藉著對《春秋》、《四書》華夷論的詮釋與評述，來宣傳排滿的政治意圖；而康熙、雍正兩朝官方對經學文獻的詮釋、編修與刊行等，也同樣洋溢著對漢人士民的「教化」色彩，並藉此以重新建構出一套有利於滿洲統治的經學詮釋論述。清初順、康、雍三朝的種種儒學文獻修纂、刊行工作，不僅僅是為了營造「興文教」的印象以籠絡漢人，事實上，官方也藉著對儒學經典的詮釋與刊行來「教化」漢人士民。因此，康、雍兩朝的官方經學，往往在詮釋時強化對自己有利的文本段落，藉以建構清政權的正統性論述，以及官方立場的夷夏觀。

無論是康熙或雍正朝，在自敘其修撰經學詮釋的動機時，都十分強調該書對於士庶的「教化」意味，指出其撰作目的在於導正學術方向，俾以教化學者士子。如康熙朝《欽定春秋傳說彙纂》的御製〈序〉文裡，便指出該書的編撰動機在於「朕恐世之學者牽於支離之說而莫能悟，特命詞臣纂輯是書」；〔註212〕而雍正更在奏折朱批中直陳《駁呂留良四書講義》的刊佈，目的在於「令士子輩知所趨向」。〔註213〕由此看來，官方確實有意識地透過對儒學經典的編纂、詮釋與刊佈，掌握這些儒學經典的詮釋權，並透過頒行於各地官學，來達到其對士子的「教化」目的，以宣揚官方的華夷觀與民族政策。

除了主動宣傳官方華夷觀與「教化」士子之外，清初統治者同時也透過由官方主持的文獻整理等工作，對某些不利於清代官方觀點的儒學經典詮釋作品積極且仔細地作專書加以駁斥，以「導正」士人學子。這一類著作的典型，如雍正時期內府所刊行的《駁呂留良四書講義》一書。

《駁呂留良四書講義》的撰作緣起，係因呂留良案發生後，翰林顧成天

〔註212〕《欽定春秋傳說彙纂》，〈聖祖仁皇帝御製春秋傳說彙纂序〉，頁 1。
〔註213〕《世宗實錄》，卷一百十三，雍正九年十二月十六日乙巳條。朱批見《宮中檔雍正朝奏折》第二十一輯。

上奏指出呂留良《四書講義》語涉粗鄙，因此建議雍正敕諭學臣曉諭士子勿惑於呂留良邪說。雍正採納了顧成天的意見，命大學士朱軾等人就呂留良《四書講義》一書詳加檢閱，逐條批駁，纂輯成書後刊刻並頒布於學官，俾使士子得以知悉官方的學術態度。雍正十一年（1733）八月，兗州總兵官李建功奏請將此書刷印多冊以頒予鄉紳、士人。雍正的朱批給了他兩句淡漠的回應：「此不過令士子輩知所趨向，何必家喻而戶曉耶？」〔註214〕從雍正對李建功的朱批回應看來，他當初之所以廣頒《駁呂留良四書講義》，確實有其政治與學術上的意圖。《駁呂留良四書講義》之頒佈，意在「令士子輩知所趨向」，而非因臣子便佞之言而一時興起的妄舉。

「令士子輩知所趨向」一語，堪稱爲清初順、康、雍三朝官方對儒學典籍的詮釋、編纂、刊行與頒佈等政策背後動機的最好註腳。清初官方顯然是有意識地對儒學典籍進行詮釋、編纂與刊行，而這些政策的目的，並不只是籠絡漢人士民的懷柔舉措，而是更進一步地成爲官方主導儒學經典詮釋的學術走向，進而轉化知識份子與士子華夷印象與民族認同的「教化」工具。

二、《春秋》大旨在「君臣」而非「攘夷」

清初遺民士人的《春秋》學詮釋，多傾向於將《春秋》的「微言大義」歸於「尊周攘夷」上，特別是將「攘夷」定位爲《春秋》的核心思想。如王夫之《宋論》提及讀《春秋胡氏傳》心得時，就指出「夷不攘」則「王不可得而尊」；〔註215〕曾靜也認爲「華之與夷，乃人與物之分界，爲域中第一義」，〔註216〕而「人與夷狄，無君臣之分」，〔註217〕因此「華夷之分，大於君臣之

〔註214〕《世宗實錄》，卷一百十三，雍正九年十二月十六日乙巳條。朱批見《宮中檔雍正朝奏折》第二十一輯。

〔註215〕詳見本文〈第一章　由「尊王」向「攘夷」的轉化──清初遺民士人的春秋學夷夏觀〉，第一節，頁4～頁5。王夫之《宋論》（王夫之《讀通鑑論（《宋論》合刊）》（臺北：里仁書局，1985年2月）），下冊，卷十，〈高宗〉，頁184：「嘗讀《春秋胡氏傳》而有憾焉。是書也，著攘夷尊周之大義，入告高宗，出傳天下，以正人心而雪靖康之恥，起建炎之衰，誠當時之龜鑑矣。顧抑思之，夷不攘，則王不可得而尊。王之尊，非唯諾趨伏之能尊；夷之攘，非一身兩臂之可攘。師之武、臣之力，上所知、上所任者也。而胡氏之說經也，於公子翬之伐鄭、公子慶父之伐於餘邱，兩發『兵權不可假人』之說。不幸而翬與慶父終於弒逆，其說伸焉。而考古驗今，人君馭將之道，夫豈然哉？」

〔註216〕《大義覺迷錄》，卷二，頁302，引曾靜《知新錄》。

〔註217〕《大義覺迷錄》，卷二，頁302，引曾靜《知新錄》。

倫」。〔註218〕他們認爲「攘夷」是「尊王」的前提，將「攘夷」的重要性凌越於「尊王」、凌越於「君臣之義」上。

清初遺民士人將《春秋》之義歸於「攘夷」，是當時政治情境與民族意識下的必然反映。但「攘夷」觀點透過《春秋》學著作的刊刻與流佈，勢必掀起漢人的排滿思潮。因此清初康熙、雍正兩朝的《春秋》學，都有著將「《春秋》大義」指向「君臣之大倫」、與「尊王」的傾向，以淡化「尊王攘夷」中的「攘夷」意味，也避免漢人將《春秋》中的「攘夷」與「排滿」情緒相互連結。至於在詮釋《春秋》時不得不面對的「攘夷」之說，也多傾向於以「攘吳楚僭王」來解釋，亦即將原本涉及「嚴夷夏之大防」的民族爭議，轉移爲「僭王」的政治爭議。也就是說，清初的官方《春秋》學不僅轉移了「尊王攘夷」中的「攘夷」焦點，甚至也將「攘夷」論述的內容轉而爲「僭王」，將「攘夷」概念攀緣在「尊王」概念之下。這樣的解經傾向，一方面透過淡化《春秋》之「攘夷」來淡化漢人社會「排滿」的民族情緒，一方面又透過強調「君臣大倫」、批判「亂臣賊子」來強化士人對皇室與清廷的忠誠。

這種將《春秋》學的核心問題由「攘夷」轉向「尊王」的詮釋路向，可說是清初康、雍兩朝官方《春秋》學的共同趨勢。如康熙朝的《欽定春秋傳說彙纂》，在面對《經》中論述「攘夷」之事時，《彙纂》多半將之轉移到「僭王」上，〔註219〕「攘夷」實質上是「正其（吳楚）僭逆之罪」。在涉及「僭王」、「篡弒」等議題時，則是仔細申釋，並強調《春秋》中的「君臣之大分」與「尊王之義」，主張「《春秋》誅討亂賊，嚴君臣之大分，不使賊臣得以逞志於其君」。〔註220〕雍正時期的《大義覺迷錄》裡，也指出孔子作《春秋》的目的是爲了彰顯君臣父子之大倫：「孔子成《春秋》，原爲君臣父子之大倫，扶植綱常，辨定名分。」〔註221〕並批判遺民以「攘夷」爲《春秋》大義，是

〔註218〕《大義覺迷錄》，卷二，頁302，引曾靜《知新錄》。

〔註219〕如《欽定春秋傳說彙纂》，卷二十一，頁615～616,《經》宣公十八年秋「甲戌，楚子旅卒」條下，《彙纂》之案語云：「案：楚不書葬。胡《傳》從《公羊》，以爲避其號者是也。謂楚、吳、徐皆降稱子，與滕侯、杞伯之稱子同例，則義有未安。蓋滕、杞爵本侯伯，爲時王所黜，故皆書子，非聖人降之也。楚、吳、徐，僭號稱王，乃時王之所不能禁者，於是從其始封之爵而書子，以正其僭逆之罪，亦非聖人降之也。」

〔註220〕《欽定春秋傳說彙纂》，卷六，頁211、212，桓公十五年「五月，鄭伯突出奔蔡」條。

〔註221〕《大義覺迷錄》，卷一，頁292～293。

出於「亂臣賊子」的叛逆之心，有違《春秋》經文之本意。〔註222〕《日講春秋解義》一書之中，同樣也有著以「君臣父子之大倫」重於「華夷之辨」的詮釋傾向。在涉及與華夷問題相關的經文用語時，《日講春秋解義》也往往不採取傳統《春秋》學的「別夷夏」觀點來詮釋，而轉而以「別君臣」的角度來立論。除此之外，《解義》也對《春秋》中的篡弑之事極力批判，〔註223〕這使得整部《日講春秋解義》的詮釋重心，由「攘夷」轉向偏重「尊王」及「君臣大倫」等方面。

三、「華／夷」爲文化論述而非種族論述

「嚴夷夏之防」是清初遺民《春秋》學的核心觀點。遺民《春秋》學對「華／夷」概念的定義，傾向於將華／夷之別設定在地域、血緣、文化等條件上，〔註224〕這使得清初遺民的《春秋》學夷夏論題的詮釋富蘊民族主義色彩，因此王夫之在《春秋家說》中就出現了「狄之於我非類也」〔註225〕的觀點，認爲華／夷之別是種族之別，而《春秋》中的華夷論述也是民族或種族論述。

但，清初康、雍兩朝的《春秋》學與官方經學則極力扭轉此一觀點。他們將儒學經典中的夷夏論定位爲文化論述而非民族論述，並強調「華夷之分，聖人原不在地上論」，〔註226〕將「華夷」論的重心由民族轉向文化、倫理等方面。這種論述傾向，可以從以下幾點看出：

1. 在詮釋用語上，以「中外」取代「華夷」

在清初的社會氛圍裡，「華夷之分」往往在漢人批判或貶抑滿洲政權時被大量援引使用，使得華夷一詞成爲具有政治暗示的概念。它不僅反映著漢人在民族、文化上的「排滿」，也反映著政治上的「排滿」。因此，清初官民對於與華、夷相關的類似語彙（如「夷」、「虜」等）與概念，在使用上是十分

〔註222〕《大義覺迷錄》，卷一，頁292～293：「以亂臣賊子之心，託《春秋》以爲説，與孔子經文判然相背」

〔註223〕《日講春秋解義》，卷五十，頁684，昭公十一年「夏四月丁巳，楚子虔誘蔡侯殺之于申」條。

〔註224〕如王夫之《春秋世論》，便以「代、粵、海、磧」作爲華夷地理上之分界。見王夫之《春秋世論》（收於《船山全書》第五冊（長沙：嶽麓書社，1993年1月）），卷一，頁390。

〔註225〕王夫之《春秋家説》，卷上，頁190，〈僖公〉。

〔註226〕《大義覺迷錄》，卷二，頁303，引曾靜口供。

審慎的。禁書與「文字」使用的限制，是主政者企圖以政策控制言論、進而箝制思想的反映，雖然清初順、康、雍三朝，官方並沒有對詩文著作在「用語」加以明確的條文規範，但社會上士民避諱「夷、虜」的情況卻十分普遍。這種情況，至少在雍正十一年（1733）以前應仍頗為普遍。因此雍正十一年四月二十八日己卯，雍正特意下諭士民刊寫書籍不必避夷虜等字：

> 朕覽本朝人刊寫書籍，凡遇胡虜夷狄等字，每作空白，又或改易形聲。……殊不可解。揣其意，蓋為本朝忌諱，避之以明其敬慎。不知此固背理犯義、不敬之甚者也。夫中外者、地所畫之境也。上下者、天所定之分也。我朝肇基東海之濱，統一諸國，君臨天下。所承之統、堯舜以來中外一家之統也；所用之人、大小文武，中外一家之人也；所行之政、禮樂征伐，中外一家之政也。內而直隸各省臣民，外而蒙古極邊諸部落，以及海澨山陬，梯航納貢，異域遐方，莫不尊親，奉以為主。乃復追溯開創帝業之地目為外夷，以為宜諱於文字之間，是徒辨地境之中外，而竟忘天分之上下，不且背謬已極哉。……總之帝王之承天御宇，中外一家，上下一體，君父臣子之分定於天，尊親忠孝之情根於性，未聞臣子之於君父，合體同心。猶可以絲毫形迹相岐視者也。我朝正位建極，百年於茲，列聖撫育中外，廓然大公之盛心，猶泥滿漢之形迹，於文藝紀載間刪改夷虜諸字，以避忌諱。將以此為臣子之尊敬君父乎！不知即此一念，已犯大不敬之罪矣。嗣後臨文作字、及刊刻書籍，如仍蹈前轍，將此等字樣空白及更換者，照大不敬律治罪。各省該督撫學政有司，欽遵張揭告示，窮鄉僻壤咸使聞知。〔註227〕

在這篇上諭裡，他再次重申「中外一家，上下一體」，並論證清朝「得統之正」：「我朝肇基東海之濱，統一諸國，君臨天下。所承之統、堯舜以來中外一家之統也；所用之人、大小文武，中外一家之人也；所行之政、禮樂征伐，中外一家之政也。」在此文論之中，揭示士人不必避忌「夷」、「虜」字的主張，也是雍正對「中外一家」、「滿漢一體」的進一步宣誓。他主張清室既已統一中外，因此漢人也不應再拘泥於滿洲「夷」的身分：「乃復追溯開創帝業之地，目為外夷，以為宜諱於文字之間，是徒辨地境之中外，而竟忘天分之上下，

〔註227〕《世宗憲皇帝實錄》，卷一百三十，雍正十一年四月二十八日己卯上諭，頁696～697。

不且背謬已極哉。」雍正企圖透過這樣的上諭，使漢人士民不致因刻意避諱「夷」、「虜」，而引起華夷之別、尊王攘夷等民族意識的聯想。

　　儘管從這篇上諭看來，雍正在詩文書籍用語的態度似乎是開放的，但它也揭示了一個事實——亦即在此諭宣佈之前，詩文用語中避諱「夷」、「虜」的情形確實存在，而且應是官僚與士民之間不成文的普遍默契。由此可知，直至雍正十一年以前，清初官方仍對「夷」、「虜」一詞的使用十分敏感。這使得康、雍兩朝的官方經學詮釋，在解經時往往也會避用「華夷」一詞，轉而使用較不具貶抑意味、也不具種族意涵的「中外」一語。如《大義覺迷錄》中在討論「華夷」時云：「何得尚有華夷中外之分論哉！」〔註228〕將「華夷」與「中外」兩個詞彙連用，企圖將以「中外」一語來取代「華夷」。

　　詞彙的變化，無論是在詞彙的選擇、使用、聯結方式上的改變，都意味著思想觀念的變化。而官方文獻上的詞彙用語由「華夷」到「華夷中外」連用、甚至單用「中外」一詞，這種詞彙用語的變化，固然可以解釋爲官方民族心態的轉變，但更有可能意味著官方藉著「華夷」與「中外」詞彙連用、混用造成的曖昧性，企圖扭轉漢人的華夷觀念與政治認同。因此《大義覺迷錄》裡用「中外」涵攝、取代「華夷」的方式，反映出官方企圖以詞彙的混用，來淡化傳統「華／夷」論述中的民族色彩。

　　「華／夷」與「中／外」語彙的混用，也表現在此一時期的官方經學詮釋裡。潘志群在其碩士論文《清初的統治正當性問題》中，便曾以康熙朝御定的《日講四書解義》以「中外」取代「華夷」作爲釋經用語爲例，說明《日講四書解義》淡化種族的價值預設義。〔註229〕《日講四書解義》在詮釋《論語・子罕》「子欲居九夷。或曰：『陋，如之何？』子曰：『君子居之，何陋之有？』」時云：

> 此一章書，是見聖人之化，無分中外也。當時孔子因道不行，欲去
> 中國而之外國，偶發欲居九夷之嘆，亦猶乘桴浮海之意云耳。或人
> 未之喻，以爲眞欲居之，乃問曰：外國習俗鄙陋，恐不可居。如之
> 何？孔子曰：君子居之，自能信其在我，忠信篤敬，無入而不自得。
> 且天地間人性皆善，道德仁義之氣，禮樂教化之習，安在行於中國

〔註228〕《大義覺迷錄》，卷一，頁262，雍正上諭。

〔註229〕潘志群《清初的統治正當性問題》（臺北：臺大歷史所碩士論文，2004 年 7 月），頁 176～179。

　　者，不可行於外國乎？何陋之有哉？蓋上下、古今、東西、南朔，

　　此心、此土，莫不相同。聖人之化，原無分於中外也。」〔註230〕

《論語》原文裡所使用的語彙爲「夷」，但《日講四書解義》卻用「外國」來
詮釋，藉以淡化具有民族意味、帶有文化價值判斷暗示的「夷」字，表現出
以「中外」取代「華夷」一詞的企圖。在《日講四書解義》的詮釋中，也再
三強調此章重點在於「聖人之化，無分中外」，來淡化「華夷」的文化價值判
斷，且對九夷之「陋」，也強調可透過禮樂教化而「變化氣質」。

　　《日講四書解義》並援引《孟子》及理學家對人性先驗性善的假設——「天
地間人性皆善」，以中外人性皆同，因此「道德仁義之氣，禮樂教化之習」，既
可「行於中國」，自然也可「行於外國」。文化表現上的「習俗鄙陋」，其實是可
透過「禮樂教化之習」而被「聖人之化」所同化。在這裡可以看出，清初官方
冀望透過以「中外」取代「華夷」、強調夷夏普遍人性上之「同」（「天地間人性
皆善」）的方式，來淡化華夷之分，將「華／夷」由民族論述轉化爲文化論述。

2. 夷狄亦可承中國之統

　　康、雍二朝爲了解除漢人對滿洲「夷狄統治中原」的疑慮，因此官方亟
欲建構滿洲統治正統性的論述。他們屢屢在儒學經典文獻中尋繹相關文本，
並大量援引，以作爲政權合理性的論據。《孟子・離婁下》「舜生於諸馮」章
就是時時被清廷所援引的典型論據：

　　舜生於諸馮，遷於負夏，卒於鳴條，東夷之人也。文王生於岐周，

　　卒於畢郢，西夷之人也。地之相去也，千有餘里；世之相後也，千

　　有餘歲。得志，行乎中國，若合符節。先聖後聖，其揆一也。

《孟子・離婁下》以舜與文王爲例，闡述聖人之治，無論出身民族時地之異。
聖人與出身無涉，只要得以治理中國以貫徹其政治理念，則「其揆一也」。「舜」
與「文王」，爲中國政治上正統的象徵，但《孟子・離婁下》卻指出舜爲「東
夷之人」、文王爲「西夷之人」，這間接證成了夷狄之人亦有繼承中國政治正
統的合法性。對於亟欲建立滿洲統治中國之合理性論述的清初統治者而言，
此處的論述便成爲他們在面對可能的質疑時，最常援引的論據。對於此章，
康熙朝《日講四書解義》如此詮釋：

　　此一章書，是見古今聖道之同，特舉舜、文，以類其餘也。孟子

―――――――――

〔註230〕《日講四書解義・日講論語解義》（《景印文淵閣四庫全書》（臺北：商務印書
　　　　館，1983 年），冊 208），卷七，頁 11。

> 曰：世統於道，道統於聖。自古聖人未易悉數，試以虞舜、文王
> 論之。舜始生之地，則曰諸馮，其後遷居於負夏，而卒於鳴條，
> 皆東方之地，是東夷之人也。文王始生之地則曰岐周，其後卒於
> 畢郢，皆西方之地，是西夷之人也。以地世之異論之：一在極東，
> 一在極西；地之相去千有餘里，疑若有風氣之不一矣；一在千餘
> 年之前，一在千餘年之後，世之相後千有餘歲，疑若有今古之不
> 一矣。然舜以匹夫而爲天子，文以諸侯而爲方伯，其得志行乎中
> 國，皆能澤被生民，仁覆萬物，彼此相較，若合符節，何其毫髮
> 之不爽也！由此推之，可見千百世之先，有聖人出焉，其所揆度，
> 此心此理同也；千百世之後，有聖人出焉，其所揆度，此心此理
> 同也。有不如舜、文之相合者哉！要之天生聖人，任百王之道統，
> 開萬世之太平，曠世一見，皆非偶然。而其精一危微之傳，建中
> 立極之本，則異地同心，異代同道。故曰：考諸三王而不謬百世，
> 以俟聖人而不惑。〔註231〕

《日講孟子解義》指出，此章係在論述「古今聖道之同」，並以舜、文爲例「以類其餘」，言「千百世之後，有聖人出焉，其所揆度，此心此理同也」。這樣的詮釋，一方面儼然有將「今」之滿洲之統治比於「古」之舜、文之「聖道」的暗示意味。另一方面，明遺民多將滿人視爲「東夷」，〔註232〕並以此質疑滿洲「夷人」統治中國的合理性。但在《孟子》中分別被視爲「東夷」、「西夷」的舜與文王，顯然又爲「澤被生民，仁覆萬物」而「任百王之道統，開萬世之太平」的中國統治者之典範。因此，舜爲「東夷」而不礙其爲聖王的論點，恰好成爲被視爲「東夷」的滿洲建立統治中原合理性的經典論據，並暗示清政權也有「任百王之道統」的資格。雍正及其後的幾位滿洲統治者在面對民間「嚴夷夏大防」的質疑時，也時常以此段文字作爲駁斥的論據。如雍正朝的《大義覺迷錄》載錄的〈雍正上諭〉：

> 夫我朝仰承天命，爲中外臣民之主，則所以蒙撫綏愛育者，何得以
> 華夷而有殊視！而中外臣民既共奉我朝以爲君，則所以歸誠効順，

〔註231〕《日講四書解義‧日講孟子解義》（《景印文淵閣四庫全書》（臺北：臺灣商務印書館，1983年），冊208），卷二十，頁1～2。

〔註232〕如顧炎武〈元日〉詩：「東夷擾天紀，反以晦爲元。」（見顧炎武《顧亭林詩文集‧亭林詩集》（臺北：漢京文化出版公司，1984年）卷之一，頁287。）

　　盡臣民之道者，尤不得以華夷而有異心。此揆之天道，驗之人理，
　　海隅日出之鄉，普天率土之眾，莫不知大一統之在我朝，悉子悉臣，
　　罔敢越志者也。……在逆賊等之意，徒謂本朝以滿洲之君，入爲中
　　國之主，妄生此疆彼界之私，遂故爲訕謗詆譏之說耳。不知本朝之
　　爲滿洲，猶中國之有籍貫。舜爲東夷之人，文王爲西夷之人，曾何
　　損於聖德乎！〔註233〕

雍正以「仰承天命」申明滿洲統治中國的合理性與正統性，並說明如今滿洲皇
室既爲「中外臣民之主」，因此滿洲統治將不因「華夷而有殊視」，重申清廷自
順治以來一貫的「使滿漢官民同心合志」〔註234〕、「聯滿漢爲一體」〔註235〕的
呼籲。在這段上論裡，雍正也秉承了清初官方在用語上以「中外」取代「華夷」
的論述方式，企圖將論述重心由有種族暗示的「華夷」置換爲「中外」，並將「滿
洲」視爲「中國之有籍貫」，並援引上述《孟子‧離婁下》「舜生於諸馮」章以
爲論據，證明歷史上的聖君不以時地種族而「損於聖德」，而「夷狄」亦可承中
國之統。

3.「禮」爲「華／夷」之大別

　　基本上，清初官方學術中的夷夏論述，多傾向於將「華／夷」定位爲文
化身分而非民族身分。在這樣的「華／夷」定義基礎下，清初官方的《春秋》
學與經學的夷夏論述便是以「禮」與是否「僭王」作爲判別「華／夷」之間
的標準。對《春秋》中邾人、楚人等之所以被貶抑爲夷狄之事，官方往往以
「僭王」或「用夷禮」來解釋，認爲邾、楚之人之所以被稱爲「夷狄」，並非
因其種族血緣與華夏有別，而是因其僭王、違禮所導致。如雍正朝《日講春
秋解義》以邾人「雜用夷禮」而被視爲夷狄〔註236〕、而邾、牟、葛三國之君
也因「相率以朝弒逆之賊，且行旅見之禮」，〔註237〕而被貶爲夷狄。《大義覺
迷錄》也主張荊楚之所以被貶抑，是由於楚國「僭王猾夏，不知君臣之大義」，

〔註233〕《大義覺迷錄》，卷一，頁260～261。
〔註234〕見《世祖實錄》順治三年三月壬戌條：「欲定天下之大業，必一天下之人心，
　　　　吏謹而民樸，滿洲之治也。今何爲政，而後能使滿漢官民同心合志歟？」
〔註235〕見《世祖實錄》，卷31，頁14，順治四年四月十二日庚子條：「從古帝王以天
　　　　下爲一家，朕自入中原以來，滿、漢曾無異視，而遠邇百姓猶未同風。豈滿
　　　　人尚質，漢人尚文，習俗或不同歟？音語未通，意見偶殊，抑或未化歟？今
　　　　欲聯滿漢爲一體，使之同心合力，歡然無間，何道而可？」
〔註236〕《日講春秋解義》，卷十九，頁255，僖公二十一年冬，「公伐邾」條。
〔註237〕《日講春秋解義》卷八，頁112。

而「非以其爲戎狄而外之也」。〔註238〕將夷狄與華夏之別，由種族、地域轉爲是否「知禮」與「知君臣大義」。

同時，清初統治者在處理學術上的夷夏議題時往往也會引述韓愈「中國而夷狄也，則夷狄之；夷狄而中國也，則中國之」〔註239〕的觀點，認爲「華」與「夷」之間的身分界線是開放的。夷狄若能「附中國」，則「夷」亦可「進之」。而「華」、「夷」之間的身分也可以相互移轉，華夏而僭王、用夷禮亦可被貶爲夷狄（如《春秋》中之邾人），而夷狄能附中國、憂中國，則亦可進稱爲人。如《日講春秋解義》論徐戎「自進於中國，數從會伐，《經》皆稱人，以其能附中國也」。〔註240〕華夷身分是一種文化身分而非民族身分，因此其間的分界並非絕對，可因文化行爲的變更而轉化。

四、《春秋》「據實書事」，筆削義例之說多「錯解經義」

書法與義例，是傳統《春秋》學的重要詮釋傳統，而清初遺民多藉由《春秋》的「書人書爵」筆削與義例來論證「攘夷」思想，如顧炎武《日知錄》「楚吳書君書大夫」條就指出：「《春秋》之于夷狄，斤斤焉不欲以其名與之也」、「終《春秋》之文，無書師者，使之終不得同于中夏也。是知書君、書大夫，《春秋》之不得已也。政交于中國矣。」〔註241〕筆削義例，成爲遺民士人藉以闡釋《春秋》中聖人之意「使之終不得同于中夏」，而「聖人之心無時而不在中國也」的主要方式。〔註242〕

但，清初官方《春秋》學卻有對傳統《春秋》學以「筆削褒貶」論「微言大義」的詮釋方式提出強烈批判的傾向。無論康熙朝的《欽定春秋傳說彙纂》、雍正朝重新修訂的《日講春秋解義》及《大義覺迷錄》中涉及對《春秋》經義探討的部分，都對《春秋》學「筆削義例」的詮釋傳統提出批判，並轉而強調《春秋》「據實書事」的史學性質。康熙朝《欽定春秋傳說彙纂》認爲孔子對《春秋》僅「述」而不「作」，《春秋》只是孔子編輯魯國舊史而成，〔註243〕因此若

〔註238〕《大義覺迷錄》，卷一，頁261。
〔註239〕《大義覺迷錄》，卷一，頁263。
〔註240〕《日講春秋解義》，卷二十四，頁328。
〔註241〕顧炎武《日知錄》，卷四，〈楚吳君書大夫〉條，頁96。其中「春秋之於夷狄」句，「夷狄」二字刊行本改爲「吳楚」。
〔註242〕顧炎武《日知錄》，卷四，〈楚吳君書大夫〉條，頁96。
〔註243〕見《欽定春秋傳說彙纂》，〈聖祖仁皇帝御製春秋傳說彙纂序〉，頁1：「六經皆

以筆法義例詮釋經文，則會導致學者牽於支離之說而錯解經義，致使「微言既絕，大義弗彰」。〔註244〕雍正朝的《日講春秋解義》也繼承了這樣的觀點，強調《春秋》「據實書事」的史學性質，並批判「義例筆削」之說，認為《春秋》只是沿襲魯國舊史而「據事直書」，〔註245〕後人不宜以筆削褒貶妄加臆斷。

清初官方學術將《春秋》定位為「據實書事」的史學著作，並否定「先儒」對《春秋》「筆法褒貶」以己意臆斷的詮釋方式，固然與當時逐漸萌芽、興盛的考據學風有關，但從康、雍兩朝對《春秋》學著作再三考訂的嚴肅態度來看，《欽定傳說彙纂》與《日講春秋解義》強調《春秋》「據實書事」、否定「筆法義例」的詮釋觀點，動機並不全然出於「考證事實」。特別是《日講春秋解義》在批判先儒對《春秋》筆削褒貶之「錯解經義」時，往往都是針對《經》或三傳中與「夷／夏」論述有關的篇章而來。〔註246〕因此，清初官方《春秋》學之所以強調《春秋》「據實書事」、駁斥筆削義例之說，很可能也與其批判清初遺民《春秋》學中以筆法褒貶渲染「攘夷」思想的意圖有關。

清初官方與遺民士人的《春秋》學夷夏論詮釋，往往成為各自表述民族立場與文化心態的場域。從遺民士人的《春秋》學角度來看，遺民士人透過對《春秋》「尊攘」之詮釋，強調以「攘夷」為主的《春秋》大義，並將《春秋》學中的「華／夷」定位為民族論述，在漢人士民之間宣傳「排滿」思想。

孔聖刪述，而孟子特言孔子作《春秋》，左氏、公羊、穀梁三家，各述所聞以為傳。門弟子各衍其師說，末流益紛，以一字為褒貶，以變例為賞罰。微言既絕，大義弗彰，至於災祥讖緯之學興，而更趨於怪僻。程子所謂『炳若日星者，不因此而反晦乎？』迨宋胡安國進《春秋解義》，明代立於學官，用以貢舉取士，於是四傳並行，宗其說者率多穿鑿附會，去經義逾遠。朕於《春秋》，獨服膺朱子之論。朱子曰：『《春秋》明道正誼，據實書事，使人觀之以為鑒戒。書名書爵，亦無意義。』此言真有得者。而惜乎朱子未有成書也。朕恐世之學者牽於支離之說而莫能悟，特命詞臣纂輯是書。以四傳為主，其有舛於經者，刪之；以集說為輔，其有畔於傳者，勿錄。書成，凡四十卷，名之曰『傳說彙纂』。夫《春秋》之作，以游夏之賢，不能贊一詞。司馬遷稱七十子之徒，口授其傳而人人異端，當時已無定論。後之諸儒欲於千百年後懸斷聖人筆削之指，不亦難乎？是書之輯，亦唯擇其言之當於理者，雖不敢謂深於《春秋》，而辨之詳、取之慎，於屬辭比事之教，或有資焉。是為序。康熙六十年夏六月朔。」

〔註244〕《欽定春秋傳說彙纂》，〈聖祖仁皇帝御製春秋傳說彙纂序〉，頁1。
〔註245〕《日講春秋解義》，卷五十七，頁797。
〔註246〕如《經》定公四年「冬十有一月庚午，蔡侯以吳子及楚人戰于柏舉」條，《公羊傳》、《穀梁傳》都以「夷狄而憂中國故進之」的角度來詮釋此段經文，《日講春秋解義》卻認為：「舊史喜其事而稱爵，或未可知。以為孔子特起褒進之文，則於通經之義皆不可通矣。」見《日講春秋解義》，卷五十七，頁797。

遺民《春秋》學中「攘夷尊夏」的論述不僅成為漢人藉以批評、否決滿洲清政權的文本論據，對《春秋》「夷夏」的詮釋，也成為清初士民藉以宣抒民族意識的方式。

　　相對於遺民士人的《春秋》學，清代官方《春秋》學有以下兩種性質：一方面，它既是官方經學詮釋，必然有其「教化」的意味。另一方面，由於清代滿洲統治者的「夷狄」身分，也使得清代官方《春秋》學不可能完全擺落統治者自身的華夷立場及官方民族政策，而客觀地就《春秋》中「華夷」問題進行詮釋。因此，清初官方的《春秋》學，勢必也帶有宣示官方民族思想立場的目的性。事實上，從康熙、雍正兩朝的官方《春秋》學著作看來，確實都有將「華／夷」定位為文化身分認同而非民族身分認同的詮釋傾向，亦即將「華／夷」視為文化論述而非民族論述。

　　然而，華夷這個概念本身，原本就具有詮釋上的曖昧性。這使得清初官方與遺民士人們紛紛以自己預設的立場為《春秋》中華夷概念進行詮釋，並希冀以此影響社會上的滿漢民族心態。可以說，這一時期的華夷論述，表面上所論雖是華夷，事實上是以清初的滿漢背景作為主要探討對象而立言，真正的討論對象，其實是當時的滿漢文化問題。《春秋》的「華／夷」論述，便成為清代官方與遺民士人們，探討當時滿漢文化衝突問題的一個重要媒介。也正基於此，清代官方的《春秋》學詮釋，這些看似與民族政策無涉的經學論述，卻往往與康、雍兩朝的民族政策及當時社會上的華夷衝突事件（如曾靜案）彼此絪合。清官方也積極對《春秋》經華夷問題進行詮釋，將所編修之經學著作廣頒各省學官、令士子誦習，藉此以宣傳華夷之分在於文化而非種族、「《春秋》大義在君臣，不在攘夷」、「夷狄可承中國之統」等觀念，「令士子輩知所趨向」，〔註247〕企圖重建原本不利於清政權的《春秋》學華夷論述，並將之轉化為宣傳官方「滿漢一體」政策呼籲的思想工具。

〔註247〕《世宗實錄》，卷一百十三，雍正九年十二月十六日乙巳條。朱批見《宮中檔雍正朝奏折》第二十一輯。

第四章 「天朝」秩序下的「華」與「夷」：
從乾隆《御纂春秋直解》中的華夷論述看滿洲官方「華夷」認同之轉變

　　大體而言，從康熙、雍正兩朝官方《春秋》學看來，清初官方的經學詮釋都帶有以「學術」作爲政治與教化手段以淡化漢人原有華夷觀的意味。那麼，乾隆時期官方所修纂的《春秋》學詮釋著作——《御纂春秋直解》，是否也繼承了清初官方《春秋》學這樣的詮釋傳統？這是本章所要探討的第一個問題。

　　其次，乾隆時期清政權基本上已趨穩定，相對於順、康、雍三朝，漢人的排滿勢力已不再成爲朝廷的重要威脅。在清初官方一系列「滿漢一體」的政策呼籲、官方《春秋》學刻意淡化「攘夷」問題，以及清初至清中期社會上滿人急遽漢化的情勢下，滿漢之間的文化差距與對立意識，正逐漸消失。誠如前文所提及的，清初官方與遺民之間的「華／夷」論述之爭，事實上圍繞在「漢／滿」衝突的社會氛圍下所展開。因此，清初官方《春秋》學「華／夷」詮釋探討的表象之下，遺民士人與官方之間眞正所關心的問題，其實是清初的漢／滿文化衝突問題。也就是說，這一時期社會上對「漢／滿」文化衝突問題的探討，是附著在「華／夷」論述的架構下所進行。但，乾隆、嘉慶時期，滿漢文化差異漸漸消失的情況下，原本清初以來以「漢／滿」爲主要隱喻對象的「華／夷」論述，在這一時期是否會因失去其論述的必要性，而產生什麼樣的變化？這是本章所要探討的第二個問題。

　　另一方面，乾隆時期國勢臻於顛峰，君權思想也隨著國力的擴展而臻於滿洲開國以來前所未有的極致。這一時期君權思想的發展，也使得官方開始

積極介入文化政策與思想管制。無論是在對書籍文字的限制與管理上、或者是官方大量編纂和選刊典籍方面，都反映出乾隆對學術與文化的積極管理和干預的傾向。這種君權思想是否會反映在當時官方所編修的《御纂春秋直解》中？又，君權極致的意識是否會影響《直解》的「尊王」或「攘夷」論述？除此之外，乾隆朝官方對典籍傳佈與學術輿論的強勢干預態度，是否也會延伸到社會上流傳之前人《春秋》學經注上？在官方編修重刊前人《春秋》學經注時，是否會因官方的經學立場，而對前人經注刪削改易？這是本章所要探討的第三個問題。

最後，除了中國內部本身的問題之外，清政權在乾隆時期，在東亞地區的國勢日趨顛峰，清廷的統治視野也開始向外緣民族開展。乾隆主政的六十年之間，成功平定了準噶爾、定回部、掃平大小金川、平定臺灣林爽文叛亂、招降緬甸安南、遠征廓爾喀，而乾隆本人也欣欣然以「十全老人」自居，[註1]加上當時的英皇喬治遣使來華，開啟了中國與西方世界第一次官方的正式外交往來。在強勢的國力背景與頻繁與外邦和其他異民族接觸與外交的情況下，對滿洲官方本身的華夷觀與民族認同將帶來什麼樣的影響？雜糅「民族」與「文化」性質的「華／夷」論述，在這一時期又會出現什樣的變化？而《御纂春秋直解》是否會在相關的華夷論述上呈現出這種變化？這是本章所要探討的第四個問題。

第一節　「尊王」意識與乾隆時期的文教政策

乾隆時期，隨著回疆、滇緬等地軍事活動的順利，以及乾隆的數次南巡，在中國內部或東亞鄰國之間，清政權無論在帝國的疆域、皇帝的權力與威望方面，都臻於顛峰。[註2]清初在遺民士人之間曾經一度湮微的「尊王」思想，歷經康熙、雍正兩朝官方《春秋》學詮釋刻意強調之後，隨著這一時期國力

[註1] 乾隆《御製文三集》（《文淵閣四庫全書》本，臺北：臺灣商務印書館，集部第二四〇冊），卷八，頁622，〈十全記〉：「昨准廓爾喀歸詳，命凱旋班師。詩有十全大武揚之句，蓋引而未發，茲特敘而記之。……得其道乃能合於天，以冀承乎眖，則予之十全武功，庶幾有契於斯，可志以記之乎！十功者，平準噶爾為二，定回部為一，掃金川為二，靖臺灣為一，降緬甸、安南各一，即今二次受廓爾喀降，合為十。其內地之三叛么麼，弗屑數也。」

[註2] 乾隆《御製文三集》（《文淵閣四庫全書》本，臺北：臺灣商務印書館，集部第二四〇冊），卷八，頁622，〈十全記〉。

的提升，君權與「尊王」意識也達到滿洲入關以來的高峰。從某個層面而言，
君權的提升催化了乾隆與清官方控管國內文化與言論的意圖。這種心態，一
方面表現爲官方大量且積極地編修、選刊書籍，主動且積極地介入文化事業；
另一方面，則反映在對於士民言論、書寫與圖書出版流傳的控管上。

一、文字獄

　　對書寫「用語」的限制，以及對書籍的禁燬，往往被學者視爲是清代前
期政治的重要特色。清初順、康、雍三朝對士人書寫的控制，是出於統治漢
人士民、避免滿漢衝突、抑制漢人「排滿」思想的政治需要。乾隆時期，滿
漢之間的文化差異已迅速拉近，而清政權無論在帝國的疆域、皇帝的權力與
威望方面都已發展到顛峰的階段，抑制漢人的排滿言論的必要性，似乎也已
日益降低，實施文字獄的必要性也已不再如順、康、雍三朝時迫切。

　　雖然乾隆時期清廷不再有抑制漢人排滿言論的迫切必要性，但事實上，
乾隆朝卻是清代文網最密的時期。就文字獄的數量而言，清初順治、康熙、
雍正三朝近百年間（1644～1735）的二十餘起文字獄，雖然次數上多於前代，
但扣除以朝中朋黨鬥爭爲本質的文字獄之後，實際爲數並不多。且康、雍二
朝的文獄雖或株連甚廣，但次數上，與乾隆朝相比實在稱不上頻繁，且其中
也有數起文獄是官吏欲以文字罪人而被康、雍二帝以「斷章取義」、「多事苛
求」直接駁回之例（如康熙二十二年（1683）何之杰案、雍正七年（1729）
宋在詩科場案）。至於乾隆朝的文字獄，無論從次數和性質來看，乾隆朝的文
字獄都遠勝於清初的順治、康熙、雍正三朝。據葉高樹《清朝前期的文化政
策》一書之統計，順、康、雍、乾四朝一百三十九起文字獄中，順治朝六起、
康熙朝九起、雍正朝十二起，而乾隆一朝（1736～1795）即有一百一十二起，
〔註3〕且事實上數目遠不止此。僅僅乾隆一朝（1736～1795）六十年之間，文
字獄竟有百餘起，〔註4〕文網之密令人咋舌。

　　除此之外，在文字獄的性質方面，清初三朝的文字獄也比乾隆時期更爲
單純。順、康、雍時期的文字獄事件，有部分是以糾舉「排滿者」、整肅明遺

〔註3〕葉高樹《清朝前期的文化政策》（臺北：稻鄉出版社，2002 年 7 月），頁 254
　　　～268。
〔註4〕據葉高樹《清朝前期的文化政策》之統計，清代順治、康熙、雍正、乾隆四
　　　朝，文字獄共一百三十九起，其中乾隆朝即佔了一百一十二起。詳見葉高樹
　　　《清朝前期的文化政策》，頁 254～268。但實際上數目不只於此。

民的反清思想為主。這一類文字獄，多出於清官方以限制「文字」的使用，以控制漢人的思想言論而起。雖然清初順、康、雍三朝，官方並沒有對詩文著作在「用語」加以明確的條文規範，但社會上士民避諱「夷、虜」的情況卻十分普遍，官方與士民之間，多有著避諱使用「夷」、「虜」等字的不成文默契。〔註5〕這顯示著清初三朝確實對於士民之言論思想有所約制。

儘管清初三朝有限制士民思想的傾向，但官方真正「以文字罪人」並引起獄訟的文字獄事件並不多。從康、雍兩朝的文字獄事件看來，有不少文字獄與其說是純粹「以文字罪人」或限制士民思想，不如說是朝中的政治鬥爭藉著興文字獄的形式，來打擊政治上的異己。這種藉文字罪人以報私怨的情況，在雍正年間特別頻繁。不僅朝中大臣往往將文字獄視為打擊政敵的手段，甚至，連雍正自身也時常以興文字獄的方式，整肅朝中部分權臣及不利於自己的政治勢力。康、雍兩朝這種以文字獄行官僚勢力鬥爭之實的情形，略舉數例如下：

1. 康熙五十一年十月間，陳鵬年〈重游虎邱〉詩案。表面上看來，此案緣於陳鵬年詩中有悖逆譏刺之句，事實上則是兩江封疆大員的滿漢朋黨之爭。這次的事件是由兩江滿人總督噶禮發動，希望藉此以打擊江蘇巡撫張伯行。對於此事的具體經過，羅麗達於〈清初江南地方行政上的滿漢政治衝突 ── 張伯行、噶禮互參案研究〉曾有詳細考證，〔註6〕此不贅述。此案的性質，若以純粹「限制漢人文字用語、思想」的角度來解讀，將導致歷史詮釋上的失真。因此，這個事件並不宜籠統地以文字獄來概括詮釋。

2. 雍正三年（1725）十二月汪景祺《西征隨筆》，與雍正四年三月錢名世案。這兩件文字獄案，都與雍正與權臣年羹堯之間的政治鬥爭密切相關。〔註7〕

〔註5〕清初官方並未明文規範詩文用語，但社會上官方與士民避諱使用「夷」、「虜」等字的情況，卻十分普遍。因此，雍正十一年（1733）四月二十八日己卯，雍正便曾特定下諭，令士民刊寫書籍不必避夷虜等字。事見《世宗憲皇帝實錄》，卷一百三十，雍正十一年四月二十八日己卯上諭，頁 696～697。

〔註6〕羅麗達〈清初江南地方行政上的滿漢政治衝突 ── 張伯行、噶禮互參案研究〉，新史學，7 卷 3 期，1996 年 9 月。

〔註7〕汪景祺文字獄，事見《雍正朝漢文朱批奏折匯編》（六）、《朱批諭旨》、《掌故叢編》第二輯、蕭奭《永憲錄》卷3～4、吳振棫《養吉齋餘錄》卷四、汪祺《讀書堂西征筆記》、《清史列傳》卷十三。汪景祺於雍正二年赴陝西謁年羹堯，其〈上撫遠大將軍、一等公、川陝總督年公書〉中稱年為「詞林之真君子，當代之大丈夫」、「宇宙之第一偉人」、「聖賢豪傑備於一身」。雍正二年五月，著《讀書堂西征筆記》，於時政多有抨擊，並譏聖祖諡法、雍正年號，言

3. 雍正四年（1726）九月查嗣庭典試案。雍正懲治此案，表面上是緣於禮部左侍郎查嗣庭赴江西典試時藉試題譏刺時事，但實際上卻是雍正不滿查嗣庭諂附權臣隆科多所致。〔註8〕

4. 雍正年間謝濟世、陸生柟的科目朋黨與著書案。此案與謝濟世劾河南巡撫田文鏡所涉及的朝中黨爭一事有關。〔註9〕

事實上，康熙、雍正年間的文字獄，其中雖然確實也有少數純粹以文字罪人者，但到了雍正時期，文字獄逐漸有發展爲朝廷臣僚間彼此藉以進行鬥爭的趨勢。甚至在乾隆執政元年，御史曹一士便有感於雍正年間藉文字罪人、以報睚眦之怨、行政爭之實的風氣敗壞士習風俗甚深，因此曾在奏議中論及

「正」字有「一止」之象，前代如正隆、正大、至正、正德、正統，凡有正字者皆非吉兆。作〈功臣不可爲論〉，又以檀道濟、蕭懿比年羹堯，言「鳥盡弓藏，古今同慨」。於〈高文恪遺事〉中，言高士奇因奴事索額圖得顯官，旋合明珠傾索，又合徐乾學以傾明珠，又合明珠、王鴻緒以傾徐，「市井小人，出自糞土，致身軒冕，烏知所謂禮義廉恥哉！」雍正三年九月間，福敏等於杭州搜查年羹堯家，有家人供，年羹堯已於九月十二日將一應書札盡行燒毀，福敏等細搜，於亂紙中發現手抄書二本，即《讀書堂西征筆記》，以書中言論「甚屬悖逆」，本日奏聞，朱批：「若非爾等細心搜撿，幾致逆犯漏網。其妄撰妖辭二本，暫留中摘款發審。」

〔註8〕《世宗實錄》，雍正四年九月二十六日乙卯條。帝以查嗣庭「向來趨附隆科多」，所出試題「顯露心懷怨望、譏刺時事之意」，遣人搜查其寓所，得《日記》二本，其中「悖亂荒唐、怨誹捏造之語甚多」，雍正四年任江西鄉試主考時，江西科場中又有關節作弊等事，本日將查嗣庭革職拿問，交三法司審擬。諭稱：查嗣庭所出試題與國家取士之道相背謬，《日記》中其他譏刺時事、幸災樂禍之語甚多。十月初九日命杭州將軍鄂彌達、浙江巡撫李衛派人往查嗣庭原籍家中搜查。雍正五年二月，先處理科場弊案，副主考俞鴻圖、布政使丁士一俱革職，巡撫汪濸降級調用。雍正五年五月，結查嗣庭案，其子查澐斬監候，兄查嗣瑮及其餘子姪俱流三千里，家產變價修海塘。兄查慎行因年已老邁，家居日久，相隔路遠，並不知情，連同其子俱釋放回籍。

〔註9〕雍正七年謝濟世之文獄，性質較爲複雜。案主謝濟世曾於雍正四年（1726）因涉入黨爭案影響而發配至阿爾泰軍，雍正七年時之所以被錫保參劾注《大學》毀謗程朱一事，從某個角度上來看應是黨爭的延續。錫保雖以「毀謗程朱」的名義來參劾謝濟世，但雍正在針對此案的諭旨中卻是如此評述此案：「觀謝濟世所注之書，意不止毀謗程朱，乃用《大學》内『見賢而不能舉』兩節，言人君用人之道以抒寓其怨望誹謗之私也。其注有『拒諫飾非，必至拂人之性，驕泰甚矣』等語，則謝濟世之存心，昭然可見。」（見《世宗實錄》，雍正七年六月二十八日辛丑條。時謝濟世於軍前效力，順承郡王、振武將軍錫保參奏其「注釋《大學》，毀謗程朱。」）從雍正對謝濟世《大學》案的評論看來，「毀謗程朱」固然是謝濟世獲罪之因，但真正引起雍正不悅的，卻在於他藉注疏《大學》來妄議時政，「以抒寓其怨望誹謗之私」。

這種士民挾怨而攻訐私書的現象，而乾隆也從其奏。〔註10〕嚴格說起來，這一類以政治鬥爭為本質的文字獄，基本上是朝廷中朋黨之爭的外緣產物。這一點，從幾則雍正年間的文字獄便可看出，文字獄已成為雍正藉以處置政敵——權臣年羹堯及隆科多之朋黨的手段。雖然它以「文字獄」的形式呈現，但這一類文字獄的性質與官方對士民思想言論的控制政策關聯較少，和一般其他純粹以控制言論的文字獄仍應區隔開來。

不過，即使康、雍兩朝發生過數起與朝中政治鬥爭、朋黨傾軋相關的文獄，但不可否認的是，這一時期也確實存在著數起純粹為官方控制言論、「以文字罪人」的文字獄。這顯示滿清官方的確以文字獄作為限制漢人士民的輿論、著書風氣及學術思想的手段。李潤強、牛黎芳於〈清初士人的明史意識與康熙文字案獄——以康熙朝《明史》案和《南山集》案為中心〉便指出，在順治十八年（1661）至康熙二年（1663）間的莊廷鑨《明史》案與康熙五十年（1711）戴名世《南山集》案兩件文字獄事件發生後，私人修史之風頓息，導致民間熱衷修纂《明史》的風氣也迅速消褪。〔註11〕從此看來，清初康、雍兩朝，官方確實有利用文字獄而令士人心生戒懼，達到控制士民輿論與著書風氣的效果。

由於幾次株連較深的重大文字獄案件分佈在康、雍兩朝，因此導致了人們對清初康、雍二朝有「文獄不斷」的印象。然而，清初三朝的文字獄，或許株連甚深、影響甚鉅，但嚴格說起來發生次數其實稱不上頻繁與密集，更何況這一時期的多次文字獄，大都與朝中的政治集團鬥爭相互牽扯，並不能以純粹的言論思想控制來看待。除此之外，清初三朝官方對這些文字獄的懲治，也多半帶有以一儆百的意味，雖是株連甚廣，但事實上執行、嚴查的次數卻不甚多。清代文字獄的真正高峰在乾隆朝。乾隆朝的文字獄事件，據《清史編年》〔註12〕、《清史稿》〔註13〕、《清代文字獄檔》〔註14〕、葉高樹《清

〔註10〕乾隆元年二月十七日辛巳，因御史曹一士奏請查比附妖言之獄并禁挾仇誣告事，亟言雍正朝興文獄之流弊，致使士民挾睚眥之怨而攻訐私書，有司見事生風，將使天下告訐不休。得旨，從曹一士之奏。事見《高宗純皇帝實錄》乾隆元年二月辛巳條。

〔註11〕李潤強、牛黎芳〈清初士人的明史意識與康熙文字案獄——以康熙朝《明史》案和《南山集》案為中心〉（《甘肅廣播電視大學學報》，第17卷1期，2007年3月），頁25〜28。

〔註12〕《清史編年》（北京：中國人民大學出版社，2004年）。

〔註13〕趙爾巽《清史稿》（北京：中華書局，1997年）。

〔註14〕《清代文字獄檔》（上海：上海書店，2007年。）

朝前期的文化政策》諸書所記，略整理如下表：

附表一：乾隆朝文字獄表

乾 隆	西曆	文 獄	刑 懲	相關政策
元年	1736	全祖望皇雅篇案	免究	從曹一士之奏，禁以文字罪人
		謝濟世詆毀朱子案	申飭	
		李徽以孝經與四書並列案	免究	
六年	1741	全淵四書宗注錄案	銷毀，依律處置	
		謝濟世私刊自著學庸注疏案	銷毀	
13 年	1748	阿克寬誤譯皇妣案	斬監候	
16 年	1751	孫嘉淦偽稿案	處斬	
		王肇基獻詩案	杖斃	
17 年	1752	楊烟昭字迹卦圖悖誕案	杖斃	
18 年	1753	王盡性捏造歌詞案	杖斃	禁燬所有私行翻寫的滿文漢籍
		丁文彬投逆書案	處斬	
		劉震宇治平新策案	處斬	
19 年	1754	世臣詩稿案	革職流邊	
		李冠春獻策案	處斬	
20 年	1755	胡中藻詩集案	斬決	
		鄂昌塞上吟案	賜自盡	
		劉立後大江滂案	杖斃	
		程鑿秋水詩鈔案	嚴審誣告者	
		楊淮震獻策案	杖一百，革生員	
21 年	1756	朱思藻弔時詩案	流邊	
		劉德照字帖案	凌遲處死	
		劉朝干妄布邪言案	凌遲處死，兄弟子姪處斬	
		左必臣朔書案	杖斃，刊刷者杖一百流三千里	
22 年	1757	段昌緒藏吳三桂偽檄案	斬	
		彭家屏私藏明季野史案	賜自盡	
		陳邦彥千批綱鑒輯略案	重辦，書板銷毀	
		陳安兆著書案	無容辦理	
		謝墉滿員碑文案	交部嚴處	

23 年	1758	朱尙柄逆書案	依律處決	
24 年	1759	張照詩卷案	已死免究	
		沈大章逆書案	凌遲處死	
		鮑體權匿名字帖案	處斬	
26 年	1761	林志功諸葛碑文案	發遣爲奴	
		閻大鏞俣俣集案	凌遲處死	
		余騰蛟詩詞案	發遣，誣告者杖一百流三千里	
		李雍和潛遞逆詞案	凌遲處死	
		王寂元投詞案	凌遲處死梟示，子姪處斬、爲奴	
		沈德潛國朝詩別裁	翰林逐一檢刪校訂	
		章知鄴筆記案	即行正法	
27 年	1762	正定鎭字帖案	誣告者凌遲處死	
28 年	1763	林時元投帖案	立斬	1.五諾璽奏請防範瘋病之人任意書寫、2.紀昀奏請坊本經書應避諱
		劉三元逆詞案	凌遲處死	
		李繼印藏經符逆詞案	凌遲處死	
		郭良肱逆書案	斥革發落	
		王宗訓逆詞案	凌遲處死，親屬緣坐	
29 年	1764	鄧文亮誠暴文案	斬候	
		朱文呈首賴宏典逆詞案	朱文正法，賴宏典斬監候	
30 年	1765	胡作梅首告胡學成等修譜僭安案	誣告者充軍，被告革職銜、奪誥命	通諭中外，廟諱、御名避諱仍照舊例
		周煌批注綱鑑易知錄案	凌遲處死	
32 年	1767	蔡顯閑漁閑閑錄案	斬決	
		張廷用手錄狂語案	鎖禁以免其妄語	
		齊周華逆書案	凌遲處死，子孫斬監候	
33 年	1768	謝濟世添髻記案	銷毀	
		柴世進逆詞案	即行杖斃	
		李紱詩文案	銷毀	
		張如岩逆詩案	誣告者處極刑	
		李浩孔明碑記案	從重定擬	
		王道定汗漫遊草案	杖一百，流三千里，革去生員	

34 年	1769	李超海武生立品集案	處斬，代抄者杖八十	
		安能敬試卷詩案	不治罪	
		丁元甲收藏應劫經並傳貼符詞案	從嚴審議	
36 年	1771	張震南獻策案	就地正法	
		余樸疏稿案	絞監候	
37 年	1772	查世柱私纂全史輯略案	處斬	
38 年	1773	游光輝投遞逆札案	凌遲處死，家屬緣坐	
		戎英獻策案	從重辦理	
39 年	1774	王珣書帖案	即行正法	
		屈稔滇藏屈大均詩文案	銷毀	
40 年	1775	王作梁逆書案	凌遲處死，家屬緣坐	
		高秉家藏逆書案	銷毀	
41 年	1776	嚴贈私擬奏摺請立正宮案	凌遲處死	
		張毅書詞悖逆案	凌遲處死，其子發遣	
		梁曉善奏表案	嚴審定擬	
		沈德潛國朝詩別裁案	銷毀	
42 年	1777	王錫侯字貫案	處斬，書板銷毀，家屬緣坐	
43 年	1778	王爾揚撰李範墓誌銘案	毋庸查辦	
		劉翱供狀書案	即行正法	
		黎大本資孝集案	毋庸深究	
		徐述夔一柱樓詩案	戮尸、子孫斬監候	
		殷寶山岫亭草案	監禁，銷毀	
		金從善妄奏案	凌遲處死	
		韋玉振爲父刊刻行述案	杖一百，徒三年	
		范起鳳家藏顧亭林集案	辦理過當，巡撫交部議處	
		劉峨刷賣聖諱實錄案	處斬，銷毀	
		龍鳳祥麝香山印存案	發遣伊犁	
		陶煊、張燦輯國朝詩的案	免治罪	
44 年	1779	鄧譴收藏禁書案	誣告者杖一百	
		黃檢私刻黃廷桂奏疏案	銷毀，降職	
		馮王孫五經簡詠案	凌遲處死，子處斬	
		智天豹本朝萬年曆案	處斬	
		沈大綬碩果錄案	戮尸、家屬緣坐，銷毀	
		程樹榴愛竹軒詩稿序案	處斬，子處斬	
		王大蕃奏疏案	發往伊犁	
		石卓槐芥圃詩抄案	凌遲處死	
		祝庭諍續三字經案	戮尸、子處斬	

45 年	1780	王鐵山投遞黃紙案	處斬	
		魏塾妄批徙戎論案	處斬	
		戴移孝、戴昆詩文集案	戮屍、孫四人處斬	
		艾家鑑試卷條陳案	發遣	
		吳英獻策案	凌遲處死，子姪處斬	
		劉遴宗譜案	銷毀	
46 年	1781	尹嘉銓為父請謚請從祀文廟案	絞立決，著作銷毀	命查繳天文占驗、妄言禍福之書
		王仲儒西齋集案	銷毀	
		梁三川奇冤錄案	凌遲處死	
		焦祿謗帖案	凌遲處死，家屬緣坐	
		僧明學等鎮壇大悲法水經卷悖逆案	凌遲處死	
		吳碧峰孝經對問、體孝錄案	銷毀，監斃	
		葉廷推海澄縣志案	誣告者斬立決、親屬緣坐	
		程明諲代作壽文案	處斬，緣坐各犯俱著寬免	
47 年	1782	卓長齡憶鳴詩集案	處斬，誣告者發遣	
		祝萬青家祠匾額案	誣告者解往河南審查	
		高治清滄浪鄉志案	有司辦理失當	
		方國泰藏濤浣亭詩集案	杖一百徒三年，銷毀	
		海富潤攜帶經書案	毋庸辦理	
48 年	1783	喬廷英李一互訐案	凌遲處死，子孫處斬	
		馮起炎注易、詩案	發往黑龍江為奴	
		戴如煌秋鶴近草案	誣告者即行正法	
		樓繩呈首河山氏論家言案	銷毀	
49 年	1784	吳文世雲氏草案	治誣告者罪	
50 年	1785	孔繼汾孔氏家儀案	嚴審定擬	
		郭大至妄遞稿本案	凌遲處死，諸弟處斬	
51 年	1786	駱愉書策案	凌遲處死，家屬緣坐	
53 年	1788	賀世盛篤國策案	處斬	
57 年	1792			從翁方綱議，令各省限期查繳刪本經書。

　　由上表可知，乾隆朝的文字獄不僅就次數而言遠勝於清初三朝，從性質來看，涵攝範圍也較廣，犯案原因可說是十分瑣碎。乾隆時期對言論禁制之嚴，可說是前所未有。從文字獄的種類、性質來看，也比清初順、康、雍三朝更爲複雜。其中除了少數具有政治鬥爭性質的文字獄之外，無論是批評時政、詆毀程朱、邪教妖言、挾怨誣告、潛謀叛逆、犯諱大不敬、收藏禁書，甚至連瘋顛妄言、繙譯不當、詩風萎靡等等，都成了乾隆時期「以文字罪人」的整肅對象。

　　不過乾隆主政初期，文字獄其實並不頻繁，對犯案者之懲處也不嚴厲，往往僅銷毀其書而不深究。甚至在乾隆元年（1736）二月，御史曹一士上書亟言雍正時期興文獄致使士民挾睚眦之怨而攻訐私書的流弊之後，乾隆也曾一度依循曹一士之議，嚴禁以文字罪人，〔註15〕並於同年三月至五月間展開一連串寬免雍正朝文字獄（汪景祺、查嗣庭、曾靜張熙諸案）緣坐親屬的政策。〔註16〕但，自乾隆十六年（1751）孫嘉淦僞稿案後，乾隆一改執政初期對文字獄寬緩的態度，轉而積極檢查民間文書的刊行與私人著作的用語，藉此以控制官民輿論與思想。因此乾隆十六年後，幾乎年年皆興文字獄，甚至於一年數起。

　　另外，從乾隆朝干犯文字獄者的民族身分來看，也與清初順、康、雍三朝明顯有別。順、康、雍三朝的文字獄對象，幾乎全針對漢人而來——由此也可以證成清初三朝文字獄，主要是滿洲官方藉以管制漢人的攘夷思想、政治輿論與朋黨往來的方式，而文獄也是清官方統治漢人的民族政策之一環。因此基本上，清初三朝文字獄的性質，與其說是文化政策，不如說是清廷統治漢人的民族政策。

　　反觀乾隆時期文字獄的懲治對象，雖然就其民族身分來看，仍以漢人居多，然而同時也出現了滿人因干犯文字之禁而爲官方所懲治的情形，且干犯之理由無奇不有。如乾隆十三年（1748）阿克寬誤譯皇妣案，滿臣阿克寬因

〔註15〕乾隆元年二月十七日辛巳，因御史曹一士奏請查比附妖言之獄并禁挾仇誣告事，亟言雍正朝興文獄之流弊，將使天下告訐不休。得旨，從曹一士之奏。嗣後於大清律例中增一新例。《大清律例匯輯便覽》，（臺北：成文出版社，1966年），第十一冊，頁4278：「有舉首詩文書札悖逆者，除顯有逆跡，仍依律擬罪外，若只字句失檢，涉於疑似，並無確實悖逆形迹者，將舉首之人即以所誣之罪，依律反坐，至死罪者，分別已決未決，照例辦理。承審官不行詳察輒波累株連者，該督撫科道察出題參，將承審官照故入人罪律交部議處。」

〔註16〕乾隆元年三月初六庚子，赦雍正朝汪景祺、查嗣庭緣坐親屬。赦免前朝汪景祺、查嗣庭文獄諸人。乾隆元年五月十八辛亥，寬免雍正朝曾靜、張熙案緣坐親屬。事見《高宗純皇帝實錄》。

將「皇妣」誤譯爲「先太后」，而處以斬監候；〔註17〕又如乾隆十九年（1754），奉天所發生的世臣詩稿案，則是因世臣之詩作內容「萎靡」，而著處革職流邊。〔註18〕除了上述二例之外，乾隆二十年（1755）重臣鄂爾泰之姪鄂昌詩句案，以詩作〈塞上吟〉中有怨望之語而賜其自盡，嗣後並通行曉諭部院八旗務以清語騎射爲務，「如有與漢人互相唱和，較論同年行輩往來者，一經發覺，決不寬貸！」〔註19〕

　　雖然從數量上來看，乾隆朝百餘起文字獄裡，滿洲人所犯的文字獄事實上只佔了相當少數。但，滿人文字獄從無到有，也顯示出清代文字獄的性質，到了乾隆時期已有所變化。這意味著乾隆時期的文字獄，不再只是官方藉以控制漢人結黨、排滿、反清言論的民族政策，而是擴大、延伸爲控制整體國家士民言論思想的政策舉措。

　　綜上所述，無論就文字獄的性質、文獄犯案者的身分來看，清初順治、康熙、雍正三朝文字獄的性質都與乾隆時期有別。清初文字獄基本上可視爲清廷民族政策中的一環；而乾隆朝的文字獄，雖然在抑制漢人批評時政、潛謀叛逆、犯諱大不敬、收藏禁書等方面繼承清初三朝的文字獄傳統，但與此同時卻也開始將文字獄的整肅對象範圍向外擴大至全體臣民。「文字之禁」不再只是管理漢人民族與政治意識的工具，而是進一步控管全體官民輿論與思想的政治手段。

　　乾隆時期文字獄之興盛，與這一時期君權意識達到清入關以來的高峰有關。在「尊王」意識發展到極致的狀況下，君主的威信與政策方向不容許質疑，管制士民言論、書寫的政策趨向也由此而生。從乾隆朝文字獄看來，國家對人民思想言論的控制，與清初相較，是更爲普遍、深入的。

二、禁　書

　　乾隆時期，除了「以文字罪人」、對言論的管制遠勝於康、雍兩朝之外，官方在私人刻書、藏書上的具體管制，也比康、雍兩朝更爲嚴苛。乾隆朝一百三十餘起文字獄之中，有多起文字獄出於官方企圖對民間書籍的私刊、私藏與流傳進行管制：

〔註17〕《高宗純皇帝實錄》，乾隆十三年四月二十日癸酉條。
〔註18〕《高宗實錄》，乾隆十九年九月十二日戊子條。
〔註19〕《高宗純皇帝實錄》，乾隆二十年五月上，五月十七日壬寅條。

1. 乾隆六年（1741）謝濟世案。御史謝濟世私刊詆毀程朱之自著經注。
   〔註20〕

2. 乾隆二十二年（1757）彭家屏案。布政使彭家屏家藏明末野史，「此實天地鬼神所不容」，將彭家屏革職究審、嚴懲賜死。〔註21〕

3. 乾隆三十四年（1769）丁元甲案。武生丁元甲收藏《應劫經》，從審嚴議。

4. 乾隆四十年（1775）高秉案。高秉家藏《皇明實記》、《喜逢春傳奇》等書，後命令其銷毀。

5. 乾隆四十一年（1776）沈德潛《國朝詩別裁集》案。沈德潛將所輯《國朝詩別裁》提請乾隆撰序文，乾隆讀畢後，以「集內將身事兩朝、有才無行之錢謙益居首，有乖千秋公論」，曾將該書之原板一并銷毀。但「沈德潛身故後，其門下無識者流又復潛行刷印，則大不可」，又命將書板銷毀查繳。〔註22〕

6. 乾隆四十三年（1778）徐述夔案，徐食田家藏其祖徐述夔《一柱樓詩》，因其中有「明朝期振翮，一舉去清都」一語，徐述夔、徐懷祖父子戮屍梟示，書板銷燬，其孫徐食田、徐食書斬監候。〔註23〕

7. 乾隆四十三年（1778）劉峨案，劉峨經營之裱褙鋪刷印《聖諱實錄》，以欲使人知所避諱為名，書中卻將廟諱、御名依本字全體寫刻。帝命根究刊著之人，按律治罪，並令各省一律查繳，運京銷毀。

8. 乾隆四十六年（1781）吳碧峰案，黃梅縣人吳碧峰刊刻明末瞿罕所著《孝經對問》、《體孝錄》，「廟諱、御名均未敬避，并狂吠等語句頗多」，〔註24〕帝嚴飭銷毀。〔註25〕

〔註20〕謝濟世嘗於雍正七年撰學庸注疏詆毀程朱，當時已為雍正所嚴斥。至乾隆元年二月十六日庚辰，謝濟世又上言請用自注《學庸》以易朱子《章句》，頒行天下，乾隆以為其妄行瀆奏，但從寬免究。直至乾隆六年九月二十五日丁亥，謝濟世將己著刊刻傳播，方治其罪，將書即行銷毀，毋得留存。事見《高宗純皇帝實錄》、《清代文字獄檔》（上海：上海書店，2007年6月）、〈謝濟世著書案〉，頁3~4。

〔註21〕事見《高宗實錄》，乾隆十八年四月下四月二十七日戊子，及乾隆十八年六月上，六月初六丙寅條。

〔註22〕《清代文字獄檔》，〈沈德潛選輯《國朝詩別裁》案〉，頁434~437。

〔註23〕《高宗實錄》，乾隆四十三年八月二十七日甲申條。

〔註24〕〈湖廣總督舒常奏審擬吳碧峰等折〉（收於《清代文字獄檔》，〈吳碧峰刊刻《孝經對問》及《體孝錄》案〉，頁321）。

　　從上述諸例看來，乾隆不僅對書寫者的文字用語、書籍內容本身加以禁制，對於書籍的收藏、出版、流傳方面，也進行極嚴密的控管，甚至下諭明文禁止。如：乾隆四十一年（1776）時，曾針對《四庫全書》的編輯工作，制定出抽毀改易「違礙悖逆」書籍的明確標準；〔註26〕在乾隆四十六年（1781）時，又下諭各省督撫查繳天文占驗、妄言禍福之書等，以免淆惑人心。〔註27〕除此之外，乾隆又分別在乾隆三十九年（1774）與乾隆四十七年（1778）時，下旨重申官方應控管書籍出版、收藏與流通，如果書籍中有違禁之語，不僅會對著作者加以懲治，對違禁書籍的出版、傳抄、刊刻者，也都將予以治罪。乾隆三十九年十一月二十日的〈屈稔湞等俱不必治罪〉的諭旨中提及：

> 朕屢經傳諭，凡有字義觸礙乃前人偏見，與近時無涉，其中如有詆毀本朝字句，必應削板焚篇，杜遏邪說，勿始貽惑後世。然亦不過毀其書而止，并無苛求。……若經此番誠諭仍不呈繳，則是有心藏匿僞妄之書，日後別經發覺即不能復爲輕宥矣！〔註28〕

由上述諭旨中可知，乾隆除了對有「詆毀本朝字句」的書籍進行「削板焚篇」之外，甚至也懲治了「有心藏匿僞妄之書」的藏書者（而非著作者）。這意味著此時官方對於言論的控制，不再只限於書籍中的「用語」與內容等方面，而是進一步對書籍的出版與流通加以明文限制。此外，「禁書」政策的禁制對象也不僅限於漢人與漢籍。官方往往以「影響滿洲舊習」作爲禁制之理由，對滿人私行翻寫、刊刻的漢籍進行管制。如：乾隆十八年（1753）七月二十九日壬午，

〔註25〕《清代文字獄檔》，〈吳碧峰刊刻《孝經對問》及《體孝錄》案〉，頁319～322。
〔註26〕《高宗實錄》，乾隆四十一年十一月十六日甲申條，諭云應抽毀改易者凡四：其一如錢謙益、金堡、屈大均等「其人實不足齒，其書豈可復存？」應概行毀棄；其二如劉宗周、黃道周、熊廷弼、王允成、葉向高等或爲一代完人，或其書爲明季喪亂所關，足資考鏡，「惟當改易違礙字句」，無庸銷毀；楊漣、左光斗、李應升、周宗建、繆昌期、趙南星、倪光璐等直臣書集，當「以此類推，即有一二語傷觸本朝，本屬各爲其主，亦止須酌改一二語」；其三，匯選各家詩文內，有錢謙益、屈大均輩所作，自當削去，其餘原可留存。明人所刻類書，其邊塞兵防等門，所有觸礙字樣，固不可存，然只須刪去數卷，或刪去數，或改定字句，亦不必因一二卷帙，遂廢全部；其四南宋人書之斥金，明初人書之斥元，其悖于義理者，自當從刪。涉于詆詈者自當從改，其書均不必毀。
〔註27〕《高宗實錄》，乾隆四十六年二月初四丁未，帝於檢閱各省奏繳銷毀書籍時，見河南解到《天元玉歷祥異賦》和《乾坤寶典》兩書，以此等書爲淆惑人心，傳諭各省督撫一體查辦，解京銷毀，並命查繳「天文占驗，妄言禍福」之書。
〔註28〕《清代文字獄檔》，〈屈大均詩文及雨花台衣冠塚案〉，頁135～136。

便因《水滸傳》、《西廂記》等小說內容無益於王教、誘人為惡，「於滿洲舊習所關甚重」，因此下旨查禁燒毀所有「私行翻寫」的漢譯滿籍。〔註29〕

乾隆對於已出版、流傳書籍的查禁十分嚴格，並對負責查繳禁書的各省督撫等地方官員明訂查繳期限，甚至在發現禁書時亦責以連帶懲處。乾隆四十三年（1778）十一月的諭旨中，乾隆對督撫申明：

> 以接奉此旨之日為始，予限二年實力查繳。并再明白宣諭，凡收藏違礙悖逆之書，俱各及早呈繳，仍免治罪。至二年限滿，即毋庸再查。如限滿後仍有隱匿存留違礙悖逆之書，一經發覺，必將收藏者從重治罪，不得復邀寬典，且惟于承辦之督撫是問。

乾隆不僅嚴格查緝書籍私刊、私藏、流傳，也明諭嚴定查繳禁書之期限，命令各省督撫必須對書籍的出版與流通負責。如果發現「違礙悖逆之書」，督撫也必須連帶懲處。這顯示官方對書籍的嚴密控制，由書寫者擴及到出版者、收藏者與作為監督者的地方官員。地方官員查繳禁書壓力甚鉅，甚至在江蘇、安徽、河南、浙江等地，還出現了地方官員刊刻《違礙書目》，以利查繳，避免漏失的情形。〔註30〕卜正民（Timothy Brook）在〈明清時期的國家圖書檢查與圖書貿易〉指出，從這些政策看來，乾隆已意識到要監控人民的思想意識，除了懲治書寫者、燒毀私藏書籍之外，必須明確地以律令來對圖書出版和發行的環節，亦即從圖書貿易的渠道來進行干預。〔註31〕

然而，儘管乾隆對於書籍出版的查禁與管制十分嚴格，不過他的管制範圍也只限於已刊刻之書籍。他並無意進行書籍出版前的審閱工作，亦即無意建立一個在書籍刊刻流通前先行審查的制度。乾隆四十三年（1778），湖廣總督三寶曾奏請嗣後有欲刊刻書籍者，宜先送本籍教官，然後呈送學政核定，若私行刊刻，即無違礙字句，亦令地方官嚴行禁毀。但這一則關於建立書籍出版審查制度的奏言，卻被乾隆迅速否決：「竟似欲杜天下人刊書傳世之路，無此政體」。〔註32〕因此，雖然乾隆時期審查禁書甚為嚴格，但終乾隆一朝，卻始終未曾藉此以建立詳細的出版審查制度。由此看來，他對書籍流通的禁

〔註29〕《高宗純皇帝實錄》，乾隆十八年七月下，七月二十九日壬午條。

〔註30〕黃愛平《四庫全書纂修研究》（北京：中國人民大學出版社，1989年），頁58～59。

〔註31〕卜正民（Timothy Brook）著，孫競昊譯〈明清時期的國家圖書檢查與圖書貿易〉（《史林》，2003年第3期，2003年6月），頁90～104。

〔註32〕《高宗純皇帝實錄》，乾隆四十三年四月初十庚子條。

制，只是出於加強對臣民的思想控制的目的而已。

三、官方漢文經學典籍編譯出版政策

乾隆對官民思想文化的控管，大致上可以從兩方面而論：一方面他消極地以文字獄、禁書來抑制人民的思想意識，對民間書籍之著作與流傳多所箝制；但另一方面，他又積極推動漢文經學典籍的編譯、刊行與出版事業，透過官方大量選刊、編修書籍，向士民宣傳官方的意識型態。大體而言，乾隆朝官方所刊、所修之經學文獻，可略歸納爲下表：

表二、乾隆朝官方儒學文獻修纂、刊行一覽表

乾隆	西元	性質	文　獻	事　　件
1	1736	編修	欽定三禮義疏	六月己卯，命纂《三禮義疏》，以鄂爾泰、張廷玉、朱軾、甘汝來爲三禮館總裁，俾與《易》、《詩》、《書》、《春秋》四經并垂永久。〔註33〕
2	1737	刊行	日講春秋解義（滿、漢文本）	雍正七年奉敕重訂，乾隆二年刊滿、漢文本。〔註34〕
4	1739	編修	欽定四書文	四月甲申，《欽定四書文》告成。此書爲方苞遵旨選錄明清二朝制義。〔註35〕
6	1741	繙譯	御製繙譯四書	鄂爾泰等奉敕譯爲滿文本〔註36〕
12	1747	刊行	十三經注疏	以明萬曆北監本爲底本，命鄂爾泰等校閱，於乾隆四年起刊行
17	1754	刊行	欽定三禮義疏	乾隆元年六月命鄂爾泰等人編，至今始命武英殿刊行
20	1755	刊行	御製繙譯四書	刊行滿漢合璧本〔註37〕
		刊行	御纂詩義折中	傅恆等奉敕撰，武英殿刊行〔註38〕
		刊行	御纂周易述義	傅恆等奉敕撰，武英殿刊行〔註39〕

〔註33〕《高宗純皇帝實錄》，乾隆元年六月己卯條。
〔註34〕《日講春秋解義》（景印摛藻堂《四庫全書薈要》（臺北：世界書局），經部第四二冊）頁1～2。
〔註35〕《高宗純皇帝實錄》，乾隆四年四月甲申條。
〔註36〕葉高樹《清朝前期的文化政策》，頁69。
〔註37〕葉高樹《清朝前期的文化政策》，頁69。
〔註38〕葉德輝《書林清話》，卷九，「內府刊欽定諸書」條，頁458。
〔註39〕葉德輝《書林清話》，卷九，「內府刊欽定諸書」條，頁457。

23	1758	刊行	御纂春秋直解	傅恆等奉敕撰，武英殿刊行〔註40〕
25	1760	繙譯	御製繙譯書經集傳	敕譯蔡沈之《書集傳》刊行滿漢合璧本〔註41〕
30	1765	繙譯	御製繙譯周易	敕譯《周易》，命武英殿刊行刊行滿漢合璧本〔註42〕
33	1768	繙譯	御製繙譯詩經	敕譯《詩經》八卷，由武英殿刊行滿漢合璧本〔註43〕
37	1772	徵集	四庫全書	正月庚子，命徵集古今群書。乾隆三十八年閏三月庚午，命劉統勳、紀昀等人辦理四庫全書事務。〔註44〕
48	1783	繙譯	御製繙譯禮記	敕譯《禮記》三十卷，由武英殿刊行滿漢合璧本〔註45〕
49	1784	繙譯	御製繙譯春秋	敕譯《春秋》六十四卷，由武英殿刊行滿漢合璧本〔註46〕
50	1785	編修	通志堂經解	重修徐乾學、納蘭性德校輯之《通志堂經解》，乾隆命武英殿補刻。

　　從上表看來，在乾隆主政的六十年間，對於官方漢籍經典的刊行與編纂著力甚深，成果也確實豐碩。他不僅將《詩經》、《春秋》、《四書》、《周易》、《書經》、《禮記》等重新敕譯爲滿文，並對既存的官方經注經解等書積極修補舊版及校正重刊。對於舊經注的重校重刊工作，除了乾隆二年（1737）重刊雍正七年奉敕重修的《日講春秋解義》之外，乾隆十二年（1747）也重新將已磨損的明代國子監《十三經注疏》舊板修補重刊。乾隆五十年時（1785），又將康熙朝徐乾學與納蘭性德共同校輯且由私人刊行（徐乾學謀雕版行世，納蘭性德請捐資經始）的《通志堂經解》〔註47〕書板重新校定重刊。除了繙譯漢文經籍，及刊行固有漢文經注經解之外，他也積極進行編纂五經注疏的工作。從即位開始，即敕命鄂爾泰、張廷玉等人編纂《欽定三禮義疏》，並陸續命令傅恆等人撰《御纂詩義折中》、《御纂周易述義》、《御纂春秋直解》等

〔註40〕 葉德輝《書林清話》，卷九，「內府刊欽定諸書」條，頁458～459。
〔註41〕 葉高樹《清朝前期的文化政策》，頁69。
〔註42〕 葉高樹《清朝前期的文化政策》，頁69。
〔註43〕 葉高樹《清朝前期的文化政策》，頁69。
〔註44〕 《高宗純皇帝實錄》，乾隆三十八年閏三月庚午條。
〔註45〕 葉高樹《清朝前期的文化政策》，頁70。
〔註46〕 葉高樹《清朝前期的文化政策》，頁70。
〔註47〕 劉德鴻〈滿漢學者通力合作的成果──《通志堂經解》述論〉（清史研究，1995年2期），頁20～頁31。

經學注疏，對於經學典籍的編纂刊行十分積極。

乾隆何以要如此積極地編修、詮釋與刊行這些儒學經典？在乾隆親撰的〈重刻十三經序〉裡，自陳重新補刊《十三經注疏》的原因在於：

> 我朝列祖相承，右文稽古，皇祖聖祖仁皇帝研精至道，尊崇聖學，《五經》具有成書，頒布海內。朕披覽十三經注疏，念其歲月經久，梨棗日就漫漶，爰勅詞臣重加校正。〔註48〕

據乾隆自言，他之所以積極進行文化出版事業，出於他「列祖相承，右文稽古」的理想。至於重刊明監本《十三經注疏》一事，乾隆指出這是出於「我朝」「右文稽古」的文教傳統。因此他下旨重新修補明監本的十三經舊版，並刊行流佈，以「嘉與海內學者，篤志研經，敦重實學，庶幾經義明而儒術正，儒術正而人才昌」。〔註49〕在編纂《四庫全書》時，也下諭明言：「朕稽古右文，聿資治理，幾餘典學，日有孜孜。因思策府縹緗，載籍極博，其鉅者羽翼經訓，垂範方來，固足稱千秋法鑒」。〔註50〕

儘管乾隆一再強調「稽古右文」的理想，不過誠如前文所述，乾隆朝也是文網最為嚴密、文字獄最為頻繁的時期。在看似「尊崇聖學」的官方出版活動背後，意味著朝廷積極界入士人的學術活動與文教方向，以對士民間言論與思想加以嚴格的控制。表面上看來，乾隆時期官方對於文化出版、編纂事業的積極參與，似乎極力獎掖文教。但無論是積極繙譯、編纂與刊行漢籍經注，或是嚴格查緝禁書，都反映出官方積極介入民間學術、輿論的言論控制傾向。因此，乾隆時期所謂的「稽古右文」政策，其實與禁書、文字獄政策在本質上是相同的，都是出於官方控制民間言論心態下的產物。

或許從菁英儒學的角度看來，乾隆這些舉措，並未對他們思想意識造成太大的影響。然而，這些舉措對於地方的庶民儒學普及教育應是影響甚鉅。它不僅限制了士民的思想，也使官方掌控了經學典籍的詮釋話語權，成為主導學術思想的主要力量。雖然，不可諱言的是，這些對國家全體文化思想的

〔註48〕乾隆《御製文初集》（《文淵閣四庫全書》本，臺北：臺灣商務印書館，集部第二四〇冊），卷十一，〈重刻十三經序〉，頁101～102：「我朝列祖相承，右文稽古，皇祖聖祖仁皇帝研精至道，尊崇聖學，《五經》具有成書，頒布海內……歲月經久，梨棗日就漫漶，爰敕詞臣重加校正……不紊舊觀，刊成善本……嘉與海內學者，篤志研經，敦重實學。庶幾經義明而儒術正，儒術正而人才昌。」

〔註49〕乾隆《御製文初集》，卷十一，〈重刻十三經序〉，頁101～102。

〔註50〕《欽定四庫全書》〈卷首〉，〈聖諭一〉。

極端控制，仍帶有壓制漢人「攘夷」思想的成份，不過乾隆控制言論的動機與清初順、康、雍三朝畢竟仍是不同的。清初三朝的言論控制，出於對漢人「攘夷」思想的防範，而乾隆時期對思想言論的控制，卻是出於「尊王」意識下，對皇權的維護。二者在心態上還是有所區隔。乾隆朝文教政策裡的這種「尊王」傾向，在這一時期的官方經學著作中非常鮮明地呈顯出來，特別是在乾隆時官方編修的《御纂春秋直解》對《春秋》的經學詮釋路向上。

第二節　附著於「尊王」思想下的華夷論述：《御纂春秋直解》與乾嘉官方《春秋》學中的華夷觀

誠如前一小節所言，乾隆十二年（1747）時，乾隆在重刊明監本《十三經注疏》的御製序文裡，重申自己將延續自聖祖仁皇帝康熙以「稽古右文」的政策方向，並說明他重視《十三經注疏》的原因：「經義明而儒術正，儒術正而人才昌。」〔註51〕對傳統士人而言，經學教育深化在士人與官僚的思想養成過成裡，經學成為他們共同的思想背景，因此經義與儒術對於士人的養成甚為重要。重刊《十三經注疏》之舉，對清廷而言有著重要意義。但，對統治者而言，什麼樣的「經義」才是「儒術之正」？什麼樣的經學詮釋才堪稱為「明」？就是一件有必要仔細釐清的問題。

自雍正以來，清廷開始出現以「辨明經義」、「端正儒術」為名的文字獄。如：雍正七年（1729）五、六月間所發生的謝濟世注《大學》案，〔註52〕以及同一年（1729）所發生的曾靜、呂留良案等等，都與「經義」有些相關。呂留良因解經批評時政而獲罪，所撰《四書講義》也因而被銷毀；至於曾靜，

〔註51〕乾隆《御製文初集》，卷十一，〈重刻十三經序〉，頁101～102。

〔註52〕但此案性質較為複雜，案主謝濟世曾於雍正四年（1726）因涉入黨爭案影響而發配至阿爾泰軍，雍正七年時之所以被錫保參劾注《大學》毀謗程朱一事，從某個角度上來看應是黨爭的延續。錫保雖以「毀謗程朱」的名義來參劾謝濟世，但雍正在針對此案的諭旨中卻是如此評述此案：「觀謝濟世所注之書，意不止毀謗程朱，乃用《大學》內『見賢而不能舉』兩節，言人君用人之道以抒寓其怨望誹謗之私也。其注有『拒諫飾非，必至拂人之性，驕泰甚矣』等語，則謝濟世之存心，昭然可見。」（見《世宗實錄》，雍正七年六月二十八日辛丑條。時謝濟世於軍前效力，順承郡王、振武將軍錫保參奏其「注釋《大學》，毀謗程朱。」）從雍正對謝濟世注《大學》案的評論看來，「毀謗程朱」固然是謝濟世獲罪之因，但真正引起雍正不悅的，卻在於他藉注疏《大學》來妄議時政，「以抒寓其怨望誹謗之私」。

則持《春秋》「攘夷」之論質疑清廷統治中原的合理性，並以此勸說漢人將領岳鍾麒，導致雍正爲此與曾靜論辯，並積極闡明「《春秋》大義」。

雖然謝濟世與曾靜、呂留良這兩次事件，並不純粹因「妄論經義」、「毀謗程朱」而起。但，從雍正在定謝濟世、呂留良等人之罪時以「毀謗程朱」爲罪名之一，以及他與曾靜辯論「《春秋》大義」的態度可以看出，他對於「妄論經義」的問題也甚爲看重，並積極透過辯論經義、管制「毀謗程朱」的言論等方式，以建立官方所認可的「經義之正」－－亦即官方的經學論述。

從雍正對士人「妄論經義」、「毀謗程朱」事件的態度看來，雍正已確實意識到「解經」成爲士人評抒時政的管道，以及經學對官僚人材的培育與士人思想的養成的重要性。因此，對士人的經學詮釋進行管制與干預，積極建構官方的「正統」經學詮釋，以作爲官方所認可的「經義之正」，就成爲雍正刻不容緩所要面對的問題。乾隆即位之後，也繼承了雍正朝官方對「經義之正」的重視態度，積極介入經學與學術的政策，在管制「妄論經義」的情形上，更甚於雍正時期。乾隆時期的百餘件文字獄中，有多起文字獄，其獲罪的原因便與妄解經義、「毀謗程朱」〔註53〕有關。也就是說，乾隆時期有相當數量的文字獄，是在官方「辨明經義」、「端正儒術」的動機下進行的。這一類的文字獄，特別集中於乾隆主政的前期。這一時期，出現了許多管制「妄論經義」的事件：

1. 謝濟世詆毀程朱案（乾隆元年，1736，申飭）。〔註54〕
2. 李徽欲以《孝經》與《四書》並列案（乾隆元年，1736，申飭）。〔註55〕
3. 全淵《四書宗注錄》案（乾隆六年，1741，銷毀）。〔註56〕
4. 謝濟世私刊自著學庸注疏案（乾隆六年，1741 銷毀）。〔註57〕

〔註53〕詳見本章附表一。

〔註54〕乾隆元年二月，謝濟世請用自注《學庸》以易朱子章句，頒行天下，帝以謝濟世肆口詆毀，狂悖已極。事見《高宗實錄》，乾隆元年二月十六日庚辰條。

〔註55〕乾隆元年二月，李徽欲以《孝經》與《四書》並列爲五，帝以其妄行瀆奏，後從寬免究。事見《高宗實錄》，乾隆元年二月十六日庚辰條。

〔註56〕乾隆六年八月，湖廣總督那蘇圖奏，通山縣民全崇相刊刻其父、已故舉人全淵《四書宗注錄》一書，中有推崇逆犯呂留良之處。帝朱批：「自應追出書板銷毀，至全崇相愚昧無知，照例處置可也。」事見《高宗實錄》。

〔註57〕乾隆六年九月，帝以謝濟世私自刊行所著學庸注疏，諭軍機大臣等：朕聞謝濟世將伊所注經書刊刻傳播，多係自逞臆見，肆詆程朱，甚屬狂妄。從來讀書學道之人貴乎躬行實踐，不在語言文字之間辨別異同，況古人著述既多，豈無一二可以指摘之處，以後人而議論前人，無論所見未必即當，即云當矣，

5. 周長發藉講經史以議時事案（乾隆八年，1743，申飭）。〔註58〕
6. 黃明懿借講經之名以諷時事案（乾隆九年，1744，嚴察褫職）。〔註59〕

從事件發生的時間點來看，這些「妄論經義」的事件多半集中於乾隆十年（1745）以前。對於這些「妄論經義」者的懲治，乾隆的處理方式顯然帶有宣示官方經學立場的意味（銷毀、申飭或褫職），同時，他也藉此嚴厲申飭臣民之間「借經史以牽引時事」的情況。〔註60〕這種因「妄論經義」而起的文字獄，在乾隆十年之後漸漸消失。主要原因即在於，清廷在乾隆十年至二十五年間，開始進行一連串重刊經注、御纂經解的工作，明確建構出官方所規劃、定義的所謂「經義之正」。如：乾隆十二年（1747）校訂重刊明監本十三經，並陸續敕命鄂爾泰編撰《欽定三禮義疏》（乾隆十七年，1754）、敕命傅恆等修撰《御纂詩義折中》（乾隆二十年，1755）、《御纂周易述義》（乾隆二十年，1755）以及《御纂春秋直解》（乾隆二十三年，1748）等。

這一連串經注的出版與修纂政策，緊隨著乾隆執政前期對「妄論經義」的管制腳步而來，再次印證了乾隆之所以積極進行官方經學詮釋著作的編修工作，並不僅出於「稽古右文」的理想。從他對官民「妄論經義」的嚴格管制，及官方隨後頻繁進行敕纂經注與刊行經籍的工作看來，清官方企圖透過這一連串「妄論經義」的事件、與編修、刊行御定經解等政策，來「辨明經義」並「端正儒術」，以官方的觀點來定義什麼是「經術之正」，建立官方經學正統性論述，

試問於己之身心有何益哉？況我聖祖將朱子升配十哲之列，最為尊崇，天下士子莫不奉為準繩，而謝濟世輩倡為異說，互相標榜，恐無知之人為其所惑，殊非一道同風之義，且足為人心、學術之害。朕從不以語言文字罪人，但此事甚有關係，亦不可置之不問也。爾等可傳諭與湖廣總督孫嘉淦，伊到任後，將謝濟世所注經書中有顯與程、朱違悖牴牾或標榜他人之處，令其查明具奏，即行銷毀，毋得留存。事見《高宗實錄》，乾隆六年九月二十五日丁亥條。

〔註58〕《高宗純皇帝實錄》，卷一八四，乾隆八年二月初四戊子，頁324，帝以翰林周長發藉經筵以講論時事，下諭申飭：「朕令翰林科道輪進經史講解，原以闡發經義、考訂史學也。而年來諸臣所進，往往借經史以牽引時事……」。

〔註59〕《高宗純皇帝實錄》，卷二二四，乾隆九年九月乙亥條，頁885～889，翰林院編修黃明懿於進講時諷諭本年北闈科場搜檢過嚴，帝以此亟論士風墮落士習日頹，並下諭嚴懲黃明懿：「若臣工有欲行陳奏之事，自應明白直陳于君上之前，何得借講之名，以巧用其術！……今乃借進講經書，隱諷時事，甚屬奸險詐偽者，著交部嚴察議處。」又見《清史稿》，卷十，〈高宗本紀一〉，頁380：「以翰林院編修黃體明進呈講章，牽及搜檢太嚴，隱含諷刺，下部嚴議褫職。」

〔註60〕《高宗純皇帝實錄》，卷一八四，乾隆八年二月初四戊子，頁324。

進一步杜絕官僚士民之間藉「解經」的形式以諷議政事的風氣。

　　無論是頻繁的文字獄，抑或是積極地編纂刊行經注，都顯示乾隆對經學的學風趨向確實極爲留心。他關注經學的原因，不僅出於學術上的經義討論，而是在於經學的政治價值。乾隆二年，他在重刊《日講春秋解義》的序文中指出，《日講春秋解義》一書涵攝「兩朝聖人之心法、治法」；〔註61〕而乾隆二十五年（1750），他也在殿試的策文中也提及：「帝王心法、治法之要，莫備于經。」〔註62〕乾隆從政治價值的角度來看待經學，或許也說明了他爲何會對「妄論經義」與建立官方經學正統詮釋的工作如此積極。

　　乾隆二十三年（1748）所修纂的《御纂春秋直解》，正是在這種清廷政治上「明經義」、「正儒術」，建立官方經學正統論述的背景下產生。《御纂春秋直解》（以下簡稱爲「《直解》」）的御製序文中，明白揭示《直解》的撰著目的就在於「息諸說之紛岐」：

　　　　《左氏》……詳於事而失之誣；至《公羊》、《穀梁》，去聖逾遠，乃有發墨守而起廢疾，儼然操入室之戈者。下此齗齗聚訟，人自爲師，經生家大抵以胡安國、張氏洽爲最著。及張氏廢，而胡氏直與三傳並行其間，傅會臆斷往往不免，承學之士宜何考衷也哉！我皇祖《欽定傳說彙纂》一書，鎔範群言，去取精當，麟經之微言大義，炳若日星，朕服習有年……命在館諸臣係系是經具解以進，一以《彙纂》爲指南，意在息諸說之紛岐以翼傳，融諸傳之同異以尊經。〔註63〕

《御纂春秋直解》主張，歷來說《春秋》者之所以有紛岐，就在於傳統《春秋》學的走向「去聖逾遠」、「去經義逾遠」。因此《直解》對於四傳（特別是胡安國《春秋胡氏傳》）「齗齗聚訟，人自爲師」的解經路向多所駁斥。

　　批判傳統《春秋》學（尤其是胡《傳》）未能據實言事，致使其詮釋路向「去經義逾遠」，是清代官方《春秋》學的一貫態度。康熙在《欽定春秋傳說彙纂》的序言之中，便曾對《左氏》、《公羊》、《穀梁》、胡安國《春秋胡氏傳》妄談「筆削褒貶」的「穿鑿」提出批判，認爲「四傳並行，宗其說者率多穿

〔註61〕見《日講春秋解義·序》（《景印摛藻堂四庫全書薈要》（臺北：世界書局，1986年）），頁2。
〔註62〕《高宗純皇帝實錄》，卷六一二，乾隆二十五年五月初五戊申，頁876。
〔註63〕乾隆《御纂春秋直解·御製序》（《御纂春秋直解》（《文淵閣四庫全書》本，經部第一百七十四冊，臺北：商務印書館）頁3。

鑿附會，去經義逾遠」，〔註64〕爲清代《春秋》學奠下擺落四傳的詮釋基調。
雍正時期重新修校的《日講春秋解義》也繼承了這個觀點，對四傳不能「據
事直書」加以批駁。〔註65〕

　　雖然清初官方《春秋》學對四傳「妄論微言大義」、「以己意筆削褒貶」
的批判，出於他們對清初遺民士人《春秋》學藉以筆削以論「聖人之不與夷
狄」的反動，但擺落四傳、直指經義，卻成爲清初官方《春秋》學的一貫主
張。這樣的主張也延續到乾隆時的官方《春秋》學詮釋上。乾隆在〈御製御
纂春秋直解序〉裡，對《左氏》、《公羊》、《穀梁》提出「去聖逾遠」、「傅會
臆斷」的駁斥，這種觀點和《欽定春秋傳說彙纂》與《日講春秋解義》的觀
點如出一轍。除此之外，《直解》在《經》僖公五年「鄭伯逃歸不盟條」條
下，也提出治《春秋》當以經文爲主、而不可廢經從傳的看法：「治《春秋》
者，不廢經而從傳。」〔註66〕乾隆認爲，詮釋《春秋》應當「直指經義」，
而不應受傳注的誤導與束縛，更不應爲求合傳而曲解經義。這也是他將此書
定名爲「《春秋》直解」的原因。

　　然而，《御纂春秋直解》雖然繼承了《欽定春秋傳說彙纂》以來，清代官
方《春秋》學批判四傳的詮釋共識，但，從康熙與乾隆對二書的御製序文看
來，兩書的編撰目的卻不盡相同。康熙在〈欽定春秋傳說彙纂序〉中批駁各
家經注，但最後仍保守地表示：「是書之輯，亦唯擇其言之當於理者，雖不敢
謂深於《春秋》，而辨之詳、取之慎，於屬辭比事之教，或有資焉。」〔註67〕
由官方編纂、刊行且頒行官學的經學詮釋，本身就有其官方的正統地位與教
化意涵，這樣的學術著作，原本就有極大影響力。不過從字面上看來，康熙
似乎並沒有將此書的觀點作爲《春秋》學「定論」或「經義之正」的意圖，
只謙虛地指出「擇言之當於理者」以供學者之「資」。然而，乾隆對《御纂春
秋直解》的態度卻全然不同。《御纂春秋直解》的御製〈序〉文中，乾隆便直
言此書撰著之意，在於「息諸說之紛岐」、「融諸傳之同異」，儼然有綰合各家
《春秋》學、並以《御纂春秋直解》之詮釋觀點爲《春秋》「經義之正」的學

〔註64〕　見《欽定春秋傳說彙纂》（《景印《文淵閣四庫全書》》第一百七十三冊（臺北：
　　　　　臺灣商務印書館，1983年）），〈聖祖仁皇帝御製春秋傳說彙纂序〉，頁1。
〔註65〕　關於《日講春秋直解》對四傳「筆削褒貶」的批判，詳細的論述請見本文第
　　　　　三章第三節。
〔註66〕　《御纂春秋直解》，卷五上，頁77，僖公五年秋，「鄭伯逃歸不盟」條。
〔註67〕　《欽定春秋傳說彙纂》，〈聖祖仁皇帝御製春秋傳說彙纂序〉，頁1。

術心態。而乾隆朝官方經學「求經義之正」這種建立官方經學正統論述的企圖，也是康熙朝官方經學與乾隆時期官方經學在修撰動機上的最大歧異之處。

一、「《春秋》爲尊王而作」：清代官方《春秋》學「尊王」詮釋傳統的發展

傳統《春秋》學對於「《春秋》大義」的定位，咸以「尊王攘夷」爲中心。但，清初順治、康熙、雍正三朝遺民士人與官方的《春秋》學之間，對「尊王攘夷」卻各有偏重。康、雍二朝的官方《春秋》學詮釋，無論是《欽定春秋傳說彙纂》或《日講春秋解義》，都傾向於將「《春秋》大義」設定在「嚴君臣之大分」〔註68〕的「尊王」意識上，同時，對經文的詮釋裡，也都呈顯出強調「尊王」而淡化「攘夷」、避談「攘夷」的詮釋偏向。

隨著乾隆時期君權的提升，乾隆對於文化與思想，也表現出一種極端且強勢的態勢。這固然是他對「皇權絕對性」的心理反映，而他對言論的嚴密控制，同時也強化了社會整體的「尊君」心理。乾隆朝的官方《春秋》學詮釋——《御纂春秋直解》中的「尊王」意識，比起康、雍兩朝官方《春秋》學更爲鮮明。《御纂春秋直解》不僅繼承清初官方《春秋》學的「尊王」詮釋傾向，對清初以來成爲《春秋》學焦點的「何爲『《春秋》大義？』」之問題，也在《直解》全書卷首開宗明義地點明：「《春秋》爲尊王而作」〔註69〕、「據時事以維王迹」。〔註70〕

乾隆對君權意識的重視，除了表現在他對《春秋》學「尊王」意識的重視，也反映在他對《尚書》的經學意見裡。鄧國光在〈康熙與乾隆的「皇極」漢、宋義的抉擇及其實踐——清代帝王經學初探〉文中，曾指出乾隆透過對《尚書》之評述，以強調其中「建中立極」無上皇權的「皇極」之義，並構建出迥異於康熙的權力話語。〔註71〕事實上乾隆時期官方經學中的「皇權」

〔註68〕《欽定春秋傳說彙纂》，卷六，頁211、212。

〔註69〕《御纂春秋直解》，卷一，頁7。

〔註70〕《御纂春秋直解》，卷一，頁7。

〔註71〕鄧國光於〈康熙與乾隆的「皇極」漢、宋義的抉擇及其實踐——清代帝王經學初探〉（本文收於彭林編《清代經學與文化》，北京：北京大學出版社，2005年11月，頁101～155）一文中探討清代官方《尚書》學時，也指出乾隆透過對《尚書》之評述，以強調其中「建中立極」無尚皇權的皇極之義，並構建出迥異於康熙的權力話語。

意識不僅反映在《尚書》中，乾隆時期的《春秋》學官方經學詮釋裡，也表現出高漲的君權意識與「尊王」傾向。「尊王」意識，可以說是乾隆時期官方經學詮釋的重要特色。

　　《御纂春秋直解》在詮釋上的「尊王」傾向，表現在繫年體例、詮釋上的「尊周」、重「君臣之義」與「忠君」思想上。以下將分別就全書的繫年體例、詮釋觀點析論《直解》中的「尊王」傾向：

1. 立王年於魯君元年之前

　　「尊王」是《御纂春秋直解》的詮釋核心。爲了申明「尊王」之義，《直解》特別在體例上做了更動，將「平王四十有九年」冠於全書之首，並在該條之下，敘明將周天子繫年置於全書開篇之緣由：

> 《春秋》爲尊王而作，而用魯紀年者，本魯史也。後人因以干支與天王之年冠其上，其意善。第經所無而增之，則混經。且魯公之年大書，而王年分注，豈聖人尊王之意哉！今特立王年於魯君元年之前，而大書之所以別經也。抑以著尊王之義，不失聖人之旨云爾。〔註72〕

《春秋》本據魯史而作，故以魯史編年。然而《御纂春秋直解》爲了申明《春秋》「尊王」之義，卻一改《春秋》以魯史紀年的方式，在《春秋》全書之首的魯史紀年之前冠以周天子之紀年，以「著尊王之義」。除了以周王之繫年冠於全書之外，《直解》也在每卷卷首魯史紀年之前冠上周天子之紀年，以突顯對周天子皇權的尊重。

　　其實在《春秋》學史上，解經者於《春秋》魯史紀年外另加以周天子紀年的情形並不罕見。歷來《春秋》學者爲了便於閱讀，往往將魯紀年旁附註以周天子之紀年，這並非乾隆朝《御纂春秋直解》之創舉。但即便如此，卻也從未出現《直解》這種將周天王紀年以大字書之、冠於《春秋》原文魯史紀年之前的情形。

　　乾隆在《御纂春秋直解》中，認爲「魯公之年大書，而王年分注」的紀年方式，顯然是以魯爲主，而有違《春秋》「尊王」之旨，因此他「特立王年於魯君元年之前」，將周王之繫年冠於《春秋》經原文魯國紀年之前，並「大書之」，以與經文區別，藉以彰顯「尊王之義」與「聖人之旨」。「天王」之紀年，在《直解》中成爲具有「尊王」意義的象徵性符號，被冠在《春秋》各

〔註72〕《御纂春秋直解》，卷一，頁7。

年之前，藉著將周天王紀年冠於魯君紀年前，象徵著君權的絕對與權威。這顯然是乾隆自身君權意識的反映。他把對君權的執著與信仰，由政治向學術文化政策擴張，致使乾隆朝的官方經學詮釋中，多半帶有強烈的君權主義色彩，而「尊王」的詮釋傾向也遠比康、雍兩朝更爲鮮明。

2. 君臣之倫不可僭越

乾隆朝的官方《春秋》學，除了在《御纂春秋直解》的繫年體例上，將周天子紀年冠於魯史紀年之前，以表現官方經學的「尊王」意識之外，這種「尊王」意識也表現在《直解》強調《春秋》「聖人尊周」的詮釋路向上。如僖公二十八年冬，「天王狩于河陽」條，《直解》是這麼詮釋的：

> 是晉侯召王以諸侯見也。變文書「狩」，若王之時巡焉，尊之也。溫在河陽，書河陽，大之也。諱就諸侯於溫也。《春秋》尊王而全其名，所以明王道也。果其省德修政，安見東周不可爲乎？聖人尊周而欲興之，無所不致意焉。〔註73〕

僖公二十八年冬，晉文公於溫會齊侯、宋公、蔡侯、鄭伯、陳子、莒子、邾子、秦人，並召請周天子至。四傳對晉文公這種以諸侯召天子之舉的評價，頗爲兩極。《左傳》訓此事爲：「仲尼曰：『以臣召君，不可以訓。』故書曰：『天王狩于河陽』，言非其地也，且明德也。」〔註74〕《左傳》傾向於認爲「以臣召君」雖不可訓，但以「狩」爲名，則彰明晉文公勤王之德，也有尊周之意。但，《公羊傳》則對臣召君之舉多所批判，不僅在同年五月「公朝于王所」條批評爲「不與致天子也」，〔註75〕又在「天王狩于河陽」時批評：「不與再致天子也」。

不過，除了《公羊傳》外，舊注對此事多傾向於以兼明周晉之德的肯定態度來詮釋，顯然在「尊王」之外也贊許晉文公人臣之德，甚至康熙朝的《欽定春秋傳說彙纂》也從「尊周全晉」〔註76〕的角度來評述此事，肯定晉文公在不得已的情勢下「召王以諸侯見」。

乾隆雖在《御纂春秋直解》的御製序言中，自言此書「一以《彙纂》爲

〔註73〕《御纂春秋直解》，卷五下，頁98，僖公二十八年冬「天王狩于河陽」條。

〔註74〕《欽定春秋傳說彙纂》，卷十五，頁448，引《左傳》。

〔註75〕《公羊傳》僖公二十八年，五月「公朝于王所」條：「曷爲不言公如京師？天子在是也。天子在是則曷爲不言天子在是？不與致天子。」

〔註76〕《欽定春秋傳說彙纂》，卷十五，頁448，「天王狩于河陽」條下案語：「胡氏安國本啖氏助、蘇氏轍之說，以爲尊周全晉，其義甚正。《公羊》謂不與再致天子，則專責晉文，似非經旨。」

指南」，〔註77〕然而，《直解》在解經時其實仍與康熙朝的《欽定春秋傳說彙纂》各有偏重。對晉文公「召王以諸侯見」一事的評價，《御纂春秋直解》的詮釋態度就與《彙纂》大為不同。僖公二十八年《經》「天王狩于河陽」之事，《彙纂》以「尊周全晉」肯定晉文公之勤王的人臣之德，並批評《公羊傳》「專責晉文」不合《春秋》之深旨。〔註78〕《直解》則強調，《經》文中以「狩」來記錄此次周天子應晉文公所召而赴溫，這正是孔子以「尊王」為《春秋》大旨的表現，「聖人尊周而欲興之，無所不致意焉」。為了「諱就諸侯於溫」，故以「狩」字委婉記述，以「全其名所以明王道」不過，他也批評晉文公「河陽密邇周京，不朝京師而於河陽，褻矣」，〔註79〕認為晉文公「不朝京師」而「召王至」，是對周天子地位的褻瀆。

由此看來，康熙時期的《欽定春秋傳說彙纂》雖重視「尊王」，但同時也強調人臣之德，肯定人臣的權力空間與成就表現。雖然晉文公此次很明顯是「臣召君」的僭越行為，但只要是在「尊王」、勤王的前提之下，仍應給予肯定。然而《御纂春秋直解》，卻明顯將詮釋重心完全轉移到「尊王」上，並認為晉文公「以臣召君」是人臣對君權的僭越，亦即對周王「天王」地位的褻瀆。《春秋》此處之所以用「狩」字書其事，就在於「諱就諸侯於溫」，強調君臣之間的倫理無論如何不應僭越。

《彙纂》與《直解》兩書間詮釋取向的差異，一方面意味康、乾兩朝官方《春秋》學詮釋偏好的轉變，但另一方面也反映出乾隆時期君權提昇的趨勢，並間接呈顯出乾隆朝君／臣間的權力關係。而這種君權意識與君臣間權力關係的細微變化，也反映在《御纂春秋直解》中對「君臣之義」的詮釋上。

3. 對「君臣之義」的探討

君臣之間地位與勢力的沈浮，也是君權意識是否高漲的表徵。在上一點中，其實已可看出康熙與乾隆二人，在面對不得已的狀況時是否容許人臣僭越一事的看法。乾隆對皇權的維護與君臣關係的確立，除了反映在《御纂春秋直解》對「君臣之義」的詮釋之外，在其詩文著述中，也時時表現出這種皇權意識。黃進興在〈清初政權意識型態之探究：政治化的「道統觀」〉中指出，乾隆時期已將傳統政治理想中輔佐「聖君」的「賢相」貶抑為純粹的

〔註77〕《御纂春秋直解》，頁3，乾隆御製〈御纂春秋直解序〉。
〔註78〕《欽定春秋傳說彙纂》，卷十五，頁448，「天王狩于河陽」條下案語。
〔註79〕《御纂春秋直解》，卷五下，頁98，「壬申，公朝于王所」條。

皇帝僚屬。〔註80〕「君」是絕對的、至高無上的，身為「臣」，即使已是人臣之極的宰相，最終也只能作為人君的附庸。君臣之間有著明確的權力界限，臣子絕不可踰越。乾隆於〈書程頤論經筵箚子後〉裡，便曾就「天下治亂繫宰相，君德成就責經筵」一語批判程頤。而乾隆之所以駁斥，就在於其程頤之說「目無其君」：

> 獨其（程頤）貼黃所云：「天下治亂繫宰相，君德成就責經筵。」二語，吾以為未盡善焉。……夫用宰相者，非人君其誰為之？使為人君者，但深居高處自修其德，惟以天下之治亂付之宰相，己不過問。幸而所用若韓、范，猶不免有上殿之相爭；設不幸而所用若王、呂，天下豈有不亂者！此不可也。且使為宰相者，居然以天下之治亂為己任，而目無其君，此尤大不可也。〔註81〕

康熙以來的官方經學一向是以朱子學為依歸，乾隆在經學路數上原本也繼承清代官方經學的朱子學傳統而肯定程朱之學。但，乾隆此處卻對程頤「天下治亂繫宰相」一語表示不以為然。他認為宰相的人事任命，既出於人君對相才的選擇拔擢，以及人君對天下的重大決策，因此天下之治亂取決於人君聖明與否，而非出於宰相個人才德。乾隆認為，正是人君在任用宰相上的識人之明，才決定了天下的治亂。但另一方面，乾隆之所以批判程頤此語，原因仍是在於過份強調宰臣之權將對君權造成威脅。乾隆對程頤「天下治亂繫宰相」一語的不滿，在於程頤竟將「天下治亂」繫於「宰相」，這顯然是「目無其君」、貶抑君權的舉動，蔑視了帝王的政治上權力，在乾隆看來自然是「尤大不可也」。

乾隆對君權有著近乎信仰的執著。在主政初期，他即下諭嚴令臣工不得暗結黨援，諭中云：「滿洲則思依附鄂爾泰，漢人則思依附張廷玉……則視朕為何如主乎！」〔註82〕乾隆對朝中「權臣」掌握官僚臣屬政治勢力的現象如此留心，主要的原因在於，這些「權臣」和「朋黨」的存在，構成了對皇權的威脅。諭旨中「視朕為何如主乎！」一語，鮮明地表現出乾隆對君權不可旁落的集權心態。

〔註80〕 黃進興《優入聖域：權力、信仰與正常性》，〈清初政權意識型態之探究：政治化的「道統觀」〉，頁119。
〔註81〕 乾隆《御製文二集》（收於《文淵閣四庫全書》本，臺北：臺灣商務印書館，集部第二四〇冊），卷十九，〈書程頤論經筵箚子後〉，頁402。
〔註82〕 《高宗純皇帝實錄》，乾隆五年四月上，四月初四甲戌條。

　　乾隆的君權意識也貫徹在《御纂春秋直解》的詮釋路向上。《直解》在詮釋中，即多次申明君臣倫理不可踰越的「君臣之義」。舉例而言，《經》襄公十四年「己未，衛侯出奔齊」條，《直解》直言：「《春秋》明君臣之義」。〔註83〕除此處之外，在《經》六年「九月丁卯，子同生」條的詮釋中，《直解》也藉著評論爵秩之貴，來「明君臣之義」：

> 子者，繼體之稱，生於夫人、又以禮舉之，則書。蓋正始明分，所以重國本、杜亂源也。鄭玉曰：「子生則書見，名分之已定，而明父子之親，誓於天子，然後稱世子。」見爵秩之貴，而明君臣之義。〔註84〕

《御纂春秋直解》重視君臣之間的爵秩與名分，認為嚴明君臣、父子間的名分爵秩，正是「重國本、杜亂源」之道。諸侯與世子之間，彼此既是君臣、亦是父子，但《直解》對此則傾向於認為「君臣」關係先於「父子」：「君於世子，有君之尊，有父之親。書其君者，目世子，則父之親已見，故以君之尊見義也。」〔註85〕

　　《直解》對君臣關係的看重，除了體現在對「爵秩名分」的重視上，也反映在對人臣不得踰越、臣不得踰君的堅持方面。如《經》文公七年，「秋八月，公會諸侯，晉大夫盟于扈」條，《直解》云：

> 大夫而專主盟，自此始。……此時晉有君，大夫自為盟，則無君。且以大夫召諸侯而盟焉，則亂君臣之義矣。凡諸侯不序者，皆一事而再見。此則前無所見而不序義，在大夫主諸侯之盟，故大夫不舉名，諸侯不序爵，責晉大夫也，亦病諸侯也。大夫主盟，而八國之君靡然從之，故略之也。〔註86〕

文公七年，晉大夫趙盾因晉侯年幼，不得已而代主君盟於扈。此處雖為臣（大夫趙盾）代君（晉侯）而專主盟，但此事畢竟是迫於情勢所然，因此康熙朝的《彙纂》並不認為此處的《經》文對趙盾「以大夫召諸侯而盟之」有貶意：「（趙）

〔註83〕《御纂春秋直解》，卷九上，頁188，襄公十四年「衛侯出奔齊」條。

〔註84〕《御纂春秋直解》，卷二，頁28，桓公六年「九月丁卯，子同生」條。

〔註85〕《御纂春秋直解》，卷六，頁106，文公元年「冬十月丁未，楚世子商臣弒其君頵」條。

〔註86〕《御纂春秋直解》，卷六，頁112～113，文公五年「秋八月，公會諸侯，晉大夫盟于扈」條。

盾自新城以後，皆以名書。惟此年盟扈，以主幼而得無貶耳。」〔註87〕然而《御纂春秋直解》顯然無法認同臣子在不得已之下的踰越之舉，因此將此處趙盾「大夫自爲盟」的行爲直指爲「亂君臣之義」，呈顯出《直解》對天子與諸侯之間、諸侯與大夫之間君臣爵秩倫理的重視。由《彙纂》與《直解》對此事的不同解釋，不僅反映出康熙朝與乾隆朝官方《春秋》學在「尊王」詮釋觀點上的小區別，也可隱約看出康熙朝與乾隆朝在君臣關係上的不同對治心態。

4. 「忠君」意識與「討亂臣賊子」

除了上述幾點之外，《御纂春秋直解》中的「尊王」詮釋傾向也表現在全書對「討賊之義」與忠君意識的詮釋偏好上。「討亂臣賊子」雖然是《春秋》的核心內容，但《直解》對「討亂臣賊子」相關文本的重視、相關詮釋篇幅之多，出人意料。不僅《孟子・滕文公下》「夫子作《春秋》，而亂臣賊子懼」一語，在《直解》中被再三引述，對於《春秋》中的篡逆之事，《直解》往往也以強烈的語氣嚴加批判。如：隱公四年《經》二月戊申「衛州吁弒其君完」條，《公羊傳》只簡短記述「曷爲以國氏？當國也」，然而，《御纂春秋直解》卻言辭嚴厲，亟論其叛逆亂賊之罪：

> 弒逆大惡，聖人所不忍言。然而必書之者，定亂賊之罪名，欲以行
> 天討而戒萬世也。凡得其罪名者，書名；不得其名者，在當國者書
> 國；眾，則書人；公子之親，則書公子；世子則書世子；大夫書氏，
> 不氏，因舊史也。既定亂賊之罪名，且著其由來之異，蓋儆君父以
> 自修，使隨事以慎其微也。〔註88〕

《御纂春秋直解》不僅以弒逆爲「大惡」，是「聖人所不忍言」，只因有「定亂賊之罪名」的必要，因而「必書之」，「欲以行天討而戒萬世」。衛州吁篡逆，弒其主君完一事，於同年九月，因州吁爲衛人所殺而告終。《御纂春秋直解》在隱公四年九月《經》「衛人殺州吁于濮」條下，作了這樣的評述：

> 州吁自立而斥其名，正其爲賊也。稱人，眾辭也。殺之者石碏，而
> 書人，明非碏之私討，而人皆欲討，亦夫人之所得討也。公羊子曰：
> 「稱人者，討賊之辭」是也。定大惡之名，嚴黨賊之罪，予討賊之
> 義，廣討賊之途，賊始無所容矣。故曰：「《春秋》成而亂臣賊子懼。」

〔註87〕 《欽定春秋傳說彙纂》，卷十七，頁 500～501，文公五年「秋八月，公會諸侯，晉大夫盟于扈」條。

〔註88〕 《御纂春秋直解》，卷一，頁 12。

〔註89〕

《御纂春秋直解》對於「亂臣賊子」表現出亟言力討的態度，並具體敘述討賊之法，不僅要「定大惡之名」，還要「嚴黨賊之罪」、「予討賊之名」、「廣討賊之途」，使「賊無所容」。由此可見，《直解》對於弒君叛逆之事，甚為看重。

至於如何「廣討賊之途」等問題，《御纂春秋直解》有頗多具體的陳述。如隱公十一年《經》「冬十有一月壬辰，公薨」條下，《直解》云：「討賊之義廣之於人，而臣子之責尤重」，〔註90〕認為誅亂討賊，是臣子不可逃避之責。又如桓公六年秋八月「蔡人殺陳佗」條下指出，為了要讓叛逆篡弒之徒得到嚴懲，因此《直解》允許「不擇人而討」，只要出於「討賊」，則「不必擇人」，藉此以「廣討賊之途」。〔註91〕

另外，在「討賊」的目的與必要性方面，《御纂春秋直解》也多次提及「天討」的概念。除了隱公四年《經》二月戊申「衛州吁弒其君完」條下「欲以行天討而戒萬世」〔註92〕外，在《經》莊公元年冬「王使榮叔來錫桓公命」條中，《直解》也詳細說明何為「天討」：

> 《春秋》繫王於天，明王道也。王以奉天為道，故命曰「天命」，討曰「天討」。〔註93〕

《直解》認為，《春秋》繫王於天，天子以奉天為道，應天命而生，因此為天子討亂臣賊子之事，自然也是順應天命的表現。因此，《御纂春秋直解》將「討賊」之事定義為「天討」，認為「討賊」亦是奉天而行，為「討亂臣賊子」一事尋繹形上的合理論據。對亂臣賊子「聲其罪而以賊討之」，其目的在於「所以尊君父、廣忠孝，而絕惡逆也」〔註94〕亦即忠君意識的反映，將討賊視為臣子所必為的責任。

〔註89〕　《御纂春秋直解》，卷一，頁13。
〔註90〕　《御纂春秋直解》，卷一，頁20，隱公十一年「冬十有一月壬辰，公薨」條。
〔註91〕　《御纂春秋直解》，卷二，頁27，桓公六年秋「蔡人殺陳佗」條：「蔡討陳之賊，可乎？不擇人而討，廣討賊之途也。而陳之臣子不能討，其罪著矣。故曰：『《春秋》成而亂臣賊子懼。』」由於清初三朝在建構滿洲統治中國的正統性時，往往以滿洲入關是為了明室弭平李闖，以懲李闖之叛逆為名，因此此處《直解》指出為「廣討賊之途」可「不擇人而討」的說法，便帶著幾許為清軍入關自圓其說的意味。
〔註92〕　《御纂春秋直解》，卷一，頁12。
〔註93〕　《御纂春秋直卷》，卷三上，頁40，莊公元年冬「王使榮叔來錫桓公命」條。
〔註94〕　《御纂春秋直解》，卷三上，頁46，莊公九年「春，齊人殺無知」條。

　　《御纂春秋直解》這種藉著「討亂臣賊子」以「廣忠孝」、「尊君父」的詮釋傾向，是乾隆朝獎挖「忠君」意識的文教政策中的一個環節。除了在《御纂春秋直解》中宣揚「廣忠孝」與忠君意識，在乾隆三十年至乾隆四十年間也推動許多獎挖「忠君」思想的文化政策。乾隆三十三年（1768）三月，下旨將關羽加封爲「忠義神武靈知關聖大帝」，並藉著編修《四庫全書》之時，表彰關羽：

> 關帝在當時力扶炎漢，志節凜然。……從前世祖章皇帝（順治）曾降諭旨，封爲忠義神武大帝，以褒揚盛烈。朕復於乾隆三十二年降旨加「靈知」二字，用示尊崇。……今當抄錄《四庫全書》，……所有志內關帝之論，應改爲「忠義」，……著交武英殿將此旨刊載傳末，用垂久遠。〔註95〕

以關羽「力扶炎漢，志節凜然」而表彰其對於漢室的忠誠與志節，甚至下諭命令在抄錄《四庫全書》時，「所有志內關帝之論，應改爲『忠義』」，且命令此諭旨必須「刊載傳末，用垂久遠」。

　　除了以「忠義」表彰關羽之外，乾隆四十年（1775）至四十一年之間，也開始進行一連串表彰明末「殉節諸臣」的舉措。乾隆四十年十一月，下旨命大學士、九卿議予明末「殉節諸臣」諡典，在〈命議予明季殉節諸臣諡典諭〉中提及此舉用以「崇獎忠貞，所以風勵臣節」，並推崇明季殉節諸臣「捨生取義，各能忠於所事」〔註96〕的忠君志節。相較於對「殉節諸臣」的推崇，次年（乾隆四十一年，1776）十二月，乾隆命國史館編〈貳臣傳〉，苛責明末「遭際時艱，不能爲其主臨危授命，輒畏死倖生，靦顏降附」〔註97〕的降清

〔註95〕《欽定四庫全書》，卷首，〈聖諭十一〉。

〔註96〕乾隆《御製文二集》，卷七，頁326，〈命議予明季殉節諸臣諡典諭〉：「崇獎忠貞，所以風勵臣節。然自昔累朝嬗代，於勝國死事之臣罕有錄予易名者。惟我世祖章皇帝定鼎之初，於崇禎末殉難之大學士范景文等二十人，特賜諡，仰見聖度如天，軫恤遺忠，實爲亙古曠典。……時王旅徂征，自不得不申法令以明順逆，事後平情而論，若而人者皆無愧於疾風，勁草即自盡以全名節，其心亦並可矜憐。雖福王不過倉猝偏案，唐桂二王并且流離竄迹，已不復成其爲國，而諸人茹苦相從，捨生取義，各能忠於所事，亦豈可令其湮沒不彰。允宜稽考史書，一體旌諡。」

〔註97〕《高宗實錄》，乾隆四十一年十二月初三庚子條，諭稱：「若而人者，皆以勝國臣僚，乃遭際時艱，不能爲其主臨危授命，輒畏死倖生，靦顏降附，豈得復謂之完人？」後以洪承疇、李永芳等人雖不忠於明，但卻效忠清室，貢獻甚鉅，因此又在乾隆四十三年（1778）二月二十四日乙卯時命國史館將〈貳臣傳〉分爲甲乙兩編，將效忠清室且對清室有貢獻的洪承疇、李永芳等人與錢謙益、龔

貳臣，批判他們為臣失德。

　　乾隆時期，官方對忠君行為的提倡與對清初貳臣評價的轉變，與當時君權意識的高漲密不可分。乾隆朝官方經學詮釋中強調的「忠義」、「尊王」等詮釋路向，其實也是官方提昇皇權的教化手段之一。《御纂春秋直解》「討亂臣賊子」以「廣忠孝」的詮釋取向，一方面反映著乾隆朝皇權意識的提昇，但另一方面，它所傳達出的「忠君」思想，又透過頒佈於各地官學所起的教化作用，進一步更加鞏固了君權。

二、《御纂春秋直解》中的華／夷論述

　　《春秋》的「尊王攘夷」思想，在清代前期遺民士人與官方的《春秋》學詮釋中分裂為兩個對立的概念。對清初順、康、雍三朝的滿洲官方而言，《春秋》的「攘夷」論述對滿洲政權並不友善，因此《欽定春秋傳說彙纂》、《日講春秋解義》等書，以及雍正在《大義覺迷錄》與在對《春秋》之評述裡，都呈現出在某種程度上淡化或忽略《春秋》「攘夷」論述的詮釋傾向。然而清初官方《春秋》學詮釋中避諱「攘夷」的情況，到了乾隆時期官方所編纂的《御纂春秋直解》中似乎出現變化。《御纂春秋直解》雖強調「尊王」，但對於《春秋》的「攘夷」論述，卻表現出與康、雍兩朝官方《春秋》學截然不同的積極態度，轉而肯定「攘夷」之說，並將《春秋》的「攘夷」論述鑲嵌到「尊王」思想的格局之下。

　　《御纂春秋直解》在《春秋》夷夏詮釋態度上的改變，表現在以下幾個方面：

1.「攘夷」的目的在於「尊王」

　　清初遺民士人的《春秋》學重視「攘夷」之說，並有以「攘夷」為「尊王」前提的詮釋傾向，認為「夷不攘，則王不可得而尊」，〔註98〕「攘夷」是比「尊王」更重要的核心價值。康、雍二朝的官方《春秋》學則傾向於稀釋《春秋》中的「攘夷」論述，以遏止遺民士人藉《春秋》「攘夷」之說以宣傳「排滿」思想。但到了乾隆時期，「攘夷」論述卻再次為官方所提倡。雖然《御纂春秋直解》仍延續康、雍官方《春秋》學的「尊王」傳統，將「《春秋》大

　　　鼎孳等「進退無據」之徒區隔開來，俾使「優者瑕瑜不掩，劣者斧鉞凜然。」
〔註98〕 王夫之《讀通鑑論（《宋論》合刊）》（臺北：里仁書局，1985年2月），下冊，
　　　　　《宋論》卷十〈高宗〉，頁184。

義」定位於「尊王」與「君臣之大倫」，但對於「攘夷」問題，《直解》已一改過往官方淡化的態度，而開始重新闡述「攘夷」之必要。

不過，《直解》在論及「攘夷」時，往往是附著在「尊王」的架構下，以「藉攘夷以尊王」的角度來詮釋。如《經》莊公三十二年冬「狄伐邢」條，康熙時的《欽定春秋傳說彙纂》對這種「攘夷」議題並未評述，而乾隆敕編《御纂春秋直解》卻藉此亟稱齊桓公攘夷之功：

> 志狄禍也。春秋之世，戎先見，荊次之，狄又次之。戎亂曹魯、荊
> 病蔡鄭、狄禍邢衛，微齊桓，孰能匡之？〔註99〕

《直解》對齊桓公攘夷之舉甚為嘉許，「微齊桓，孰能匡之？」相較於《欽定春秋傳說彙纂》對此條不加評述的處理方式，《御纂春秋直解》顯然較為積極。雖然此處仍是藉齊桓公之「攘夷」而論「尊王」、匡正王室的重要性，但面對《春秋》中的「攘夷」論述，已不再如康、雍兩朝般避諱。在「藉攘夷以尊王」的詮釋架構下，《御纂春秋直解》對桓公攘夷之稱譽，多圍繞在他「伐戎狄」、「固陳鄭」、「匡王室」之舉上。也就是說，《直解》對桓公「攘夷」之舉的肯定，建構在其藉「攘夷」以「尊王」上。

僖公四年，《經》「春王正月，公會齊侯、宋公、陳侯、衛侯、鄭伯、許男、曹伯侵蔡，蔡潰，遂伐楚，次于陘」，《直解》云：

> 楚猾夏久矣。諸侯環視，莫敢誰何，獨齊奮而謀伐之，北威戎狄，
> 南固陳鄭，徐舒既服，江黃受盟，而後大舉其猷遠矣。〔註100〕

雖然《御纂春秋直解》以「《春秋》大義」為「尊王」的定位仍未改變，但卻也開始推崇「攘夷」之功，肯定「攘夷」有助於匡正王室與樹立王威。

顯然，乾隆時期官方所編纂的《御纂春秋直解》，已不再如清初官方《春秋》學將「尊王」與「攘夷」視為兩個對立的觀點，並避諱「攘夷」問題，反而是將「攘夷」作為「尊王」的手段，從匡正王室、樹立王威的君權意識角度，將「攘夷」論述視為附著在「尊王」格局下的必要概念，成為《春秋》「尊王」思想及君權意識建構的一部分。

由於《直解》將「攘夷」視為「尊王」意識下的附屬概念，因此在詮釋「攘夷」議題時，幾乎都會將立論向「尊王」意識延展。如《經》宣公十二年，「夏

〔註99〕 《御纂春秋直解》，卷四，頁66，莊公三十二年冬，「狄伐邢」條。
〔註100〕 《御纂春秋直解》，卷五上，僖公四年，頁74，「春王正月，公會齊侯、宋公、
　　　　 陳侯、衛侯、鄭伯、許男、曹伯侵蔡，蔡潰，遂伐楚，次于陘」條。

六月乙卯，晉荀林父帥師，及楚子戰於邲，晉師敗績」條，《直解》云：

> 晉師之出以救鄭也，乃春被圍而夏末始至，則緩不及事，無救患之
> 實，故不得書「救」。以晉及戰者，徐邈曰：「內晉而外楚」是也。
> 書林父帥師主乎，是戰者也。主之者，責之也。夫晉景嗣靈成之後，
> 伯業不競，楚莊方強，晉既無及於鄭，乃不量力而輕與之戰，林父
> 不能節制其屬，又不能躬帥力戰，楚師一乘，倉卒莫措，鼓於軍中，
> 倡爲奔北。書敗績，深罪林父也。城濮，晉敗楚；邲，則楚敗晉。
> 喜晉而惡楚者，外之也。外楚所以尊周也。〔註101〕

晉荀林父帥軍與楚國在邲會戰，晉軍敗績。對此一事件，康熙時期的《欽定
春秋傳說彙纂》只引述各傳說法而並未另立案語評述。〔註102〕然而《御纂
春秋直解》則對此事評述頗詳，並引述徐邈「內晉而外楚」之說，認爲此處
經文有「外楚」之意。《直解》指出，《春秋》「外楚」的目的是爲了「尊周」，
因而將「別夷夏」視爲「尊王」的表現，將原本不利於清政權的的《春秋》
「攘夷」思想轉而爲維護「尊王」與君權意識的附屬概念，並將原本的「尊
周攘夷」的「攘夷狄」論述方向，過渡到「內晉外楚」的「辨內外」上。以
「內外」、「中外」等比較中性的、不具民族色彩的概念，來轉移原本的「華
夷」問題。《直解》這種以「內外」、「中外」等詮釋用語來置換《春秋》原
本的「華夷」概念，基本上仍延續了清初以來康、雍兩朝官方《春秋》學對
「攘夷」問題的詮釋基調。

　　整體而言，乾隆朝官方《御纂春秋直解》不再避談《春秋》之「攘夷」
問題，而將之視爲「尊王」意識之附庸的詮釋路向，正反映出乾隆時期官方
《春秋》學對康熙、雍正兩朝官方《春秋》學的承繼與改變之處。從康、雍
時期與乾隆時期面對「攘夷」概念的不同詮釋方式看來，也意味著清官方滿
洲統治者在自身文化認同上的不同定位。康熙《欽定春秋傳說彙纂》與雍正
《大義覺迷錄》、《日講春秋解義》在詮釋《春秋》時，傾向於以自我認知的
「東夷」身分來看待「攘夷」論述，因而往往在詮釋《春秋》攘夷文本時避
談或轉移《春秋》中的華夷問題，並將「華／夷」詮釋爲文化論述等方式，

〔註101〕《御纂春秋直解》，卷七，頁 142，宣公十二年，「夏六月乙卯，晉荀林父帥
　　　　師，及楚子戰於邲，晉師敗績」條。
〔註102〕見《欽定春秋傳說彙纂》，卷二十一，頁 592～596，宣公十二年，「夏六月乙
　　　　卯，晉荀林父帥師，及楚子戰於邲，晉師敗績」條。

強調華夷之身分可以透過文化行爲而轉化，而其華夷論述也是在「不拘執於華夷之別」、「泯華夷之分」的心態下加以陳述的。凡此種種，都意味著他們對於自身「夷狄」身分的自覺。

　　然而，乾隆朝修纂刊佈的《御纂春秋直解》裡，卻不再避談《春秋》中的「攘夷」問題，轉而將「攘夷」直接鑲嵌在「尊王」論述之下，論證藉「攘夷」以「尊王」的必要性。這種詮釋傾向，與《大義覺迷錄》中以「攘夷」爲「攘僭王之楚」之說有些類似，二者都是將《春秋》「攘夷」問題的核心向「尊王」轉化。〔註103〕雖然雍正時期已出現此類言論，不過，康、雍時期的《欽定春秋傳說彙纂》與《日講春秋解義》在面對《春秋》學固有的「攘夷」觀時，多半仍以淡化或不加評述帶過。《御纂春秋直解》顯然在《春秋》的「攘夷」問題上，比康、雍兩朝展現出更多的自信。乾隆對「攘夷」問題的自信，與清代乾嘉時期滿洲統治者自身華夷身分認同的轉變有關。關於此點，將在後文中詳述。

2. 被忽視的「華夷大別」

　　清初《春秋》學中，無論遺民或官方，對於《春秋》中的「嚴夷夏之防」與「華夷之大別」問題都十分重視。在涉及「華／夷大別」的議題時，遺民士人《春秋》學傾向於以地域、血緣等概念來判別華夷之間的差異，認爲「華夷之大別」不僅體現在文化表現上，更在於民族差異，並因此而主張民族身分無法透過「禮」或者「漢化」來更動，「華」與「夷」之間的身分不可變易。與遺民士人相較，清初康、雍兩朝的官方《春秋》學，則傾向於以「文化差異」與「禮」來解釋「華夷之大別」，並揚棄傳統夷夏論中的種族意識，如《日講春秋解義》僖公二十一年的「公伐邾」條便以小注來說明：「邾曰蠻夷，蓋近諸戎，雜用夷禮，故極言之」。〔註104〕也正由於清初官方《春秋》學將「華夷」定位爲文化問題而非民族問題，因此華夷之間彼此的身分存在著變易的可能。只要「夷」能透過「禮」、「漢化」而依附於中國文化，則自然可以「進之」爲「華」；而「華」一旦拋棄夏禮的傳統而改爲「用夷禮」，則同樣也將被視爲「夷」。

　　由此看來，「華夷之大別」的具體討論，向來是清初以來的官方《春秋》學極力陳述的重要議題，但，《御纂春秋直解》全書卻可說是完全不處理這個問題。與《欽定春秋傳說彙纂》與《日講春秋解義》相較，乾隆朝所編修刊行的《御纂春秋直解》不僅對「華夷之大別」沒有具體的詮釋與論述，甚至

〔註103〕《大義覺迷錄》，卷一，頁293，引曾靜口供。
〔註104〕《日講春秋解義》，經部第四二冊），卷十九，頁255。

在全書中也幾乎未涉及「華／夷」之間的定義與界說問題。正因《直解》幾乎全不處理「華夷之大別」問題，也才顯出《直解》與清初官方或遺民《春秋》學面對華夷論述時的詮釋態度大相逕庭。如果說清初的《春秋》學是企圖用「華／夷」定義之分界來表述自己的政治與民族立場，那麼，乾隆《御纂春秋直解》則似乎試圖在宣揚「攘夷」的同時，全然不觸及華夷問題的本質——亦即什麼是「華」、什麼是「夷」。也就是說，《直解》雖然宣揚「攘夷」，但在強調「攘夷」的同時，卻將「華／夷」論述的內容架空，並未具體地從文化、種族等角度來討論或定義什麼是「華／夷」。

乾隆朝官方《春秋》學詮釋中的這種忽略「華／夷大別」的論述，一方面可能是出於政治與外交的需要而刻意對此議題的避諱；另一方面，也可能意味著滿洲自身對華夷認同開始發生變化。滿洲官方華夷認同何以轉變？這一點將在下一節中詳細論述。

3. 官方經學詮釋用語的探討：華夷／中外、夷狄／外藩

經學詮釋中詞彙的使用，有其根深柢固的學術傳統。雖然歷代解經觀點各有偏重，但詮釋用語基本上變化不大。但這樣的情況到了清初卻有所改變。康、雍兩朝的官方經學詮釋在面對經籍中的「華夷」問題時，出現大量以「中外」或「外藩」來置換傳統解經習語「華夷」、「蠻夷諸夏」等詞彙的現象。例如康熙朝編修的《日講四書解義》便以「聖人之化，原無分於中外也」來詮釋《論語‧子罕》「子欲居九夷」章。〔註105〕這種現象，不僅出現在官方的經學詮釋中，甚至在官方出版的漢文典籍中也有類似的情況。而雍正朝《大義覺迷錄》在討論《春秋》「攘夷尊夏」問題時，也以「尚有華夷中外之分論哉？」〔註106〕企圖將華夷問題導向一個較不具民族文化意涵的「中外」概念上，來淡化華夷問題。

雖然對傳統詮釋詞彙習語的置換，固然有可能是撰作者個人的書寫習慣，但這種現象在清初官方經學詮釋中一再出現，就不宜單純地以書寫習慣來解釋。這種現象貫徹在清代順治、康熙、雍正、乾隆四朝之中，可見清代官方是有意識地在經學用語上以「中外」代替「華夷」。而任何一種書寫形式中詞彙的選擇與使用，都反映著書寫者的立場。康、雍兩朝經學詮釋中以「中

〔註105〕《日講四書解義‧日講論語解義》（《景印《文淵閣四庫全書》》（臺北：商務印書館，1983年），冊208），卷七，頁11。
〔註106〕《大義覺迷錄》，卷一，頁262，雍正上諭。

外」、「外藩」來置換「華夷」、「蠻貊」的情況，事實上很可能意味著書寫者
（官方）有意識地想要以「中外」或「中國／外藩」這個較近於地理與政治
的詞彙概念，來取代以「華夷」或「諸夏／蠻貊」等具有種族色彩的概念，
而這也使得以「中外」置換「華夷」成為清初經學詮釋的特色。

　　值得注意的是，在詮釋用語方面，乾隆時期雖然繼承康、雍兩朝以來的
詮釋用語傳統，在《御纂春秋直解》中也出現了以「中外」來詮釋「華夷」
之處，然而在使用頻率上卻遠比康、雍時期減少許多，且論述重心也與康、
雍兩朝有所不同。舉例言之，僖公十九年《經》「冬，會陳人、蔡人、楚人、
鄭人盟于齊」條，《直解》云：

> 楚列齊盟，自此會始。蔡舊從楚，鄭新從楚，皆楚黨也。齊棄先志，
> 延之國都，而與之盟。紊中外之防，而為諸侯患。故於此諱公而人
> 諸侯，謹之於始也。〔註107〕

　　陳人、蔡人、鄭人盟於齊，而楚以蠻夷的身分竟也參與了這次的會盟，
因此《直解》此處便以「紊中外之防」來論華夷界分之亂。

　　傳統經學傾向於在「華／夷之別」的前提下論述華夷問題，但康雍兩朝
在使用「中外」來置換「華夷」一詞時，所強調的卻往往是「聖人不別中外」、
「華夷不別」、「泯華夷之分」的這一面向。也就是說，康雍兩朝不僅藉著「中
外」一詞來淡化甚至扭轉「華夷」一詞的民族主義色彩，同時也在使用「中
外」一詞時，用「不別中外」來轉移傳統經學裡的「華夷之分」。但，從《御
纂春秋直解》僖公十九年「冬，會陳人、蔡人、楚人、鄭人盟于齊」條下的
詮釋來看，用「紊中外之防」一語，顯然是強調陳、蔡、鄭與楚之間的「中」、
「外」親疏遠近之別。也就是說，乾隆朝的《御纂春秋直解》，是從「內外之
辨」、「中外之辨」的角度來詮釋「中外」一詞。雖然《直解》與《彙纂》、《解
義》、《大義覺迷錄》等，都有以「中外」取代「華夷」的情況，但，在論述
目的上，乾隆朝《直解》與康、雍兩朝「不別中外」的詮釋態度，顯然有所
區隔。又將康熙、雍正以來的「中外」一詞，拉回了傳統《春秋》學「嚴華
夷之防」（或者更精確的說是「嚴中外之防」）的思想格局。

　　經學詮釋中，詞彙使用習慣的改變——這種改變包含詞彙的更易、或
者論述語境的改變——事實上都可能牽涉學術思想和意識型態的變化。清代

〔註107〕《御纂春秋直解》，卷五下，頁89～90，僖公十九年，「冬，會陳人、蔡人、
　　　　楚人、鄭人盟于齊」條。

官方漢文經學詮釋裡以「中外」取代「華夷」的現象，意味著清代官方淡化
華夷論述中種族色彩的企圖。但清官方《春秋》學中，「華夷」或「中外」
的論述語境由康熙、雍正時的「聖人無分中外」，到乾隆的「紊中外之防」、
強調「中／外」「華／夷」之別，似乎也反映出乾隆時期滿洲官方自身的華
夷身分認同，很可能已發生了變化。乾隆不再以「夷」自居，轉而將滿洲融
入「中華」概念之下。這一點，在乾隆朝與外邦間的文書往來中，表現得特
別鮮明。

　　不過必須說明的是，清代順、康、雍、乾四朝，官方文教政策與文獻編
修的態度，往往呈現出因預設閱讀對象不同，而出現書寫者或編輯者詮釋態
度不同的情況。由於對文獻之編修、刊佈、整理、流傳、閱讀對象目的之不
同，官方在修撰《御纂春秋直解》時的《春秋》學詮釋心態，與乾隆官方整
理收編的四庫全書《春秋》類前人經注（特別是胡安國《春秋胡氏傳》）時的
刪修心態也有所不同。關於這一點，將在下一節中詳細論述。

　　另一方面，清代前期與中期，官方文教政策也呈現出一種滿、漢有別的情
況。對清廷而言，將儒學典籍繙譯爲滿文，與選擇性地編纂或刊行漢文儒學典
籍所反映的統治心態有所不同，它分別諭示滿洲統治者統治滿洲與統治漢人兩
種截然不同的對治心態。乾隆雖然在以漢人爲主要傳佈與閱讀對象的《御纂春
秋直解》中強調「攘夷」與「中外之別」，但在他所敕譯的滿文漢籍裡，卻極力
避諱使用「夷狄」一詞，甚至在翻譯時將經文中原本具有異民族、異文化與貶
抑意味的「夷狄」，意譯爲「藩部」或「外藩」之類的詞彙。〔註108〕莊吉發在
〈清高宗敕譯《四書》的探討〉一文中指出，康熙朝《清文日講四書解義》裡，
往往直接以音譯來繙譯經文中的「夷狄」、「蠻貊」一類的詞彙，但在乾隆朝所
敕譯的滿文《四書》裡面對這一類詞彙時，卻不再使用原本的音譯傳統而改採
意譯，例如在《御製繙譯四書》裡將《中庸》「素夷狄，行乎夷狄」中的「夷狄」
譯爲「外面的部落」或「外藩」、《中庸》「聲名洋溢乎中國，施及蠻貊」的「蠻
貊」譯爲「南北的部落」，以及《論語・子罕》「子欲居九夷」之「九夷」譯爲
「九部」之類。〔註109〕

〔註108〕這一點，倒是與乾隆敕編四庫全書時，對胡安國《胡氏春秋傳》的處理很類
　　　　似。詳見本文第三節。
〔註109〕莊吉發〈清高宗敕譯《四書》的探討〉（收於莊吉發《清史論集》（臺北：文
　　　　史哲出版，2000 年 3 月，初版），頁 61～76），頁 66。

從乾隆對滿文漢籍繙譯詞彙的使用，以及《御纂春秋直解》中「中外」一詞論述語境的改變來看，乾隆一方面在將漢文儒學經籍譯爲滿文時，在詮釋用語上選擇以「外藩」取代「夷狄」，企圖稀釋經典中的「夷狄」一詞的貶抑意味，並淡化其中的民族主義色彩；另一方面，在用漢文刊行、以漢人爲主要閱讀對象的《御纂春秋直解》裡，卻一反康、雍兩朝強調「聖人無分於中外」的觀點，轉而開始側重「中外之防」，在解經時又避免碰觸「華夷之大別」的具體內容。這樣的現象，或許可以說明了乾隆時期滿洲官方自身，已對滿洲的華／夷身分認同逐漸產生了變化。至少在《直解》所反映出的華夷論述裡，官方開始出現不再自居爲「夷狄」的態度，官方開始藉由主動強調「攘夷」、淡化具體的「華夷之別」論述、以「中外」取代「華夷」等方式，清廷逐漸自覺地淡化滿洲的「夷狄」色彩，並漸漸產生以「華」自居的情況（特別是在清廷的對外關係上）。〔註110〕

4. 華夷關係：慕義而來，則容而接之，亦非不可

誠如前文所言，《御纂春秋直解》中全不避諱談論「攘夷」問題，甚至在「尊王」的前提下大力宣揚《春秋》中的「攘夷」思想，將「攘夷」納入「尊王」的君權思想體系裡。因此，《御纂春秋直解》中對於夷狄與華夏間的政治或軍事的會盟之事多表示否定，並認爲此類夷夏會盟之事將「紊中外之防」。〔註111〕如成公九年冬，《經》「秦人白狄伐晉」，《直解》批評爲：

> 今楚伐莒以撓晉，秦且結狄以攻晉，是黨楚猾夏也。故書以惡之。
> 〔註112〕

〔註110〕特別是在乾隆朝的清廷外交關係上，很明顯可以看出這樣的變化。在順治、康熙、雍正三朝時，清政府與東亞儒學文化圈之日本、朝鮮、安南之外交往來中，清廷並未特別強調自身的「中華」與「天朝」形象。而當時日本、朝鮮兩國，對清廷的態度，也是以「蠻夷」來對待。清初，日本方面視明清易代爲「華夷變態」，朝鮮方面的反應更爲激烈，清初朝鮮君主甚至仍祀明朝君主，與清廷之外交關係僅是迫於時勢，甚而將清國君主貶稱爲「龍胡」，完全不以「中華」與「天朝」視之。這種外交情況，在乾隆時產生極大變化，最主要的原因，即在於乾隆開始強調清廷的「中華」與「天朝」定位。關於此點，於本文第四節中有詳細探討。

〔註111〕《御纂春秋直解》，卷五下，頁89～90，僖公十九年，「冬，會陳人、蔡人、楚人、鄭人、盟于齊」條：「楚列齊盟，自此會始。蔡舊從楚，鄭新從楚，皆楚黨也。齊棄先志，延之國都而與之盟，紊中外之防而爲諸侯患。故於此諱公而人諸侯，謹之於始也。」

〔註112〕《御纂春秋直解》，卷八，頁160，成公九年「秦人白狄伐晉」條。

秦結狄以攻晉，亂於中國，《御纂春秋直解》對這種「黨楚猾夏」之事「書以惡之」似乎合情合理。但，若是修兩國之好的情況，《直解》又是如何評論呢？隱公二年魯與戎會于潛，以修惠公之好一事，《直解》是如此評述的：

> 《春秋》書諸侯之會，皆非王事而私會耳。……非王事而修私好於同列且非宜，況戎乎！〔註113〕

《御纂春秋直解》對非王事的諸侯修好之會並不認同，更對魯君與徐戎會盟一事採取批判的態度。由此看來，《直解》對於諸侯與夷狄間的會盟，無論是「黨楚猾夏」或是「修私好」，都抱持否定的態度。

不過，《御纂春秋直解》雖亟言攘夷之必要，但在華夷關係上，卻對願意出兵助華的「夷狄」給予肯定，如僖公十八年「狄救齊」條，注云：「苟有善，雖狄必予之。」〔註114〕至於傾慕華夏文化之夷狄，《直解》也主張要予以接納，襄公十八年「春，白狄來」條下注云：

> 春秋之時，戎狄錯居中國，與之會盟則有譏。若其慕義而來，則容而接之，亦非不可。惟謹所以待之之道而已。〔註115〕

《御纂春秋直解》雖然並不認同諸夏與戎狄會盟的行為，但若戎狄等異民族「慕義而來」，則「容而接之亦非不可」，但必須「謹所以待之之道」。《直解》中的理想華夷關係，呈顯出一幅以「中國」為主、而外夷「慕義向化」的圖象，肯定夷狄「救華」的行為，也願意接納「慕義而來」的夷狄，並「謹所以待之之道」。《直解》中的華夷關係，顯然反映出一種「天朝」的國際觀。乾隆官方《春秋》學這種詮釋傾向的出現，事實上是與乾隆朝企圖在東亞外邦與外邦間重建「天朝」外交體系，有極為密切的關係。

第三節 乾隆時期官方《春秋》學華夷觀的另一面相：四庫全書本《胡氏春秋傳》對宋刊本《春秋胡氏傳》的刪修

清代官方的文教政策與學術心態，往往會因其施行對象而有所不同。在對滿人的文化政策上，乾隆便曾將繙譯滿文《四書》中的「夷狄」、「蠻貊」

〔註113〕《御纂春秋直解》，卷一，頁9，隱公二年「春，公會戎于潛」條。
〔註114〕《御纂春秋直解》，卷五下，頁88，僖公十八年，「狄救齊」條。
〔註115〕《御纂春秋直解》，卷九下，頁193，襄公十八年，「春，白狄來」條。

等詞，一改康熙以來的音譯態度，而改採意譯。在意譯之時，又避諱以原意翻譯之，而轉譯爲「外面的部落」。顯然將《四書》中原本較具文化與民族意涵的「華夷」概念，轉而爲「中外」這個較具政治、地域意涵的中性概念。

這種因施行對象而有別，所導致的官方詮釋態度上之些許差異，同樣也表現在乾隆時期官方對《御纂春秋直解》的修纂，以及官方在編選《四庫全書》時，對前人《春秋》學著作的選編與刪汰上。在論及乾隆朝官方《春秋》學時，雖然仍應以敕修的《御纂春秋直解》作爲官方《春秋》學的代表（畢竟這本經注比較完整的呈現了乾隆朝官方對《春秋》的詮釋態度），但，或許我們也可以從另一個角度，亦即乾隆朝官方在編選《四庫全書》時，對前人經注的刪汰修改方面，來解讀乾隆時期官方《春秋》學華夷論述的詮釋心態。

乾隆時期，在官方編修前人《春秋》傳注時，對「夷狄」相關的詮釋段落原文，往往加以刪削更動。這些刪修，事實上也反映出乾隆時期官方《春秋》學在面對華夷問題時的另一種解讀與詮釋心態。最典型的例子，即是乾隆朝敕編《四庫全書》本胡安國《胡氏春秋傳》時，對宋刊本《春秋胡氏傳》原文所進行的刪削更動。

清代官方《春秋》學對胡安國的《春秋胡氏傳》，多傾向於批判。從康熙朝《欽定春秋傳說彙纂》以來，清代官方《春秋》學便有「擺落四傳」——特別是胡安國的《春秋胡氏傳》——的詮釋基調。這種批判胡《傳》的官方經學詮釋基調，應是針對胡安國《春秋胡氏傳》「攘夷」論而來。〔註116〕乾隆時官方敕修之文淵閣四庫全書本《胡氏春秋傳》對宋刊本《春秋胡氏傳》原文的刪修，便印證了這一點。與宋刊本《春秋胡氏傳》相較，文淵閣四庫全書本《胡氏春秋傳》中有不少文句刪修纂改之處。其中固然有整段皆刪者，但也有僅刪修一、二文句之處。而所更修文句，又有多處爲與胡《傳》「夷狄」論述相關的片段。由四庫本胡《傳》與宋本間文句的脫漏與差異處看來，宋刊本《春秋胡氏傳》與四庫本《胡氏春秋傳》，其間的文句差異，顯然已非版本傳抄的問題，而是清代官方對胡安國《胡氏春秋傳》「攘夷」相關論述的刻

〔註116〕本文初審時，張素卿師曾提及，清初官方《春秋》學對胡《傳》的駁斥與批判，應是針對胡安國《春秋胡氏傳》之「攘夷」論述而起。筆者於修改本文初稿時，尋繹相關資料後，印證了張師之說，筆者也因而得以更正原先錯謬之處，非常感謝張師的建議與指正，謹於此向張師深深誌謝。

意刪削。茲根據四庫本對宋刊本胡《傳》更動之處，析述如下：

一、詞彙上的置換與更易

在文淵閣四庫全書本胡安國《胡氏春秋傳》中，有多處對胡安國《春秋胡氏傳》原文的更動，僅僅純粹是在解經用詞上將與「夷狄」有關之詞語刪去，或以他詞置換。這些更動與刪削，事實上並未嚴重更動胡氏原意。茲就四庫全書本《胡氏春秋傳》以他詞置換「夷狄」者，略舉數例：

1. 宋刊本胡安國《春秋傳・序》，頁二，有：「人欲日長，天理日消，其効，使夷狄亂華，莫之遏也。噫！至此極矣！仲尼親手筆削，撥亂反正之書，亦可以行矣。」〔註117〕清乾隆時官修之文淵閣四庫本則刪去胡氏原文「使夷狄亂華」之句，並將該句改爲「使逆亂肆行，莫之遏也」。〔註118〕

2. 桓公元年，《經》「夏四月丁未，公及鄭伯盟于越」條，宋刊本胡《傳》中有：「夫弒逆之人，凡民罔弗懟，即《孟子》所謂不待教命，人得而誅之者也。而鄭與之盟，以定其位，是肆人欲、滅天理、變中國爲夷狄、化人類爲禽獸，聖人所爲懼，《春秋》所以作，無俟於貶絕，而惡自見矣。」〔註119〕文淵閣四庫本《胡氏春秋傳》則將夷狄禽獸之語刪去，改易爲：「是肆人欲，滅天理，不知克己之功，而唯事於責人，聖人所爲懼，《春秋》所以作。」〔註120〕

3. 又如桓公二年春，《經》「滕子來朝」條下，宋刊本胡安國《春秋傳》注云：「今桓公弟弒兄、臣弒君，天下之大惡，凡民罔弗懟也。己不能討，又先鄰國而朝之，是反天理、肆人欲，與夷狄無異，而《春秋》之所深惡也。故降而稱子，以正其罪。雖四夷雖大，皆曰子，其降而稱子，狄之也。」〔註121〕四庫全書本《胡氏春秋傳》則將「與夷狄無異」改作：「天下之大變」，〔註122〕又將

〔註117〕四部叢刊景印常熟瞿氏鐵琴銅劍樓所藏宋刊本《春秋胡氏傳》（臺北：臺灣商務印書館，1966年），〈春秋傳・序〉，頁2。

〔註118〕《文淵閣四庫全書》本《胡氏春秋傳》（臺北：臺灣商務印書館，1983年），〈春秋傳序〉，頁5～6。

〔註119〕四部叢刊景印宋刊本《春秋胡氏傳》，卷四，桓公元年，《經》「夏四月丁宋，公及鄭伯盟于越」條，頁2。

〔註120〕《文淵閣四庫全書》本《胡氏春秋傳》，卷四，桓公元年，《經》「夏四月丁宋，公及鄭伯盟于越」條，頁41。

〔註121〕四部叢刊景印宋刊本《春秋胡氏傳》，卷四，桓公二年春，《經》「滕子來朝」條下，頁3。

〔註122〕《文淵閣四庫全書》本《胡氏春秋傳》，卷四，桓公二年春，《經》「滕子來朝」

「四夷」改爲「四裔」，其餘文句則無更動。

4. 桓公五年夏，《經》「天王使仍叔之子來聘」條，宋刊本胡《傳》云：「及周之衰，小人得政，視朝廷官爵爲己私，援引親黨，分據要途，施及童稚。賢者退處於蓽門，老身而不用。公道不行，然後夷狄侵陵，國家傾覆，雖有智者，不能善其後矣。」〔註123〕文淵閣四庫全書本《胡氏春秋傳》則將其中的「夷狄侵陵」改爲「強暴侵凌」。

5. 莊公十三年，《經》「十有三年，春，齊侯、宋人、陳人、蔡人、邾人會于北杏」條，宋刊本胡《傳》注云：「齊侯稱爵，其與之乎！上無天子，下無方伯，有能會諸侯、安中國，而免民於左衽，則雖與之，可也。」〔註124〕而文淵閣四庫本《胡氏春秋傳》則將「免民於左衽」（文化上的「左衽」）一語，改爲「救民於水火」〔註125〕（政治上的「救民於水火」）。

6. 莊公三十年，《經》「冬，十月葬蔡景公，晉人、齊人、宋人、衛人、曹人、莒人、邾人、滕人、薛人、杞人、小邾人會于澶淵。宋災故。」條下，宋刊本胡安國《春秋胡氏傳》注云：「《春秋》大法，君弒而賊不討，則不書葬。況世子之於君父乎！……人之所以異於禽獸、中國之所以貴於夷狄，以其有父子之親、君臣之義爾。世子弒君，是夷狄、禽獸之不若也。」〔註126〕文淵閣四庫本《胡氏春秋傳》則將「人之所以異於禽獸」以下，改爲：「人之所以異於禽獸，而能具夫五官百骸者，以其有父子之親、君臣之義耳。世子弒君，是其心禽獸之不若也。」將其中所有「夷狄」字樣悉數刪去。

以上諸例中，清官方對於胡《傳》中「夷狄」一詞，往往以「逆亂」之類的詞彙來置換。這樣的置換，顯然有將《春秋》「攘夷」議題轉移爲「攘亂」的意味。

條，頁42。

〔註123〕四部叢刊景印宋刊本《春秋胡氏傳》，卷五，桓公五年夏，《經》「天王使仍叔之子來聘」條，頁1。

〔註124〕四部叢刊景印宋刊本《春秋胡氏傳》，卷八，莊公十三年，《經》「十有三年，春，齊侯、宋人、陳人、蔡人、邾人會于北杏」條，頁5。

〔註125〕《文淵閣四庫全書》本《胡氏春秋傳》，卷八，莊公十三年，《經》「十有三年，春，齊侯、宋人、陳人、蔡人、邾人會于北杏」條，頁69。

〔註126〕四部叢刊景印宋刊本《春秋胡氏傳》，卷二十三，莊公三十年，《經》：「冬，十月葬蔡景公，晉人、齊人、宋人、衛人、曹人、莒人、邾人、滕人、薛人、杞人、小邾人會于澶淵。宋災故。」條，頁5。

二、對胡安國《春秋胡氏傳》華夷論述觀點的修正

除了單純的改易「夷狄」相關詞彙之外，四庫全書《胡氏春秋傳》也對宋元傳本的胡安國《春秋胡氏傳》與清官方《春秋》學華夷論觀點不滿之處，加以刪削、甚至重新詮釋，提出與胡安國全然不同的觀點。四庫本對胡《傳》華夷論述不滿之處，又分別以刪文、改易兩種方式來處理：

（一）對胡《傳》華夷論之刪削

文淵閣四庫全書本胡安國《胡氏春秋傳》中，有數處為將胡安國不符清廷華夷論之原文，直接刪去者，茲舉數例如下：

在胡《傳》書首的「綱領」中，宋刊本胡安國《春秋傳·述綱領》曾引述河南程頤所言：「《春秋》之法極謹嚴，中國而用夷禮則夷之，韓子之言深得其旨。」〔註127〕而文淵閣四庫本《胡氏春秋傳》則僅作：「《春秋》之法極謹嚴，韓子之言深得其旨矣。」〔註128〕程頤此段華夷論述，以「禮」作為華夷判別之標準，事實上是符合於康熙朝《欽定春秋傳說彙纂》、雍正朝重校修刊行之《日講春秋解義》、《大義覺迷錄》中的清代官方一貫的《春秋》學華夷詮釋立場的。但，乾隆朝在編修四庫全書時，則將此句刪去。

如隱公二年，《經》「春，公會戎於潛」條下，宋刊本胡安國對《春秋》書戎狄時「舉號以外之」之例有一番相當詳細的論述：

> 戎狄舉號，外之也。天無所不覆，地無所不載，天子與天地參者也。《春秋》，天子之事，何獨外戎狄乎？曰：中國之有戎狄，猶君子之有小人。內君子，外小人為泰；內小人，外君子為否。《春秋》，聖人傾否之書。內中國而外四夷，使之各安其所也。無不覆載者，王德之體；內中國外四夷者，王道之用。是故以諸夏而親戎狄，致金繒之奉，首顧居下，其策不可施也。以戎狄而朝諸夏，位侯王之上，亂常失序，其禮不可行也。以羌胡而居塞內，無出入之防，非我族類，其心必異，萌猾夏之階，其禍不可長也。為此說者，其知內外之旨，而明於馭戎之道，正朔所不加也。奚會同之有書「會戎」，譏之也。〔註129〕

從此段文句看來，胡安國對魯隱公會戎之事甚不認同，而其中的華夷論述甚至

〔註127〕四部叢刊景印宋刊本胡安國《春秋傳·述綱領》，頁2。

〔註128〕《文淵閣四庫全書》本《胡氏春秋傳》，〈綱領〉，頁7～8。

〔註129〕四部叢刊景印宋刊本《春秋胡氏傳》，卷四，隱公二年，《經》「春，公戎於潛」條，頁4。

帶有強烈的種族色彩。不過，對照於胡安國《春秋胡氏傳》中其他論及華夷之辨的文句，胡安國多將「華夷之辨」視為「禮」與文化之別、以「中國而夷狄則狄之，夷狄猾夏則膺之，此《春秋》之旨也」，〔註 130〕可見他應仍是將「華夷之辨」定位在文化身份上，並在《春秋傳·序》中一再強調「用夏變夷」的期待。〔註 131〕胡氏既然肯定有「用夏變夷」、「夷夏可變」的可能，那麼，胡安國顯然是以文化的角度（而非種族的角度）來界定華夷的。此處所論，似與胡《傳》其他地方的論點並不相合。

面對胡《傳》對「公會戎于潛」的極端華夷論述，清官方在乾隆所敕編的四庫本《胡氏春秋傳》中，則將此段全文刪去而另加音註，並於音註中將《春秋》這段經文重新以「此外交之始」來解釋，而不再以華夷會盟的角度來看待：「潛，魯地，戎之近於魯者也。此外交之始。是故會戎于潛，《春秋》之始；會吳黃池，《春秋》之終。此《春秋》之所以終始也。」〔註 132〕

隱公二年，《經》「秋八月庚辰，公及戎盟于唐」條，此為魯與戎會盟之始。對於這個事件，胡安國《春秋傳》係以「謹華夷之辨」的角度來詮釋。宋刊本胡安國《傳》此條注云：「《春秋》謹嚴於華夷之辨」、「中國而夷狄則狄之，夷狄猾夏則膺之，此《春秋》之旨也」〔註 133〕對此論述甚詳。胡安國此處雖似傾向於從禮的角度來看待《春秋》中的華夷之辨，但於此段注文之末，胡氏又列舉後世歷代與戎狄會盟之後而華夏被其毒之事，亟陳與夷狄盟之非：「後世乃有結戎狄以許婚而配耦，非其類。如西漢之於匈奴，約戎狄以求援，而華夏被其毒；如肅宗之於回紇，信戎狄以與盟，而臣主蒙其恥；如德宗之於尚結贊，雖悔於終，亦將奚及！《春秋》謹唐之盟，垂戒遠矣。」〔註 134〕胡安國在這段注文中對魯與戎狄盟之事提出強烈批判，這樣的觀點，自然

〔註 130〕四部叢刊景印宋刊本《春秋胡氏傳》，卷一，隱公二年，《經》「秋八月，庚辰，公及戎盟于唐」條，頁 5。

〔註 131〕四部叢刊景印宋刊本《春秋胡氏傳》，〈春秋序〉，頁 2：「雖微辭奧義，或未貫通，然尊君父，討亂賊，闢邪說，正人心，用夏變夷，大法略具，庶幾，聖王經世之志，小有補云。」

〔註 132〕《文淵閣四庫全書》本《胡氏春秋傳》，卷一，隱公二年，《經》「春，公會戎于潛」條，頁 24。

〔註 133〕四部叢刊景印宋刊本《春秋胡氏傳》，卷一，隱公二年，《經》「秋八月，庚辰，公及戎盟于唐」條，頁 5。

〔註 134〕四部叢刊景印宋刊本《春秋胡氏傳》，卷一，隱公二年，《經》「秋八月，庚辰，公及戎盟于唐」條，頁 5。

無法爲清廷所接受，因此四庫本《胡氏春秋傳》將全文全數刪去，改爲僅加以音註：「唐，魯地，此與盟之始。」〔註135〕

又，桓公二年，《經》「冬，公至自唐」條下，宋刊本胡安國《春秋胡氏傳》作：「桓公弑君而立，嘗列於中國諸侯之會，而不書至，同惡也。今遠與戎盟而書至者，危之也。程氏所謂『居夷浮海』之意是矣。《語》不云乎：『夷狄之有君，不如諸夏之亡』也。」〔註136〕而文淵閣四庫本胡安國《胡氏春秋傳》中，則直接將胡氏所引的《論語・八佾》之語悉數刪去，僅改作「程氏所謂『居夷浮海之意』，其得《春秋》之旨乎！」

（二）對胡《傳》華夷論述之改寫

除了將部分文句悉數刪削之外，對於胡安國《春秋胡氏傳》中華夷論述詮釋不合於清代官方《春秋》學詮釋路向者，四庫全書本《胡氏春秋傳》也有重新改寫胡《傳》原文的情形。比對四庫本改寫處與宋刊本原文之同異，便可對乾隆朝官方《春秋》學的基本詮釋立場，勾勒出一個大致的輪廓。

1. 以「正僭竊」、「尊王」之論取代宋刊本胡《傳》原文之「攘夷狄」

對胡安國《春秋傳》中的「攘夷」論述，四庫全書本《胡氏春秋傳》往往將之以「正僭竊」、「尊王」論述取代。如：

莊公十三年《經》「冬，公會齊侯，盟于柯」，宋刊本胡安國《春秋胡氏傳》作「而桓公始合諸侯、安中國、攘夷狄、尊天王」，〔註137〕文淵閣四庫本《胡氏春秋傳》則將「攘夷狄」一詞改爲「正僭竊」。〔註138〕四庫本此處將《春秋》之「攘夷狄」轉爲「正僭竊」，事實上也是清代康熙、雍正以來的官方《春秋》學在面對《春秋》「攘夷」論述時，一貫的詮釋態度（詳見本文第三章第二、三、四節）。乾隆敕編四庫本，將胡《傳》的「攘夷狄」改爲「正僭竊」，和清代官方《春秋》學華夷論述的詮釋基調是一致的。

又如，莊公二十三年《經》「夏……公至自齊，荊人來聘」條，宋刊本胡

〔註135〕《文淵閣四庫全書》本《胡氏春秋傳》，卷一，隱公二年，《經》「秋八月，庚辰，公及戎盟于唐」條，頁24。

〔註136〕四部叢刊景印宋刊本《春秋胡氏傳》，卷四，桓公二年，《經》「冬，公至自唐」條，頁5。

〔註137〕四部叢刊景印宋刊本《春秋胡氏傳》，卷八，莊公十三年，《經》「冬，公會齊侯，盟于柯」條，頁6。

〔註138〕《文淵閣四庫全書》本《胡氏春秋傳》，卷八，莊公十三年，《經》「冬，公會齊侯，盟于柯」條，頁69。

安國《春秋傳》原文云：「諸夏之變於夷者，故書法如此。」〔註139〕四庫全書本胡《傳》卻則改爲：「諸夏之不尊王者，故書法如此。」〔註140〕胡氏原文爲「諸夏之變於夷」，而四庫本卻改爲「諸夏之不尊王」，將焦點由胡《傳》原意的「攘夷」，轉移到清代官方《春秋》學所重視的「尊王」議題上。

四庫全書本對昭公五年《經》「冬，楚子、蔡侯、陳侯、許男、頓子、沈子、徐人、越人伐吳」條的胡《傳》，也有類似的更動情形。宋刊本胡安國《春秋傳》在此條下，曾引述劉敞之說，論吳、楚、徐、越與中國之關係：

> 且吳、楚、徐、越，雖比於夷狄，而劉敞以爲其實不同。吳，太
> 伯之後也；楚，祝融之後也；徐，伯益之後也；越，大禹之後也。
> 其上世皆爲元德顯功，通于周室，與中國冠帶之君無以異。徐始
> 稱王，楚後稱王，吳越因遂稱王。王非諸侯所當稱也，故《春秋》
> 比諸夷狄。雖然，猶不欲絕其類，是以上不使與中國等，下不使
> 與夷狄均，推之可遠，引之可來，此聖人愼絕人，亦《春秋》之
> 意也。〔註141〕

胡安國此處引述劉敞之論，認爲吳、楚、徐、越本爲元德之裔，惟因「僭號」而淪夷，與純粹的「夷狄」有別，因此將吳、楚等「上不使與中國等，下不使與夷狄均」，與夷狄作一番區隔，認爲吳、楚諸國仍在「夷狄」之上。但，這顯然與清官方《春秋》學一貫的華夷論述態度相違。雍正《日講春秋解義》與《大義覺迷錄》中，都有將《春秋》的「攘夷」論解釋爲「攘僭王之吳、楚」的詮釋傾向，〔註142〕因此文淵閣四庫本《胡氏春秋傳》中，便將「比於夷狄」改爲「擯於蠻荒」，並將宋刊本胡《傳》的「王非諸侯所當稱也」之後，改爲：「故《春秋》不齒列侯。雖然，猶不欲絕其類，是以列號，則舉其本封；書爵，則黜其僭妄。推之可遠，引之可來，此聖人愼絕人，亦《春秋》之意也。」〔註143〕

〔註139〕四部叢刊景印宋刊本《春秋胡氏傳》，卷九，莊公二十三年夏，《經》「公至自齊，荊人來聘」條，頁2。

〔註140〕《文淵閣四庫全書》本《胡氏春秋傳》，卷九，莊公二十三年夏，《經》「公至自齊，荊人來聘」條，頁75

〔註141〕四部叢刊景印宋刊本《春秋胡氏傳》，卷二十四，昭公五年，《經》「冬，楚子、蔡侯、陳侯、許男、頓子、沈子、徐人、越人伐吳」條，頁6。

〔註142〕見本文第三章第二節、第三節。

〔註143〕《文淵閣四庫全書》本，《胡氏春秋傳》，卷二十四，昭公五年，《經》「冬，楚子、蔡侯、陳侯、許男、頓子、沈子、徐人、越人伐吳」條，頁203。

　　其實，以「正僭竊」取代「攘夷狄」，亦即將《春秋》的「攘夷」概念容
納至「尊王」體系裡，並非乾隆朝四庫館臣在抄錄胡安國《胡氏春秋傳》時
所特意提出，而是清代官方《春秋》學一貫的詮釋基調。乾隆朝官方編修的
《御纂春秋直解》中，同樣也出現了這種將「攘夷」概念附屬於「尊王」意
識架構下的情況，在詮釋《春秋》中的「攘夷」問題時，往往將立論延伸至
「尊王」上。如前一小節中所引《經》宣公十二年「夏六月乙卯，晉荀林父
帥師，及楚子戰於邲，晉師敗績」條之《直解》「外楚所以尊周」〔註144〕諸例。
四庫本《胡氏春秋傳》以「正僭竊」取代「攘夷狄」的改寫方式，只是清代
官方《春秋》學一貫的詮釋基調之反映。

　　任何一種書寫，都不可避免的反映出書寫者的詮釋觀點與立場，而文獻
的保存、整理、刊行亦然。文獻叢書編輯者自身的詮釋觀點，同樣地也會反
映在對典籍的選錄、刪修之中。四庫全書本的胡安國《胡氏春秋傳》，就很鮮
明的呈現出這樣的一種「編輯者立場」。四庫本的胡《傳》，反映出的顯然不
盡然是胡安國本意，而是清代官方《春秋》學汰選、改造後的胡安國。乾隆
朝為求胡《傳》經說能與官方《春秋》學華夷論點一致，在編修四庫全書胡
安國《春秋傳》時，不僅在文字上置換「夷」、「虜」等詞彙，甚至將胡氏原
文中「攘夷狄」的部分，直接改寫為「正僭越」、「尊王」。

　　四庫本《胡氏春秋傳》對胡安國原文的改造手法雖然粗糙，但卻有極深刻
的政治與社會意義。透過這些清官方所刻意改寫的部分，可以發現清官方在華
夷觀與《春秋》學的基本心態。乾隆朝《御纂春秋直解》中雖已不避諱「攘夷」
問題，但《直解》畢竟是清廷所編修刊佈的官方《春秋》學注疏。乾隆容許清
官方談論《春秋》中的「攘夷」問題，但卻積極刪削更易胡氏《春秋》學經注
中的「攘夷」論述，使之符合清廷一貫的《春秋》學基調。這樣的行為，顯然
帶有官方積極主導《春秋》華夷經學詮釋的意味，也反映出乾隆時期官方利用
文字獄、編修《四庫全書》並刪改前人著作等行為掌控話語權的心態。

2. 以「中外」取代「華夷」、以「謹內外之辨」置換「謹華夷之辨」

　　清官方在編修四庫本胡安國《胡氏春秋傳》中的「攘夷狄」概念時，往
往會以「尊王」、「攘僭王」來改寫；至於面對宋刊本《春秋胡氏傳》中的「華
夷」一詞時，也往往會以較為中性、較不具民族與文化色彩的「中外」一詞

來取代。茲舉數例如下：

莊公二十三年夏，《經》「公至自齊，荊人來聘」條，文淵閣四庫本《胡氏春秋傳》對宋刊本《春秋胡氏傳》原文做了不少刪修與更動。宋刊本胡安國《春秋胡氏傳》原文云：「荊，白莊公十年始見於《經》。十四年入蔡、十六年伐鄭，皆以州舉者，惡其猾夏不恭，故狄之也。至是來聘，遂稱人者，嘉其慕義自通，故進之也。朝聘者，中國諸侯之事。雖蠻夷而能修中國諸侯之事，則不念其猾夏不恭，而遂進焉。見聖人之心，樂與人為善矣！」〔註145〕四庫全書本《胡氏春秋傳》則將「皆以州舉者」以下，改為：「惡其肆暴不恭，故外之也。……雖蠻荊而能修中國諸侯之事，則不念其肆暴不恭，而遂進焉。」〔註146〕

胡安國原本以「猾夏不恭」的角度來評論楚國，並以《春秋》「狄之」的角度來解釋《經》「以州舉」的書法。但，乾隆時期《文淵閣四庫全書本》卻將原文「猾夏」改為「肆暴」、「蠻夷」改為單指楚國——「蠻荊」，而「狄之」也改為「外之」，可看出其中確有避忌「夷」、「虜」字的意圖。

四庫全書本胡安國《春秋傳》，以「中外」來置換「華夷」，將原本具有文化與民族意味的「華夷」一詞，轉移為較為中性的、純粹就地域與政治上的「中外」這個詞彙。除了將莊公二十三年夏，《經》「公至自齊，荊人來聘」條下之胡《傳》，改「華夷」的「狄之」為「中外」的「外之」之外，清官方有時也在這種將「華夷」改為「中外」的詮釋基礎上，進一步將這種以「中外」取代「華夷」的解經思維，延伸到胡安國《春秋傳》中一再述及的「華夷之大別」上，以「謹內外之辨」來取代「謹華夷之辨」。如：

莊公二十三年夏，《經》「公至自齊，荊人來聘」條，四庫本對此條胡注後段之內文改易甚多。宋刊本胡安國《春秋傳》又云：「凡變於夷者，叛則懲其不恪，而威之以刑；來則嘉其慕義，而接之以禮。邇人安遠者，服矣。《春秋》謹華夷之辨，而荊、吳、徐、越，諸夏之變於夷者，故書法如此。」〔註147〕此段胡注，原文本在論《春秋》之「攘夷」，但，四庫本胡《傳》卻將原文悉皆更易，而將焦點轉移到「尊王」，不僅如此，還以企圖以「內外」概念來取代「華夷」

〔註145〕四部叢刊景印宋刊本《春秋胡氏傳》，卷九，莊公二十三年夏，《經》「公至自齊，荊人來聘」條，頁2。

〔註146〕《文淵閣四庫全書》本《胡氏春秋傳》，卷九，莊公二十三年夏，《經》「公至自齊，荊人來聘」條，頁75

〔註147〕四部叢刊景印宋刊本《春秋胡氏傳》，卷九，莊公二十三年夏，《經》「公至自齊，荊人來聘」條，頁2。

概念：「凡要荒以外，叛則懲其不恪，而威之以刑；來則嘉其慕善，而接之以禮。……《春秋》謹內外之辨，而荊、吳、徐、越，諸夏之不尊王者，故書法如此。」〔註148〕不僅將此處胡《傳》對《春秋》「諸夏變於夷，書法如此」的評議，轉而為《春秋》對「諸夏之不尊王，書法如此」。除此之外，也將胡《傳》中所述的「《春秋》謹華夷之辨」轉而為「《春秋》謹內外之辨」，以便符合於清代官方《春秋》學以「中外」取代「華夷」的詮釋路向。

三、《御纂春秋直解》與四庫本胡《傳》中之《春秋》學「攘夷」論

　　嚴格說起來，透過對照四庫本胡安國《胡氏春秋傳》對宋刊本《春秋胡氏傳》的原文所作的更動，所反映出的乾隆朝官方《春秋》學華夷詮釋心態，與清代康熙、雍正、乾隆以來的官方《春秋》學態度，大抵上其實是一致的。四庫本胡《傳》裡以「中外」取代「華夷」、以「正僭竊」取代「攘夷狄」這兩方面，與康、雍、乾之官方《春秋》學論著——《欽定春秋傳說彙纂》、《日講春秋解義》及《御纂春秋直解》並無不同。但，四庫本《胡氏春秋傳》對胡安國原文的刪削，卻反映出乾隆時期官方對其餘非官方《春秋》學「攘夷」論述的避忌心態。四庫本《胡氏春秋傳》之編修，與《御纂春秋直解》同為乾隆朝官方所編修之文獻，但二者卻在《春秋》「攘夷」概念的處理方式上稍有區別。

　　《御纂春秋直解》雖然也如康、雍兩朝的官方《春秋》學一樣，有以「正僭竊」、「尊王」來轉移「攘夷狄」詮釋焦點的傾向，但《直解》並不避諱直接談論「攘夷」問題。《御纂春秋直解》中對「攘夷」論述的詮釋方式，除了將之轉移為「攘僭王」、「尊王」論述之外（這也是康、雍以來清代官方《春秋》學對「攘夷」問題的基本詮釋立場），《直解》也透過將「華夷」詮釋為「中外」的方式，由「紊中外之防」的角度來詮釋「嚴華夷之辨」，使《春秋》中的「華夷」問題，由原本兼具民族與文化性質的「華夷之辨」，轉而為有具有政治、地緣上親疏的「內外之辨」。如此一來，原本不利於清廷的《春秋》學「攘夷」論，便轉化為有利清代官方理藩、外交與統治的「辨內外」論述。康、雍兩朝官方《春秋》學雖然亦強調以「中外」代「華夷」，但並未因此而延展出「紊中外之防」、「嚴內外之辨」的論述來。乾隆時期，或者出於政治外交上的需要，或者也出於滿洲官方自身華夷認同的轉變，逐漸在官方《春

〔註148〕《文淵閣四庫全書》本《胡氏春秋傳》，卷九，莊公二十三年夏，《經》「公至自齊，荊人來聘」條，頁75

秋》學中發展出這種強調不可「紊中外之防」的「攘夷」詮釋方向，並表現在《御纂春秋直解》中。

然而，與《御纂春秋直解》相較，文淵閣四庫本在重新謄抄《胡氏春秋傳》時，對胡安國「攘夷」論的態度，顯然較爲隱諱。不僅對胡安國嚴華夷之辨的相關原文刻意刪去，甚至還在謄錄時作意修改。

綜上所述，可知相較於《御纂春秋直解》，乾隆時期對於四庫全書《胡氏春秋傳》的「攘夷」論述上，態度傾向於保守、謹愼。四庫本胡《傳》本身對「攘夷」問題是明顯避忌的。但，從《御纂春秋直解》來看，乾隆官方卻不避忌「攘夷」議題，甚至積極宣稱不可「紊中外之防」，這與四庫全書對宋刊本胡《傳》攘夷論述的種種刪修等避忌現象顯然有差異。造成乾隆朝官方《春秋》學這種看似矛盾的情形，原因之一，可能在於清初以來官方對胡《傳》的一貫態度有關。自康熙親撰〈欽定春秋傳說彙纂·序〉中對胡安國《春秋傳》解經提出批判以來，清代康、雍以來官方基本上都對胡《傳》採取批判態度。四庫全書在編修時，對胡《傳》中多處進行刪改，事實上只是反映了清代官方《春秋》學對胡《傳》的基本方向。另一項可能的原因在於，《御纂春秋直解》畢竟爲乾隆所敕命修撰，若由清官方來論述「攘夷」，在論述時比較不需顧忌華夷身份，而任由胡《傳》論華夷，終究較容易引起士人對滿漢關係產生聯想。

但整體而言，從四庫本對胡《傳》修改過的文句來看，四庫本胡《傳》的華夷觀雖較保守，但基本上和《御纂春秋直解》的詮釋立場差異並不大。四庫本對胡《傳》華夷論述原文的修改，如以「正僭竊」取代「攘夷狄」、以「中外」或「內外」取代「華夷」等等，與乾隆時期的官方《春秋》學，態度其實是一致的。

第四節 「天朝」思想下的「華」與「夷」：乾隆時期 官方華夷認同的轉變

清初康、雍兩朝官方《春秋》學，特別是雍正時期的官方《春秋》學，本就帶有政治上的「教化」意味，藉由經學詮釋來淡化士人的「攘夷」意識。正由於清代官方《春秋》學詮釋有著以政治上的「教化」爲動機的詮釋傳統，在這種官方經學的「教化」詮釋傳統之下，乾隆朝官方《春秋》學裡華夷論

述的轉變，從某種程度上來說也反映了乾隆朝政治需求的轉變。但，從《欽定春秋傳說彙纂》、《日講春秋解義》以至於《御纂春秋直解》的詮釋取向看來，乾隆時期官方《春秋》學中的「華／夷」論述，已與康、雍時期有極大的轉變。這樣的轉變一方面可能是乾隆時期滿洲政府治漢政策與外交政策所導致，但一方面，很可能也是滿洲統治者自身對華夷身分認同產生了變化。

　　民族意識的形成，往往是在與「他者」或「異文化」對話的過程中，被「認識」或被「建構」，藉著標示出「他者」，而確立、並標示出我們自身。乾隆時期滿洲統治者似已開始透過從「華夷」過渡到「中外」、「內外」的方式，轉化自己的身份認同，由「華夷（諸夏／夷狄）」之「夷」轉移到「中外（中華／外藩）」之「中」，並更進一步開始在與外藩、屬國的往來中，將自身定位為「華」。這種華夷觀的變化與乾隆時期所面對的政治與外交問題有關。在與「他者」或「異文化」互動的過程中，乾隆的華夷認同逐漸有所變化，並漸漸確立了自己「中華」的身分定位。滿漢之間對「中華」的民族認同，很可能也是在這一時期形成。

一、「《春秋》之道」：清初日、朝《春秋》學華夷論爭對乾隆時期官方《春秋》學「華夷」觀之影響

　　明代以前，東亞中華、日本、朝鮮三國的外交關係，基本上是以中國「天朝」體系為架構。其中，又以朝鮮與中國的關係尤為密切，黃枝連在《東亞的禮義世界——中國封建王朝與朝鮮半島關係形態論》中提出「天朝禮治體系」之說，將「天朝禮治體系」定位為唐代中葉以來朝鮮對中國之間「事大以禮」的關係型態。這種型態，透過朝貢、留學生與中國冊封朝鮮國王等制度益發鞏固，使得朝鮮無論在文化或政治上都與中國之間有著緊密連結。〔註149〕

　　至於日本與中華之間，黃枝連認為，中華對於日本的政治軍事等並不具有約束的能力，因此嚴格而言日本並不屬於「天朝禮治體系」的成員。〔註150〕

〔註149〕黃枝連《東亞的禮義世界——中國封建王朝與朝鮮半島關係形態論》（北京：中國人民大學出版社，1994年12月），〈第一章　禮治主義在朝鮮半島的建立和「天朝禮治體系」的開張：天朝禮治體系形成的內因外因及其曲折過程之探索〉，頁60～80。

〔註150〕黃枝連《東亞的禮義世界——中國封建王朝與朝鮮半島關係形態論》，〈內部需求滿足對國際關係形態確立的作用——從朝中關係中探索「天朝禮治體系」的理論與實踐〉，頁VIII。

西元 607 年日本遣隋使小野妹子在國書中宣稱「日出處天子，致書日沒處天子，無恙」〔註151〕的言論，也的確揭示了日本與中國接觸之初，便企圖與中國尋求對等國際關係的意圖。

雖然在政治上日本的確不受制於中國，但不可否認地，從學術與文化上來說，無論日本或是朝鮮都屬於儒學文化圈，《五經》與《四書》仍然是士人所必讀的經典，而其中《春秋公羊傳》「內其國而外諸夏，內諸夏而外夷狄」（成公十五年）的華夷觀念，也對日、朝兩國的文化與民族思想造成重要的影響，甚至形成日、朝兩國文化中的慕華意識。

盛唐以降，儒學文化圈對朝鮮與日本的政治和文化影響力雖然一度轉弱，但卻在明太祖時再次臻於高峰。明太祖朱元璋建國後急於確立自己「天下主」的地位，遣使往諭各國前來朝貢，〔註152〕於諭旨中云：「朕既爲天下主，華夷無間，姓氏雖異，撫字如一」。〔註153〕明代的朝、中關係比中、日關係更爲密切，朝鮮不僅以「小中華」自居，〔註154〕也積極派遣國內士子參與明代的科試。〔註155〕在日、中關係上，明太祖時因日本對明朝貢態度倨傲，又頻寇邊，且怠慢明朝使臣，使明太祖有意出兵征日，〔註156〕致使懷良親王不得

〔註151〕黃遵憲《日本國志》（天津：天津人民出版社，2005 年 1 月，初版），卷四，〈鄰交志上・華夏〉，頁 100。

〔註152〕《明太祖實錄》，卷五十三：「朕即位之初，遣使往諭交趾、占城、高麗：諸國咸來朝貢，率表稱臣。」

〔註153〕《明太祖實錄》，卷五十三。

〔註154〕《成宗實錄》（收於《朝鮮王朝實錄》，首爾：朝鮮國史編纂委員會），卷二十，壬辰三年（1472）七月乙巳條：「吾東方自箕子以來，教化大行，男有烈士之風，女有貞正之俗，史稱『小中華』。」

〔註155〕俞樾《茶香室四鈔》（北京：中華書局，2006 年），卷十六，頁 1742，〈明初高麗士亦與會試〉條引明廖道南《殿閣詞林記》：「洪武四年會試，陝西、河南、山東、山西、江西、湖廣、廣之東西、福建爲行中書省十一，俊髦皆集，而高句麗之士與焉。」又，關於朝鮮之科試，據俞樾《茶香室四鈔》所記，朝鮮試文之命題，亦頗堪玩味。《茶香室四鈔》，卷十六，頁 1743，〈朝鮮試文〉條云：「國朝諸人穆《堅瓠集》云：馬仲履曾見朝鮮試文，其二論，一謂漢高祖置太公於俎上而不顧，乃爲義帝發喪，豈移孝爲忠之道：一謂韓退之不得遂行道之志，故感二鳥而作賦，初非有羨光榮之心。二說皆可味。」

〔註156〕《明史》（臺北：鼎文書局，1991 年），卷三百二十二，〈日本傳〉，頁 8341：「明興，高皇帝即位，……諸豪亡命，往往糾島人入寇山東濱海州縣。洪武二年三月，帝遣行人楊載詔諭其國，且詰以入寇之故……日本王良懷不奉命，復寇山東，轉掠溫、台、明州旁海民，遂寇福建沿海郡。三年三月，又遣萊州府同知趙秩責讓之，……入其境，守關者拒弗納。秩以書抵良懷，良懷延

不致書明太祖，並以「夷狄」、「臣」自居，卻尊明室為「天朝」、「上國」與「君」。[註157] 雖然此封信的書寫迫於時勢，但仍反映出明代中日關係與日本華夷思想的影響軌跡。

　　然而，明代所重建起來的「天朝」外交體系，卻在清政權崛起後迅速瓦解。畢竟「天朝」外交體系之所以能建立，除了政治、經濟、軍事上之力量外，最核心的原因在於文化或是文明。對朝鮮、日本與安南等東亞儒學文化圈的諸國而言，「天朝」不只是政治與外交上的天朝，而「中華」也是一個兼具文明、政治與民族的概念。滿洲崛起後，相較於朝鮮與日本，滿洲的漢化程度相對較低。就當時的滿洲而言，比起日、朝兩國更「不文明」。這使得日、朝兩國對滿洲統治中國之事甚難接受。在滿洲建國之初，朝鮮君臣完全以「夷」和、「胡虜」的角度來看待這個新興起的政權，對於當時自稱「金國汗」的努爾哈齊頗為貶抑，甚至將努爾哈齊以「龍胡」這個略帶戲謔意味的詞彙來稱呼。《朝鮮仁祖實錄》載：

> 臣聞今者龍胡之來，即金汗稱帝事也。臣墮地之初，只聞有大明天子耳……我國素以禮義聞天下，稱之以「小中華」……今乃服事胡虜，偷安苟存，緩延晷刻，其于祖宗何！其于天下何！其于後世何！
> [註158]

朝鮮以「小中華」自居，認為自己在「禮義」與文明程度上遠勝於滿洲，如今卻要向一個比自己更不「文明」的滿洲稱臣，無異於「服事胡虜」，因而引起朝鮮君臣上下的排拒。

秩入，諭以中國威德，而詔書有責其不臣語。……十二年來貢，十三年復貢，無表，但持其征夷將軍鴻義滿奉丞相書，書辭又倨，乃卻其貢，遣使齎詔譙讓。十四年復來貢，帝再卻之，命禮官移書責其王，并責其征夷將軍，示以欲征之意。」

[註157] 《明史》，卷三百二十二，〈日本傳〉，頁 8343～8344：「臣聞三皇立極，五帝禪宗，惟中華之有主，豈夷狄而無君！乾坤浩蕩，非一主之獨尊；宇宙寬洪，作諸邦以分守。蓋天下者，乃天下之天下，非一人之天下也。臣居遠弱之倭，編小之國，……尚存知己之心：陛下作中華之主，………猶有不足之心，常有滅絕之意。……臣聞天朝有興戰之策，小邦亦有禦敵之圖……倘君勝臣服，且滿上國之意：設臣勝君負，反作小邦之羞。自古講和為上，罷戰為強，免生靈之塗炭，拯黎庶之艱辛。特遣使臣，敬叩丹陛，惟上國圖之。」

[註158] 《仁祖實錄》（收於《朝鮮王朝實錄》，首爾：朝鮮國史編纂委員會），卷三十二，丙子十四年（1636）二月丙辰條，頁 8。

明代以來，天朝體系成為東亞國際秩序的核心，「天朝」既是東亞國際政治上的霸主，也是文化上的「上國」。滿洲入關這件事，徹底顛覆了日、朝對傳統華夷思想的認定，也嚴重衝擊著東亞儒教文化圈的原有秩序。清廷以一個不「文明」的、儒教文化圈之外的「虜」、「夷狄」之異族統治者身分，君臨以「天朝」、「中華」自居的中國，並在統治中原之後，改正朔、易服制，積極讓漢人學習滿洲的所謂「本朝制度」。這種「千古未有之變」的局勢，不僅對中原的滿人與漢人形成強烈的思想震撼，也對日本、朝鮮、安南等東亞儒學文化圈影響下的諸國產生極大衝擊。面對滿洲入主中原這顛覆中國華夷秩序的態勢，導致當時的日本、朝鮮兩國都出現了重建本國華夷秩序的傾向。〔註159〕在日本方面，將明清間的政權更迭稱為「華夷變態」。林春勝、林信篤《華夷變態》自序中說：

> 崇禎殞天，弘光陷虜，唐魯僅保南隅，而韃虜橫行中原，促滅朱明，
> 盜竊神器。是君天下者夷也，非華也；變也，非常也。〔註160〕

滿洲入關所帶來的衝擊，波及到整個儒學文化圈。明朝為日本、朝鮮兩國共認的「天朝」，但清兵滅明之後，對同處於儒學文化圈的日、朝兩國而言，無法接受「韃虜橫行中原」、與身為「夷」的清廷「君天下」，因此開始對中國的「天朝」政治地位與「華夏文化正統」的合理性產生錯亂，甚至對滿洲統治下的中國是否仍具「天朝」、仍可稱為「華」的資格，提出強烈質疑。

在這種華夷錯亂的背景下，日本開始解構明代以來「天朝」體系下的華夷秩序。山崎暗齋（1618～1682）認為中國在華夷變態後已淪為夷狄，不再代表聖學的「正統」；〔註161〕荻生徂徠（1666～1728）也提出「且三代而後，雖中華，亦戎狄猾之，非古中華也；故徒慕中華之名者，亦非也。」〔註162〕重新審視並檢討日本的「慕華」意識。因此，向卿《日本近代民族主義（1868～1895）》在探討日本近代民族主義的形成問題時，便認為日本近代民族主義的形成原因之一，在於儒教共同體的破壞，而清世祖攻入北京致使日本華夷

〔註159〕 向卿《日本近代民族主義（1868～1895）》（北京：社會科學文獻出版社，2007年9月，初版），〈第一章　日本民族主義的文化根源〉，頁77。

〔註160〕 林春勝、林信篤《華夷變態》（東京：東洋文庫，1958年），上冊，〈序〉。

〔註161〕 向卿《日本近代民族主義（1868～1895）》，〈第一章　日本民族主義的文化根源〉，頁78。

〔註162〕 《荻生徂徠全集》（みすず書房，1974年），第二卷，頁438。

觀發生鉅變，正是促使日本民族意識覺醒的一項觸媒。〔註163〕

　　清初儒學文化圈裡日、朝兩國華夷觀的改變，也影響了這一時期日、朝兩國對《春秋》「尊王攘夷」思想的詮釋。例如活躍於康熙年間的淺見絅齋（1652～1711）便掀起日本朱子學界山崎闇齋學派內部對「夷狄中國」的論爭。他並認為在滿洲統治之下，中國實質上已失去「《春秋》之道」而淪為「夷狄」。〔註164〕康熙至雍正間的荻生徂徠，也在《萱園十筆》中提出以文化為主的華夷觀：

> 《春秋》，戎狄之國錯處侯甸之間，此非以地論也；有姬姓、姜姓之
> 戎，此非以種類論也。蓋戎狄僅指不具禮樂之諸侯。夷進居夏，則
> 以此為夏；夏退居夷，則以此為夷，宜以此視也。〔註165〕

荻生徂徠將兼具文化、政治與民族性質等曖昧語義的「華夷」概念，轉而純粹以文化概念來解釋。徂徠以《春秋》戎狄與漢人襍處中原的歷史事實，來論證《春秋》中的「華」與「夷」並非以活動地域來定義。同時，他又以周王室之姬姓，而《春秋》亦有姬姓之戎為例，論證《春秋》中的「戎」，並非「種類」——亦即種族——概念。徂徠將「戎狄」指為「不具禮樂之諸侯」，將「華夷」之別定義為文化之別，認為華與夷之間的身分可以透過文化行為的轉變而置換。

　　荻生徂徠此語，反映出在滿清入關後中國「華夷變態」的時勢下，日本漸漸發展出「華夷可變」的思想。透過這樣的論述，暗示中國既已由滿洲這個「夷狄」來統治，在服式與制度上都已改從夷禮，可說是「夏退居夷」。徂徠批判滿洲統治下的中國已失去「華夏」文化的正統性，因而再也無法重拾儒學文化圈文化與政治上的「天朝」地位。

　　在這一時期，以「小中華」自居的朝鮮，也認為自己比崛起的滿洲更為優越，開始宣傳「尊周攘夷」之說。在文化上，朝鮮認為自己比清政府更進於「華」、更文明，因此當時朝鮮的仁祖並不願意接受清室取代明朝的「天朝」地位，並感嘆：「豈有二百年禮義天朝，一朝覆亡，而無一人死節之理乎！」。

〔註163〕向卿《日本近代民族主義（1868～1895）》，〈第一章　日本民族主義的文化根源〉，頁59。
〔註164〕向卿《日本近代民族主義（1868～1895）》，〈第一章　日本民族主義的文化根源〉，頁80。
〔註165〕《荻生徂徠全集》，第十七卷，頁606。

〔註 166〕

　　明末至清初，這一段歷史上被稱爲「千古未有之變」、「華夷變態」的時刻，清（中）、日、朝三國紛紛藉著將《春秋》中的「華夷」，由雜糅民族、文化與政治概念，轉而爲純粹的文化概念。就康、雍時期的滿洲政府而言，處理國家內部漢人的民族認同與政治認同問題是首要要務，因此在此一時期的《春秋》學夷夏觀詮釋裡，便將「華夷」定位爲文化問題，以解決當時漢人「排滿」的政治威脅。就日、朝兩國而言，在於藉此中國鉅變之時，爭取自己在東亞儒學文化圈的地位，並批判清政權的「夷狄」身分。因此，朝鮮傾向於將清朝視爲「胡虜」，不願承認清國爲「天朝」；而日本在此時則以「文化」論華夷的《春秋》學型態，開始提出「華夷可變」的思想。

　　此時日本《春秋》學中所興起的「華夷可變」的思想，固然和清初康、雍兩朝所要極力塑造的「華夷之分，不在血緣、地域」的華夷觀相同，但由於滿洲皇室在漢化程度上遠不足日、朝，清室若以「文化」而論華夷的話，則滿洲的正統性遠不及原本就已在儒學文化圈浸潤千餘年的日、朝兩國。因此，就華夏文明的「正統」性而言，清官方強調「華夷之分，不在血緣、地域」的論點，雖然有利於在統治國內漢人，但事實上卻不利於清政權在東亞儒學文化圈中重建「天朝」與「上國」地位。另一方面，在明代的東亞國際政治關係裡，中、日、朝三國之間的外交關係，是「天朝」與藩屬間的不對等外交體系。連結這樣一種國際外交體系的因素，除了政治之外，更大的原因在於文化。「天朝」所意味的，並不只是一個政治、外交上的「天朝」，同時也是文化上的「天朝」。滿洲以「東夷」的姿態統治中原，若順應此時日、朝兩國以「文化」界分「華夷」之說，那麼對於漢化程度尚不及日、朝的滿洲政權而言，就難以維持明代以來的「天朝」地位與文化正統性，並建立清廷在東亞儒學文化圈中的文化與政治威信。

　　對順、康、雍三朝的滿洲政權而言，最大的政治威脅來自於遺民士人，因此宣傳「華夷之分不在種族」的論調是首要之務。然而，一旦滿洲在中國的統治漸趨穩固，維護中、日、朝三國間原有的「天朝」政治與外交體系、進一步重新爭取儒學文化圈「天朝」、「上國」的文化與政治主導權，就有其必要性。乾隆時期的《春秋》學，便反映出了這樣的一種變化。在君權意識迅速提昇的情況下，乾隆透過嚴格的文化管制政策，成功地影響漢人庶民社

〔註 166〕《仁祖大王實錄・七》，吳輯本，頁 3736～3737。

會。乾隆時期國勢強盛、君權意識高漲，使乾隆開始想重建天朝傳統，並希望在鄰國與藩邦間營造「天朝大國」的政治與文化形象，想要藉此重新取得中、日、朝、安南等諸國之間「中華道統之正」的印象。畢竟從乾隆三年（1738）朝鮮領議政李光佐便據貢使帶回來的情報對英宗匯報清國的政治情勢的用語看來，朝鮮直到乾隆初年，都還對清政權有著偏見：

> 清人雖是胡種，凡事極爲文明，典章文翰，皆如皇明時。但國俗之
> 簡易稍異矣。〔註167〕

雖然乾隆初年朝鮮對滿洲政權的印象已稍有改變，也承認清人「凡事極爲文明」，但仍對清室存有「胡種」的鄙夷心態。這種偏見，即使到乾隆時期仍未淡化。因此對清政權而言，如果要在外交上重新延續明代中國的「天朝」地位，那麼就必須消釋日、韓兩國對清政權「異民族」、「異文化」身分的華夷偏見，並重建一個無法取代的「中華正統」地位。爲此，重新建構《春秋》學中的華夷論述，並改變滿洲自我的華夷身分認同，的確有其在政治與外交上的必要性。因此乾隆《御纂春秋直解》中便一改康、雍以來官方《春秋》學淡化「攘夷」議題與強調「華夷爲文化之別」的觀點，轉而強調「攘夷」的目的在「尊王」，儼然認爲滿洲自身即爲「中華」。此外，他也不再詳細定義「華夷」之間的區別，透過將華夷定義模糊化的方式以避免身分的爭議。這一連串的華夷論述的提出，以及滿洲「中華」身份的確立，是與乾隆官方重拾的「天朝」論述相結合的。

　　另一方面，清入關以來，順治、康熙、雍正朝的一些漢化政策，施行之初，或許確實是以籠絡漢人爲單一目的，但這樣的政策自然也會使隸屬中國的藩屬國，對滿洲的「夷狄」印象漸漸產生轉變。在康熙、雍正之時，日、朝兩國原本以「夏退居夷」、「犬羊夷狄」看待清廷統治下的中國，並將《春秋》「攘夷」之說作爲批判清廷「天朝」文化與政治地位合理性的經典論據。但，乾隆時期官方似乎開始企圖改造這種「犬羊夷狄」、「胡種」的形象。經過順、康、雍三朝在文化上的漢化政策，加上乾隆官方的《御纂春秋直解》卻重拾《春秋》「攘夷」傳統，將自己定位爲「華」，並將「攘夷」定位爲「尊王」，希冀能淡化日、朝以《春秋》「攘夷」說來否定清廷「天朝」地位的說法。

　　因此，乾隆三年時，朝鮮對清國的評價，已由不文明的「夷狄」、「胡虜」，

〔註167〕轉引自黃枝連《朝鮮的儒化情境構造——朝鮮王朝與滿清王朝的關係形態論》（北京：中國人民大學出版社，1995年1月，初版），頁449。

轉而爲「雖是胡種，凡事極爲文明，典章文翰，皆如皇明時」。日、朝兩國對清廷印象的好轉，有助於清廷重新取得在東亞儒學文化圈諸國之間政治與文化上的「天朝」地位。乾隆藉著文化上的高壓政策，一方面對內崇尚君權意識的思想，這樣的官方意識型態反映在乾隆朝官方的《春秋》學的「尊王」意識、論證「攘夷」的目的在於「尊王」，對內強調「尊天王」之必要；另一方面，對外則將君權意識向整個東亞儒學文化圈延展，企圖向外重建「天朝」的威勢。乾隆時期的《御纂春秋直解》藉「攘夷」以「尊王」的觀點，將「攘夷」納入「尊王」與尊「天朝」的思想體系裡。這樣的詮釋觀點，有助於重新建構中國在東亞儒學文化圈的正統性，並鞏固清政府的「天朝」地位。

　　從乾隆時期的文教政策與官方經學詮釋中的華夷觀看來，清廷開始重建「華夏正統」並以此自我定位，建立一個崇尚漢文化、「稽古右文」的印象，並向外邦宣誓自己「華夏正統」的身分，如此一來在康、雍年間日本漸漸蔚爲流行的「華夷變態」、「華夷可變」、「戎狄僅指不具禮樂之諸侯」之說，便漸漸失去立足點，而不再足以推翻中國的「天朝」地位，也不足以捍動清政權華夏文化的正統性。這使得清廷的「天朝」地位，得以逐漸確立。在乾隆朝努力建構「天朝」形象時，滿洲自身的華夷身分認同也逐漸發生轉變。由康熙、雍正時期以滿洲官方以「東夷」自居、在觸及「攘夷」議題時刻意避諱或轉移，至乾隆時期已轉化爲清廷肯定自身具有「中華」正統的身分。或許我們可以說，乾隆時期官方對「天朝」體系的重新建構，是與清中葉以「中華」認同的形成同時發生的。清廷在重建東亞的「天朝」外交體系時，自覺或不自覺地轉化了自身的華夷認同，間接促成近現代中國「中華」的民族認同的產生。乾隆時期《春秋》學華夷論述中開始一反康、雍兩朝淡化「攘夷」問題的態度，轉而強調「中外之防」，並開始以「內外之辨」的格局來理解「華夷」問題，使原本的「華夏／夷狄」架構，在乾隆朝逐漸轉爲「中華／外夷」的架構。乾隆時期《春秋》學華夷論的詮釋，由「華夷」過渡到「中外」。當時清廷與日、朝關係及乾隆「天朝」形象的建立等時代背景，或許爲乾隆時期《春秋》學華夷詮釋態度的變化、「華夷」到「中外」概念上的挪移，提供了一個政治與外交上的原因。

二、從觀禮之爭看乾隆朝官方華夷觀的轉變

　　乾隆對「天朝」意識的建構，成為觸發清中葉滿漢之間「中華」認同形成的觸媒之一。乾隆晚期滿洲官方自身華夷身分認同轉化，反映在乾隆五十七年（1792）英使馬戛爾尼來華時，乾隆的處理態度上。

　　乾隆五十七年十月二十日乙酉（西曆十二月三日），兩廣總督郭世勳奏稱「英吉利夷人」波朗來廣，稟稱：「該國王因前年大皇帝八旬萬壽，未及叩祝，今遣使臣馬戛爾尼進貢，由海道至天津赴京，懇求代為奏明。」〔註168〕乾隆閱後，諭稱：「閱其情詞，極為恭順懇摯，自應准其所請，以遂其航海向化之誠。」〔註169〕

　　這是中國與英國第一次的官方往來。從文獻記載來看，無論中國或英國，都對這次英使訪華極為重視。林延清〈龍與獅的對話 —— 馬戛爾尼《乾隆英使覲見記》解讀〉指出，喬治三世為了與中國建立正式的外交關係，無論在遣華使團的人選、贈與中國皇室的禮品上都仔細刪選。使團成員多是傑出的外交官、青年貴族、學者、醫師、畫師、技師等。為了能使中國人對英國人的能力留下深刻印象，精選了天體運行儀、銅炮、望遠鏡等科技產品，冀求以此能達到此次出使的真正目的 —— 擴大中英雙方商業貿易的開展，並建立正式外交關係。〔註170〕

　　另一方面，清政府對這次馬戛爾尼的「進貢」事件也十分看重。當乾隆據沿海督撫奏報英吉利「貢船」已於六月初一自浙省青龍港開行並即將迅達津門時，便諭示直隸總督梁肯堂、欽差鹽政徵瑞此次因該國貢使航海遠來，務必適當照料：

> 外夷遣使入貢，其陪臣與天朝臣工相見，禮節自有定制。……接待外夷之道，全在斟酌適中，不卑不亢……若過於優禮，夷性貪得便宜，待之愈厚，則其心益驕，轉使外夷不知天朝體統尊嚴，為所輕忽，關係甚重。〔註171〕

乾隆對此次「英吉利夷人」來華，在「禮節自有定制」這一點上十分看重，

〔註168〕《高宗純皇帝實錄》，乾隆五十七年十月二十日乙酉條。

〔註169〕《高宗純皇帝實錄》，乾隆五十七年十月二十日乙酉條。

〔註170〕林延清〈龍與獅的對話 —— 馬戛爾尼《乾隆英使覲見記》解讀〉，收於馬戛爾尼原著，劉半農原譯，林延清解讀《1793 乾隆英使覲見記》（天津：天津人民出版社，2006 年 5 月，初版），頁 221～271。

〔註171〕《英使馬戛爾尼訪華檔案史料匯編》，頁 118。轉引自黃一農〈印象與真相 —— 清朝中英兩國的觀禮之爭〉（中央研究院歷史語言研究所集刊，第七十八本，第一分，2007 年 3 月，頁 35～106），頁 43。

而其原因，就在於他有維護「天朝體統尊嚴」的必要。

對乾隆如此堅持「禮節自有定制」一事，王開璽《隔膜、衝突與趨同》與黃一農〈印象與眞相——清朝中英兩國的覲禮之爭〉等人，咸以權力的傲慢來解讀，認爲乾隆對此次英使覲見的禮儀嚴格要求而爆發覲禮之爭，是出於權力的傲慢，也導致清前期來華的許多西方國家使節屢屢被要求三跪九叩而產生極端反感，而使中國的形象開始與「傲慢」、「奴性」、「野蠻」、「低能」等形容詞連在一塊，並成爲半個世紀後鴉片被禁時發動戰爭的導火線之一。〔註172〕

從西方觀點來看，這次的事件或許正如歷來乾隆時期中英關係研究者所言，乾隆對英國使臣表現出一種極度的權力傲慢，以及強烈的民族主義立場。但，如果將這個事件，重新放回到當時的東亞政治、文化與外交的歷史脈絡裡來檢視，就可以發現，乾隆對英使馬戛爾尼的種種禮儀要求，似乎並不太適宜以這麼單純的「權力傲慢」來解釋。儘管馬戛爾尼來華所導致的覲禮之爭深深影響著下一個世紀的中國，歷史也早已證明這個事件的重要性。但那畢竟都是下一個世紀的事了。在那個當下，乾隆所要面對的首要國際政治問題並不是馬戛爾尼，也不是遠在千里之外的英國，而是鞏固皇權，以及在東亞儒學文化圈中重建「天朝」的權威。

在乾隆以前的康、雍兩朝，滿洲政權雖然已統治了中國，日、朝等國卻仍然從「夏退居夷」、「犬羊夷狄」來評斷清政權。入關後的幾位滿洲統治者，他們所亟力證明的，往往只是自己政治上的正統，卻始終以「東夷」、「夷狄」的角度來自處，而並未積極建立自己在「中華」上的文化正統性。這使得日、朝兩國往往將清廷視爲文化上之「夷狄」，無法與前朝朱明的「二百年禮義天朝」〔註173〕相比，清廷因而也無法順利繼承明朝在日、朝、安南等東亞儒學文化圈諸國間的「天朝」地位。從乾隆三年朝鮮使臣仍是以「胡種」來稱呼清皇室一事就可以發現，即使歷經順、康、雍三朝的種種「興文教」舉措，對東亞儒學文化圈中的日本、朝鮮等國而言，對清廷的印象仍停留在「胡種」、「夷狄」上。如果乾隆及清廷要重建東亞諸國間的「天朝」權威與文化上的「上國」印象，那麼，建立自身的「中華」正統性，就是乾隆國際外交上的當務之急。

〔註172〕王開璽《隔膜、衝突與趨同》（北京：北京師範大學出版社，1999年），頁61-113；黃一農〈印象與眞相——清朝中英兩國的覲禮之爭〉，頁69、頁91。

〔註173〕《仁祖大王實錄·七》，吳輯本，頁3736～3737。

　　如果要建立清廷在文化上的「中華」與「天朝」正統性，對乾隆而言，維護「天朝體統尊嚴」，在「外夷」來觀見「天朝」的禮節上嚴格要求，自然有其必要。在重建「天朝」權威這個前提下，閱讀乾隆五十八年八月己卯載乾隆賜英吉利國王敕書，就覺得乾隆對馬戛爾尼「禮節自有定制」的要求，似乎也是情有可原：

> 爾國王遠慕聲教，向化維殷，遣使恭賚表貢，航海祝釐。朕鑒爾國王恭順之誠，今大臣帶貢使臣等瞻觀，賜之筵宴，賚予駢蕃，業已頒給敕諭，賜爾國王文綺珍玩，用示懷人。……今爾國使臣于定例之外多有陳乞，大乖仰體天朝加惠遠人，撫育四夷之道，且天朝統馭萬國，一視同仁。即在廣東者亦不僅爾英吉利一國，若俱紛紛效尤，以難行之事妄行干瀆，豈能曲徇所請。念爾國僻居荒遠，間隔重洋，于天朝體制原未諳悉，是以命大臣等向使臣等詳加開導，遣令回國。……外夷向化天朝，交易貨物者亦不僅爾英吉利一國，若別國紛紛效尤，懇請賞給地方，居住買賣之人，豈能各應所求？且天朝亦無此體制，此事尤不便准行。……向來西洋各國夷商居住澳門貿易，劃定住址地界，不得逾越尺寸，……原以杜民夷之爭論，立中外之大防。〔註174〕

乾隆將英王遣馬戛爾尼來華的目的定位爲「遠慕聲教，向化維殷」，並強調英王「恭順之誠」，但對於馬戛爾尼入內地通商與請求長駐使節的要求卻都嚴明禁止，原因即在於「天朝統馭萬國」，對各國「一視同仁」。在敕諭中，乾隆一再強調「外夷向化天朝」不可「各應所求」的「體制」問題，可見乾隆將此次觀禮爭議的重心放在維護清廷的「天朝體制」上。

　　對清廷而言，維護「天朝體制」爲何如此重要？在近代以前，以中國爲主的「天朝」體系，是東亞國際外交體系的主要架構，而其中的「禮制」與文化，更是縮結天朝體系的核心。因此乾隆在敕諭中一再強調「天朝體制」，可見他對此事的重視。乾隆強調的「天朝體制」，直接關係著清廷在東亞儒學文化圈的國際政治地位與文化地位。乾隆如果想要擺脫日、朝兩國對清人的「夷狄」印象，並強化以清廷爲首的「天朝」體系，就必須維護禮樂等文化制度。所以對乾隆來說，「天朝體制」應該維持，也必須維持，因爲這與清廷在國際的政治和文化威信直接相關。清廷對扭轉日、朝及其他周邊邦國對清廷「夷狄」形象的企圖，

〔註174〕馬戛爾尼著，劉半農譯《1793乾隆英使觀見記》，頁149～153。

或許是導致這次事件中乾隆如此強調「天朝體制」的眞正原因。

歷來研究者在解釋此一事件時，雖然往往從「權力的傲慢」和民族主義偏見的角度來看待乾隆與馬戛爾尼間的覲禮之爭，將乾隆刻意維護「天朝體制」的舉動，視爲皇權意識高漲下的迂腐行爲。但事實上，在當時東亞的儒學文化圈裡，「天朝」有其政治和文化意涵。在那樣的語境下，乾隆如此刻意維護「天朝體制」的行爲，有著維繫東亞藩邦、宣誓清廷爲「中華正統」的重要外交意義。如果將乾隆的行爲純粹以「權力傲慢」或「民族主義偏見」來解釋，那是以近代以後的西方觀點、後設觀點來解讀當時的中國與東亞外交關係，這顯然並不符合當時的東亞國際情勢，純以「權力傲慢」和民族主義偏見來評論乾隆的天朝心態，事實上也有失公平。

不過，從馬戛爾尼使華的事件裡乾隆的反應，與乾隆時期滿洲官方華夷觀的變化相互呼應。或者說，乾隆五十七年時，乾隆對馬戛爾尼使華事件的態度，印證了他在乾隆二十三年時所敕纂的《御纂春秋直解》的以「辨內外」取代「辨華夷」的官方《春秋》學華夷論點。在清入關初期，遺民們以「東夷」來稱呼滿洲，〔註175〕而滿洲統治者本身也傾向於認定滿洲原與「華」有別，因而在帝王的著作或官方編修的經學詮釋裡，都一再強調「夷」可以透過文化來「進于華」，並舉《孟子》「舜，東夷之人；文王，西夷之人」爲例，來論證滿洲（夷狄）同樣也可以繼承中國政治之正統。除此之外，滿洲政府仍在官方的《春秋》學詮釋上淡化「攘夷」議題，並以「文化」來論「華夷」，以淡化漢人的民族意識。由此可知，康、雍時期，滿洲官方自己在華夷身分認同上，雖然認爲「華」與「夷」之間可以透過文化來轉換身分，但基本上還是傾向於將自己定位爲「夷」。乾隆時期《御纂春秋直解》一改康、雍兩朝以來淡化「攘夷」議題的傾向，轉而強調「攘夷」的目的在於「尊王」，不再詳細定義「華夷」之界分，並從「嚴中外之防」的角度來詮釋「華夷之辨」。乾隆朝《御纂春秋直解》所代表的官方《春秋》學詮釋路向的改變，意味著滿洲官方的華夷觀已經漸漸發生質變，開始大談「攘夷」，儼然以「華」的身分自居。

〔註175〕顧炎武順治六年所作的〈元日（巳下屠維赤奮若）〉（顧炎武《亭林詩集》，卷之一，頁287～288。此詩刻本無，據原鈔本補）詩，詩中以「東夷擾天紀，反以晦爲元；我今一正之，乃見天王春」批判清室改正朔一事，此處係以「東夷」稱滿洲。

雖然，乾隆時期清廷以「華」自居，固然是出於「天朝」體系的國際政治需要，但乾隆對自身「華／夷」身分的認定顯然也有了改變，在面對馬戛爾尼等外國使臣時，這種華夷心態表現得更爲明顯。王之春《清朝柔遠記》裡，載錄了乾隆五十八年時，乾隆面對「英吉利夷人」要求傳教通商時，「因其使臣越分干請，罔知大體，使諭使臣於朝，復敕誡其王」所下的敕諭，諭中云：

> 天朝自開闢以來，聖帝明王垂教創法，四方億兆率由有素，不敢惑
> 於異說，即在京當差之西洋人等，居住在堂，亦不准與中國民人交
> 接，妄行傳教，華夷之辨甚嚴。〔註176〕

乾隆在《御纂春秋直解》中並未明確論及「華夷之辨」的核心內容，但在這篇給英國使臣馬戛爾尼的敕諭裡，卻向「英吉利夷人」馬戛爾尼強調「天朝」對「華夷之辨甚嚴」，顯然乾隆此刻已是以「天朝」與「華」的身分自居。身爲「滿洲」，乾隆卻開始自認爲「華」，並直指這顯然已與清初的華夷論調和清初順、康、雍諸帝的華夷身分認同有所差異，而滿洲以「華」自居的想法，及中國近代「中華」認同，也在這樣的外交背景下，漸漸有了雛型。

第五節 小 結

乾隆在御製的〈御纂春秋直解序〉裡，曾自言該書的撰作「一以《彙纂》爲指南」，〔註177〕自認爲該書的修纂以康熙朝所編定的《欽定春秋傳說彙纂》爲依歸。然而無論從詮釋體例，或其中的詮釋觀點來看，《御纂春秋直解》皆非對清初官方《春秋》學全盤接受。就清代官方《春秋》學詮釋的「尊王」傳統來看，《御纂春秋直解》雖然延續了以「尊王」爲主的詮釋路向，但與《日講春秋解義》、《欽定春秋傳說彙纂》相較，《御纂春秋直解》表現出一種強烈的君權意識。《欽定春秋傳說彙纂》強調「君臣之義」，既論「尊君」也兼論「臣德」；而《御纂春秋直解》則純就「君」的角度立言，其「尊王」的詮釋傾向遠較《彙纂》和《解義》更爲鮮明，不僅在解經體例上於每卷卷首冠以周天王之繫年，在詮釋內容中也明顯表現出「尊君父、廣忠孝，而絕惡逆也」

〔註176〕清·王之春著，趙春晨點校，《清朝柔遠記》（北京：中華書局，2000 年 4 月），頁 143。
〔註177〕乾隆《御纂春秋直解·御製序》（《御纂春秋直解《文淵閣四庫全書》本，經部第一百七十四冊，臺北：商務印書館）頁 3。

〔註178〕的「尊王」意識。

《御纂春秋直解》中的皇權意識與「尊王」思想，固然是在乾隆時期皇權意識高漲影響下的反映，然而若從乾隆朝對文化思想的高壓管制及掌控「儒術之正」的企圖來看，《御纂春秋直解》的編纂及其中的「尊王」和「忠君」的詮釋取向，事實上也是乾隆更進一步鞏固皇權的手段。在乾隆主政初期數起具有「妄論經義」性質的文字獄案，可發現乾隆確實很積極地想要主導經學的詮釋方向，而《御纂春秋直解》之編纂，其目的就是要「息諸說之紛歧」。乾隆透過將《御纂春秋直解》對《春秋》之詮釋定為一尊，企圖扼止清初以來遺民或漢人士人藉《春秋》筆削之說論「華夷之大別」來闡揚「排滿」的民族思想，並宣傳不利於滿洲統治之言論。

雖然這種透過官方《春秋》學詮釋，以淡化《春秋》學「攘夷」之說，早在康熙、雍正時期已開始實施。但康、雍兩朝對遺民《春秋》學「攘夷」論的處理方式，是將《春秋》中的「攘夷」論題淡化，或將之轉移到「僭王」問題上，亦即以「華夷」為文化論述。除此之外，無論《欽定春秋傳說彙纂》或《日講春秋解義》，都強調《春秋》是「據實直書，義自以為比」，而非聖人刻意筆削褒貶，以應對遺民《春秋》學以《春秋》筆削褒貶論「華夷之大別」的詮釋傾向；另一方面，《彙纂》與《解義》在解經時也往往避免去評論與「攘夷」相關的文本，並亟力論證華與夷的界限，在文化而非地域、種族。

乾隆朝的《御纂春秋直解》在處理《春秋》「攘夷」問題時顯然採取了與《欽定春秋傳說彙纂》及《日講春秋解義》截然不同的態度。《直解》一方面不避談「攘夷」，將「攘夷」轉而視為「尊王」的必要手段，將「攘夷」思想納入「尊王」的皇權意識之中；另一方面，《直解》又不再像《彙纂》與《解義》般執著於「華夷之大別」等華夏與夷狄界分的定義探討，這使得乾隆朝的官方《春秋》學並未對「華／夷」的定義與差別作一番明確的界說。然而，《直解》儘管不明言何為「華夷」，卻又在詮釋《春秋》的華夷論述時，以「嚴中外之防」、「嚴內外之辨」的概念來取代「嚴華夷之防」，這使得清代官方《春秋》華夷論的焦點，由「辨華夷」逐漸轉向「辨內外」。而清官方自身在華夷論述中的定位，也由原本的「華夏／夷狄」中的「夷狄」，逐漸過渡到「中華／外夷（外藩）」中的「中華」來。

從《欽定春秋傳說彙纂》、《日講春秋解義》以至於《御纂春秋直解》的詮

〔註178〕《御纂春秋直解》，卷三上，頁46，莊公九年「春，齊人殺無知」條。

釋取向看來，乾隆朝官方《春秋》學中的華夷論述，已與康、雍時期有極大的
轉變。此一時期，由於滿洲政權已趨於穩定，經過康熙、雍正兩朝對士民階層
在文化上的籠絡及數起株連甚深的文字獄，加上乾隆在文化方面的禁教、禁書
等高壓政策，致使滿漢之間的民族文化衝突不再是乾隆所要迫切處理的政治問
題。從乾隆朝官方《春秋》學裡「華／夷」論述的轉變，從某種程度上來說也
反映了乾隆朝政治需求的轉變，當然，也反映了乾隆自身對華夷認同的轉變。

什麼是「中華」？《御纂春秋直解》裡乾隆雖然不再碰觸華夷的定義問
題，但他卻直接以「中華」自居，不再如康、雍時期遮掩「夷狄」身分並消
極避諱「攘夷」議題。在乾隆時期，從滿洲官方的角度來看，「華」的定義擴
展了。乾隆官方不僅在《御纂春秋直解》中，表現出「攘夷」的「中華觀點」，
在乾隆晚年給馬戛爾尼和英皇查理三世的國書敕諭裡，也反映出他對「華／
夷」的身分認同已與康熙、雍正不同。從乾隆對馬戛爾尼的應對儀節、國書
內容、以及《御纂春秋直解》中對「攘夷」的觀點來看，乾隆顯然已經將自
己定位為「華」，並且以「天朝」和中華正統的形象自居。

雖然乾隆時期華夷觀與乾隆華夷身分認同的轉變，固然存在著在東亞儒
學文化圈建立「天朝」形象的政治動機，但乾隆自身華夷身分認同的轉變，
應已是無可爭議的事實。華夷身分認同，並不等同於滿漢身分認同。雖然他
仍強烈的堅持滿人必須維持「國語騎射」，看似仍嚴守滿洲與漢人之間的分
際。但，就乾隆而言，區隔「滿／漢」和區隔「華／夷」並不衝突。順、康、
雍時期以「華／夷」來處理滿漢之間的文化問題，但乾隆朝卻不再將「華／
夷」視為「滿／漢」問題，他將「華」的概念擴大，並將滿洲也納入「華」
的概念中來，並轉而將「夷狄」定位為如「英吉利夷人」般的「遠人」。從乾
隆時期開始，傳統的「華／夷」內涵開始轉變，由「華／夷」漸漸的向「中
／外」過渡，更近而演變成晚清的「中西」之別。